本书为国家社会科学基金后期资助项目成果，
项目批准号：22FKSB002。

马克思政治哲学新探

——时代前沿与文本深处

王广　著

人民出版社

国家社科基金后期资助项目
出版说明

后期资助项目是国家社科基金设立的一类重要项目，旨在鼓励广大社科研究者潜心治学，支持基础研究多出优秀成果。它是经过严格评审，从接近完成的科研成果中遴选立项的。为扩大后期资助项目的影响，更好地推动学术发展，促进成果转化，全国哲学社会科学工作办公室按照“统一设计、统一标识、统一版式、形成系列”的总体要求，组织出版国家社科基金后期资助项目成果。

全国哲学社会科学工作办公室

序　一

臧峰宇

探究马克思政治哲学虽是一种晚近的学术景观，然其不仅呈现了把握马克思思想全貌的关键视角，亦为把握当代政治哲学的本质提供了一种范式。这项研究在国内学界展开并持续深入大抵是本世纪初以来的事情，其中既有对国外学界相关研究愈加全面的介绍，亦有从规律和规范等维度展开的探讨，呈现了总体上概观马克思政治哲学的自觉意识。王广兄以"文本的探赜""正义的论争""方法论的考量"三篇构成的这部新作就是其中一项值得关注的研究，体现了他对马克思的学术形象与政治哲学、唯物史观与正义理论建构等论域的深入探赜。

作为政治哲学家的马克思的思想及其经典文本之所以在当今时代得到深入研究，乃是其思想之深邃与解析问题的方法仍然具有普遍的适用性使然。立足时代前沿，走向文本深处，探析马克思政治哲学的内在逻辑与时代价值，是把握马克思思想之"命运"的必经之途，体现为一种明确的主体意识与时代课题。毋庸置疑，马克思是长期沉浸于书卷中的渊博的学者，但其一经得出研究的结论，便用于分析其所关注的现实问题。这种以问题为导向的研究彰显了政治哲学的直接现实性，指向其所处时代的政治的本质，将传统政治哲学的核心概念置于经济生活中重新探讨，为人类解放提供了观念前提。作为"当代最伟大的思想家"，马克思对政治世界、政治制度、政治价值、政治规范所作的深入探讨，使之无愧于载入多部政治哲学史文本，而英国学者伊格尔顿所言"很少有思想家能真正改变历史的进程，而《共产党宣言》的作者恰恰在人类历史的发展进程中发挥了决定性的作用。历史上从未出现过建立在笛卡尔思想之上的政府，用柏拉图思想武装起来的游击队，或者以黑格尔的理论为指导的工会组织。马克思彻底改变了我们对人类历史的理解，这是连马克思主义最激烈的批评者也无法否认的事实"①，更是强化了对马克思政治哲学"改变世界"的现实价值的认识。

正如马克思颠倒了自柏拉图以来的形而上学，生成了一种历史唯物主

---

① ［英］特里·伊格尔顿：《马克思为什么是对的》，李杨等译，新星出版社2011年版，第2—3页。

义"新世界观",其政治哲学也并非对古典政治哲学以来的研究范式的某种重述,而体现为一种以人类解放为价值旨归的新政治哲学。用传统政治哲学的某种理路衡量马克思有没有政治哲学,抑或马克思是不是一位政治哲学家,都近乎削足适履式的研究。马克思政治哲学研究体现为饱满的自觉意识,自博士论文时期关于"自由"的自我意识解读,至晚年关于跨越卡夫丁峡谷的哲学沉思,都体现了马克思对传统政治哲学的超越与其新思的开启。通过梳理马克思政治哲学文本群,把握其思想的核心要义,我们可以看到贯穿马克思政治哲学的思想线索——历史唯物主义。阅读偏离历史唯物主义理解关于马克思政治哲学的若干研究,似乎感到其中具有一定的"新意",但也有更强的"违和感"。因而要回到历史唯物主义,研究马克思政治哲学的理论实质及其方法论原则,由此方能深入到把握马克思政治哲学的"一度"中去。

王广兄这部新作从"文本的探赜"入手,在深入解读马克思政治哲学"三类文本"的基础上,展开对"正义的论争"的分析。马克思正义论可谓其政治哲学广受关注的热点问题,自"马克思与正义之争"以来的探讨超过半个世纪,至今仍然为人们进一步探究。在一定程度上,马克思正义论体现为一种多领域研究的重叠认识,是学界从不同角度重构的一种学术镜像。之所以成为一个说不尽的话题,因其蕴含丰富的言说空间,同时伴随着很多误读。其得到热议不仅因为马克思相关论述内蕴的意旨具有复杂性,而且体现为一种实际的社会需要。研究马克思正义论的前提是"回到马克思",理解"正义"何以被马克思看作是社会"燃素"和"征兆",思考在与一个社会的生产方式相适应的法权正义之外,马克思是否具有关于正义的隐性逻辑?从而应当在一种历史辩证法的视域中理解其深邃的理论结构,把握其科学的本质并完成一种规范的形塑,进而在现实维度使之得到实际运用。

今天,进一步理解马克思政治哲学的理论内涵与现实启示,应当充分把握蕴含其中的思想方法。如恩格斯所言,"马克思的整个世界观不是教义,而是方法。它提供的不是现成的教条,而是进一步研究的出发点和提供这种研究使用的方法。"①王广兄在这部新作中也作出了一种"方法论的考量",并强调以唯物史观的基本原则、原理作为正义研究的牢固基石,进而从政治哲学角度阐发唯物史观的当代学术价值。由此在思想与时代的双向奔赴的语境中实现了唯物史观与马克思政治哲学的理论互释,将对马克思政治哲学研究引入对时代问题的深度关切,用以思考和研究我们时代的突

① 《马克思恩格斯文集》第10卷,人民出版社2009年版,第691页。

出矛盾和问题。由以彰显了马克思政治哲学的现实规定性，将其作为解决迫切的时代问题的思想的"格言"，展现富有时代感、使命感的哲学形态，进而生成我们理解当代政治哲学之理论指向的一种思路。

王广兄在这部新作中阐释马克思政治哲学的文本、义理与方法的同时，还摘录了很多马克思的警句穿插其间，这些深邃的话语洋溢着青年马克思的学术气息。这些话语是面向时代的，体现了运用历史规律研究社会现实问题的自觉。今天，马克思政治哲学研究也应体现面向时代的哲学自觉，深思时代自己内心状态，在真理和道义的制高点上把握马克思政治哲学的总体性和原则高度，从中理解马克思对人类政治生活深层和本质的探讨，以其时代精神审视现实问题。运用马克思政治哲学解析公平正义、共同富裕等重要议题，进而深思其中具有的文明史与世界史意义，体现了王广兄在这部新作中的时代意识。

近日，阅读王广兄这部新作的书稿，回想我们多年来的交往和研讨的一些瞬间，既感时光易逝，又感到这些年我们对昔日共同关注的一些理论问题的研究为今后的学术探索做了必要的积累。马克思政治哲学是我们从文本研究和基础理论研究转向现实问题研究一直秉持的重要思想方法，是一门面向时代问题且具有丰厚历史意识的大学问。王广兄有才情、尚思辨，这部新作呈现的思考当能促进马克思政治哲学研究，并为关注该领域研究的朋友们提供有益思路。

2024 年盛夏

于中国人民大学人文楼

序　二

李义天

马克思的政治哲学是当代马克思主义理论研究的一项重要议题。围绕这项议题而展开的讨论，不仅有助于我们更充分地把握马克思的思想全貌，而且有助于我们借以回应当前政治哲学研究的主流形态。王广兄精研马克思主义经典著作多年，长期关注马克思的唯物史观、国家学说和正义理论等问题，近年来更是笔耕不辍，在这些方面撰写了许多极具才情与新意的文章。如今呈现在我们面前的这部力作，就是他关于马克思政治哲学的最新思考。

马克思是一位伟大的革命家，也是一位伟大的思想家。然而，在他丰富庞大的思想体系中，与他的哲学思想、经济学思想甚至人类学思想相比，政治哲学似乎并不处于显著的位置。我们很难发现，马克思像其他政治哲学家那样，直率地告诉我们何为最好国家、何为优良政体、何为正义原则。相反，马克思常常告诫我们的是，要意识到"国家"的阶级属性和历史属性，要认识到"政体"的工具意义和利益根基，要警醒于"正义"的法权性质和虚构假象。就此而言，即便马克思那里存在某些关于人类政治活动的观察和思考，也可能只是消解性和否定性的。那么，这意味着，马克思根本没有政治哲学的观点或思想吗？对此，我们却不能仓促作答。因为，当我们发现马克思对政治生活的观察和思考十分迥异于其他政治哲学家的一般看法与思路时，也许，这正是我们重新理解何为政治哲学的良好契机。

通常认为，政治哲学是相对于政治科学而言的。因此，当我们从"哲学"而不是"科学"的角度切入政治生活时，我们就是在"规范性"而不是"描述性"的层面上理解和反思这种特殊的人类活动。于是，"哲学"的视角或进路被等同于"规范性"的视角或进路，"政治哲学"的研究在一定程度上也被限定为"政治伦理学"的研究。然而，规范性维度的思考尽管属于"哲学"的重要含义，但它并非"哲学"的全部含义，甚至不是"哲学"的首要含义。作为一种基于理性的思考活动或思维方式，"哲学"在根本上是对事物的真实状况及其本质的总体把握，而不仅仅是对事物的应然状态或最佳状况的合理设想。相应地，"政治哲学"在根本上也是对政治活动的真实状况及其本质的总体把握，而不仅仅是对政治活动的应然状态或最佳状况的合理设想。

正是在这个意义上，我们才有理由说，马克思不但具有政治哲学，而且具有一种更深刻、更彻底的政治哲学。因为，马克思围绕政治而展开的哲学思考，直接指向的恰恰就是政治的本质（而不是政治的规范维度），尤其是，指向他所面对的那个资本主义时代的政治的本质。正如王广兄意识到的那样，“马克思对人类的政治生活进行了最深层和最本质的探讨，他通过一生的学术研究，揭示了资本主义制度剥削的秘密和资产阶级现代国家进行统治的本质，打破了所谓现代社会宣扬的自由、平等、正义等资产阶级政治价值的幻影，为工人和劳动人民提供了超越资本主义民主、实现共产主义制度的行动纲领”。所以，我们才可以称其为“政治哲学家”。

马克思的政治哲学不仅突破了一般政治哲学对于“哲学”的看法，而且突破了一般政治哲学对于“政治”的看法。在马克思这里，作为国家生活的政治活动仅仅是政治的表征或症候。真正重要的问题，在于政治的本质。而政治的本质并不体现为政治活动的现象本身，而是隐藏于政治活动之外的物质的生产关系和经济结构之中。因此，针对政治的哲学思考，就必然引向针对经济活动的理解与洞察，引向针对人类社会总体结构和历史发展规律的反思与批判。于是，马克思的政治哲学，也就在很大程度上以政治经济学的面貌出现，并且同他关于唯物史观的整体表述有关。

通过对政治活动的经济本质和历史属性的哲学反思，马克思的政治哲学也就会把一般政治哲学所认定的核心概念置于经济生活和历史背景下来加以解释。“正义”就是这样的一个概念。通常而言，“正义”是对基本权利和义务（包括政治权利和义务）的某种恰当状态的规范性界定；它往往被视为政治哲学的关键议题和根本旨归。然而，一旦我们从马克思政治哲学的特定视角出发，一旦我们将其置于马克思政治经济学和唯物史观方法论的理解下，那么，我们就会意识到“正义”的有限性：“正义”不但是一个随着经济基础而改变的法权概念、随阶级分化而裂变的局部概念，而且，它更多地是一个只有通过政治经济学而不是一般的政治哲学，才可以得到理解的概念。更何况，在政治经济学中，即便它能够有效地描述劳动与资本之间交换的部分过程，也无法充分地解释这种交换的全部过程；即便它能够作为“简单的道德”和“阶级的义愤”而在日常生活中发挥作用，也无法作为无产阶级革命的理论工具或斗争目标而发挥作用。从严肃的文本解读出发，借由细致的命题区分，王广兄论证了劳资交换的二重性，阐释了马克思正义观的双重维度，从而有说服力地解释了，为什么“正义”不再是一个神圣的政治哲学术语，为什么马克思既可以站在无产阶级利益层面和规范维度，对资本主义制度进行了谴责和批判，又可以站在经济科学研究层面和科学维度，排斥正义范畴，反对将其作为无产阶级改变世界的理论依据。

马克思已经逝世一百多年了，他的思想依然产生着巨大的影响和震撼。相应地，人们对他的理解或者给他贴上的标签，也依然多种多样。但无论何种理解，仅就他对人类政治生活的本质的深刻揭示而言，他的政治哲学也足以得到认真的对待。这不由得让我想起 2018 年 5 月 5 日，也就是马克思诞辰 200 周年的纪念日这天，我前往伦敦海格特公墓拜谒这位千年思想家长眠之地的情景。那个墓园不大，但也聚集了不少 19 世纪的思想大家和重要人物。在墓园图册上，用五角星符号标出了他们的具体安葬位置，还附上了他们最重要的身份。而在卡尔·马克思这个伟大的名字后面，写的正是“一位政治哲学家”。

2024 年 5 月 5 日于清华园

目　　录

导　论　时代关切与马克思哲学建构 …………………………………… 1

第一篇　文本的探赜

第一章　马克思的学术形象与政治哲学——作为革命家与学者相统一的马克思 …………………………………… 19

一、割裂马克思学术形象的研究症候…………………………………… 21

二、马克思的革命家形象何以被忽视…………………………………… 26

三、构建马克思完整真实的学术形象…………………………………… 30

第二章　从“大厦之顶”的国家沉入“地基”——马克思政治哲学研究的重大转向 …………………………………… 35

一、马克思博士论文期间的自由意志与理性观…………………………… 36

二、马克思理性国家观的政治诉求与理论支撑…………………………… 39

三、传统政治哲学路径的超越与新路径的开启…………………………… 42

第三章　对国家本质的深入考察——在历史与政治经济学的交互视域中 …………………………………… 48

一、从克罗茨纳赫出发:进入历史真实 …………………………………… 48

二、在多维交互视野中确定国家的本质…………………………………… 52

三、理论在实践中的锤炼与深化…………………………………… 55

四、从交互研究视域到广谱的马克思政治哲学…………………………… 58

第四章　击中现实的思想闪电——亟待关注的马克思“第三类文本” …… 63

一、重思恩格斯的马克思墓前讲话…………………………………… 64

二、第三类文本:马克思报刊文章 …………………………………… 67

三、马克思报刊文章的分期与主线…………………………………… 71
四、马克思报刊文章的政治哲学价值…………………………………… 77

第五章 革命现场的哲学运用——经典文献的互文性阅读 ……………… 83
一、对马克思文本的互文性阅读…………………………………………… 84
二、对《共产党宣言》革命策略的直接贯彻 ……………………………… 87
三、不同政治人物和阶级的具体剖析…………………………………… 89
四、更好把握马克思主义哲学的真义…………………………………… 95

第二篇 正义的论争

第六章 三大层面的正义话语——马克思文本中的正义论述 ………… 101
一、日常社会交往层面:简单的道德………………………………………… 103
二、无产阶级利益层面:革命的义愤………………………………………… 106
三、经济科学研究层面:社会"征兆" ……………………………………… 111

第七章 科学的本质与规范的形塑——马克思正义观的双重维度及其限度 ……………………………………………………………… 118
一、科学性与规范性的双重维度 ………………………………………… 118
二、争论双方学者各执单一向度 ………………………………………… 123
三、两方学者都走到了真理反面 ………………………………………… 129

第八章 经济学语境中的正义揭示——艾伦·伍德对马克思文本的误读 ……………………………………………………………… 131
一、重读艾伦·伍德的论证 ……………………………………………… 132
二、马克思经济学文献中的反驳 ………………………………………… 134
三、马克思对正义:"揭示"而非止于评判 ……………………………… 145

第九章 等价交换与正义标准——马克思同意等价交换就是正义的吗 … 150
一、劳资交换是等价的吗? ……………………………………………… 150
二、"两个过程":劳资交换的二重性 …………………………………… 152
三、劳动力交换价值与使用价值的分离 ………………………………… 158
四、对"马克思和正义"之争的启示 ……………………………………… 160

第三篇　方法论的考量

第十章　唯物史观与正义理论建构——以拉法格对马克思正义观的发展为例 …… 167
一、立足唯物史观批判饶勒斯 …… 168
二、重回正义思想的历史起源 …… 173
三、拉法格正义观的方法论启示 …… 177

第十一章　从政治形式的外表深入社会生活——唯物史观的当代学术价值 …… 182
一、唯物史观创立的过程:四个阶段 …… 183
二、变“哲学的历史”为“历史的哲学” …… 188
三、唯物史观的当代学术价值不可取代 …… 194
四、唯物史观与正确党史观的牢固树立 …… 200

第十二章　分析社会问题的基本指导线索——阶级分析方法的历史意义 …… 205
一、学界对待阶级分析方法的几个阶段 …… 206
二、阶级分析方法具有不可替代的价值 …… 209
三、立足新时代丰富发展阶级分析方法 …… 214

第十三章　时代之问与理论之思——历史十字路口的学术建构 …… 218
一、思想与时代的双向奔赴 …… 218
二、制度体系博弈的“时代之声” …… 222
三、新时代推动马克思哲学研究的理论姿态 …… 226
四、把握中国式现代化的时代意蕴 …… 230

结　语　面向新时代的哲学自觉与历史主动 …… 237

后　记 …… 242

导　论　时代关切与马克思哲学建构

> 伟大的灵魂——哲学史上的英雄们的身体，他们在时间里的生活(哲学家的外在命运)，诚然是一去不复返了，但他们的著作(他们的思想、原则)却并不随着他们而俱逝。
>
> ——黑格尔

“前人之述备矣！”——从事学术研究，会经常面对这样一种磨人的困扰：前人的研究越是广阔、深入，后人就越感到难以取得新的进展。

作为一名马克思哲学研究者，笔者同样面对着这样一种困扰。在这种情况下，笔者长期思考一个问题，即如何在前人已经取得的研究成果的基础上，继续深化马克思哲学研究，并获得新的学术成果？笔者提出并努力践行的答案是，在时代前沿和文本深处去研究马克思哲学。

这就意味着：一方面，我们应站在时代的最前列，思考现时代那些最为本质、根本、关键的重大理论和实践问题；另一方面，我们应深入马克思的文本，以对文本的深度研读来回应时代提出的问题。时代问题牵引着我们对马克思文本的思考，文本耕耘激荡着我们对时代问题的因应。如果说时代提供了锐敏的问题之矢，那么马克思的文本则是渊深丰厚的思想武库。放弃了对时代问题的积极思考，我们的研究就很容易丧失马克思哲学特有的宝贵品质——现实感和针对性；而离开了对马克思文本的深入考察，我们的研究就可能陷入不学无术、游谈无根的尴尬境地。

这也是本书题名为“时代前沿与文本深处”的缘由。

然而，无论时代前沿，还是文本深处，实际上都是很难进入的领域。“高山仰止，景行行止，虽不能至，而心向往之。”笔者只能将其视为对自身的学术激励，作为自己的学术目标而不断努力。

从时代与文本的角度考察，马克思哲学并未过时。马克思哲学依然是时代的哲学，马克思的哲学文本依然是深刻反映时代症候和指引时代进步的箴言。现时代所遭遇的一系列重大理论和现实问题，仍然需要我们通过掌握马克思所提供的思想武器而找到解决的思想启迪和路径提示。

由此视之，在当前的马克思哲学研究中，我们需要一方面深入考察时代问题，倾听时代之声，回应时代关切，一方面沉潜马克思文本，增加思想含量，凝练问题意识，保持批判锋芒，创新学术话语。这或许可以称为在马克思哲学研究中的“两手抓、两手都要硬”。唯其如此，新时代的马克思哲学研究，方能真正建构具有鲜明中国特色、中国风格、中国气派的马克思主义哲学话语体系，为全面推进中华民族伟大复兴提供哲学智慧和思想资源。

一、植根时代的哲学命运

“伟大的思想也有自己的《fate》[‘命运’]。”①这是马克思在1855年10月为《新奥得报》撰写的一篇通讯中提出的论断。马克思哲学作为一种伟大的思想，同样拥有自己独特的命运。何为命运？就是从何处而来，要向何处而去。对马克思哲学研究者来说，不仅需要深入钻研马克思哲学的具体问题，而且应当从一个更加广阔的层面深入思考马克思哲学及其研究的轨迹和前途命运，并将之作为具体研究的深层关切与价值依托。

思想的“命运”取决于什么？马克思、恩格斯在《德意志意识形态》中曾经描述了黑格尔学派解体带来的思想骚动：“在普遍的混乱中，一些强大的国家产生了，但是立刻又消逝了，瞬息之间出现了许多英雄，但是马上又因为出现了更勇敢更强悍的对手而销声匿迹……在瞬息间一些原则为另一些原则所代替，一些思想勇士为另一些思想勇士所歼灭。”②这些具有激烈外观的碰撞和激荡，“都是在纯粹思想的领域中发生的”③，恰正由于此，它们无法与时代和实践发生任何联系，只是自我封闭和陶醉在纯然思维空间中的喧嚣吵嚷和哲学骗局，因而，注定要在世界历史的现实发展中熄灭生命的最后一点火星。

回顾人类思想史的长河，可以从更加辽阔的视域看到，一些思想曾经辉煌但因落后于时代而归于沉寂，一些思想绵延久远却依然能够在新的时代闪烁着片羽吉光，一些思想则植根于社会历史深处并长远地指引着时代前进的方向。

一时代有一时代之思想学术。对一种思想体系来说，时代的需要是最根本的基础和依托。“一切划时代的体系的真正的内容都是由于产生这些体系的那个时期的需要而形成起来的。”④马克思、恩格斯这一论断表明，人类学术思想的递嬗更迭归根到底是由其所处的时代决定的。时代的问题、

① 《马克思恩格斯全集》第11卷，人民出版社1962年版，第626页。
② 《马克思恩格斯全集》第3卷，人民出版社1960年版，第19页。
③ 《马克思恩格斯全集》第3卷，人民出版社1960年版，第19页。
④ 《马克思恩格斯全集》第3卷，人民出版社1960年版，第544页。

时代的困惑、时代的挑战和时代精神,构成了真正具有历史价值的思想学术之最深沉的底色。同时,把握了时代脉搏的学术思想也会以科学、系统的方式反映时代的根本特征和变化规律,影响时代的变迁与历史的进程。

那么,当今时代是一个怎样的时代?马克思哲学之于这一时代,还有没有价值,有哪些价值?对这些问题的回答,直接关涉马克思哲学的思想命运。从现有研究来看,在对当今时代的性质等问题上,还存在一些模糊认识。例如,有人认为当前处于知识经济时代、互联网时代,马克思哲学作为工业时代的思想产物,已经过时了;还有人认为当前处于和平与发展的时代,马克思哲学作为一种"革命哲学",已经不能应和时需。这些认识实际上没有准确把握划分时代的标准,混淆了时代的性质、特征等不同层面的问题。

笔者认为,可以采用时代特征、时代主题、时代性质三个层面的"三分法"来更清晰、准确地把握时代。第一个层面是时代特征,这是从不同的领域、侧面、角度出发对时代进行的概括,例如着眼于科技领域可以将当今时代概括为高科技时代,着眼于经济领域可以概括为经济全球化时代,着眼于信息领域可以概括为信息时代,等等。第二个层面是时代主题,这是立足于一个时代所要解决的主要问题、主要矛盾,对时代进行的概括。例如,19 世纪末 20 世纪初,列宁将时代主题概括为"战争与革命";20 世纪 80 年代以来,邓小平全面审视世界格局的新变化,将时代主题概括为"和平与发展"。第三个层面是时代性质,以马克思的社会形态理论为依据,对时代进行定性、对不同的时代进行分期,这是时代问题上最为本质、最为根本的层面。

在马克思主义诞生以前,人们对如何认识时代、怎样划分时代还认识得不清楚,更多的是用王朝更迭、历史事件、英雄人物、主观意志等作为划分时代的标准。马克思主义实现了人类思想史上的伟大变革,为人们科学认识时代问题提供了准绳。马克思指出,"我们判断一个人不能以他对自己的看法为依据,同样,我们判断一个变革时代也不能以它的意识为依据;相反,这个意识必须从物质生活的矛盾中,从社会生产力和生产关系之间的现存冲突中去解释。"①在《〈政治经济学批判〉序言》中,马克思明确指出,"大体说来,亚细亚的、古代的、封建的和现代资产阶级的生产方式可以看做是经济的社会形态演进的几个时代。"②在《资本论》中,马克思进一步指出,"各

---

① 《马克思恩格斯选集》第 2 卷,人民出版社 1995 年版,第 33 页。
② 《马克思恩格斯选集》第 2 卷,人民出版社 1995 年版,第 33 页。

种经济时代的区别,不在于生产什么,而在于怎样生产,用什么劳动资料生产。"①在马克思的全部思想中,始终是坚持从社会形态的角度划分人类历史与时代,这是最为根本的标准。恩格斯在《家庭、私有制和国家的起源》一书中运用马克思确立的研究方法,对摩尔根的历史资料进行再思考,将整个人类社会的发展分为奴隶制、农奴制和近代的雇佣劳动制几种社会形态,并指出资本主义并不是人类最后一种社会形态,人类社会必将进入没有阶级和国家的社会形态。② 从这一本质层面上讲,当今时代仍然处于社会主义与资本主义两种制度相互竞争、相互较量,社会主义必然胜利、资本主义必然失败的历史时代。这是我们思考马克思哲学前途命运、推进马克思哲学研究的最根本的立足点、出发点和着力点。

从时代与思想的关系考察,马克思哲学绝未过时,我们依然生活在一个需要马克思的时代。这个时代所面临的问题和难题,仍然需要我们通过掌握马克思所提供的思想武器而找到解决的路径。青年马克思曾经满怀激情地宣告,"哲学正变成文化的活的灵魂,哲学正在世界化,而世界正在哲学化"。③ 如果说这一论断是马克思主义确立之前的马克思出于敏锐的理论直觉而对哲学命运所做出的正确预言,那么,马克思主义诞生之后的整个历史则现实地表明,马克思哲学确实是指导改变世界的社会实践的伟大思想武器,而世界正在马克思哲学所揭示的理论维度和历史轨迹上得到改造。马克思主义和马克思哲学依然是当今时代的人们科学认识世界历史发展的客观规律、在全球范围内不断揭破资本剥削的秘密、追求更加公正合理的社会主义社会和共产主义社会而奋斗的最为深邃的理论指南。

20 世纪 60 年代,并非马克思主义者的萨特曾提到,"马克思主义远远没有衰竭,还十分年轻,几乎还在童年;它好像才刚刚开始发展。所以,它仍然是我们时代的哲学;它是不可超越的,因为产生它的情势还没有被超越。"④在现今的经济全球化阶段,马克思哲学依然"不可超越",依然"是我们时代的哲学"。霍布斯鲍姆就此明确提出:"马克思最终应该出人意料地回到我们的世界。在我们的世界中,资本主义已经让人想起,它的未来之所以遭到了怀疑,不是因为社会革命的威胁,而是因为它的无拘无束的全球运作性质。事实已经证明,对于资本主义的全球运作性质,马克思是一位比自

① 《马克思恩格斯全集》第 44 卷,人民出版社 2001 年版,第 210 页。

② 参见《马克思恩格斯选集》第 4 卷,人民出版社 1995 年版,第 24 页。

③ 《马克思恩格斯全集》第 1 卷,人民出版社 1995 年版,第 220 页。

④ [法]萨特:《辩证理性批判》,林骧华等译,安徽文艺出版社 1998 年版,第 28 页。

由市场的理性选择和自我纠正机制的信徒更敏锐的指导者。"①正如霍布斯鲍姆所言,马克思对资本主义社会的分析和剖判,随着21世纪头一场波及全球的金融危机的影响,在世界范围内得到了越来越多人的认同。苏东剧变在西方世界引起的狂潮已在消散,资本及其帝国体系在经济全球化时代的奔突则引发了多个国家民族的批判和抵制。种种现象足以表明,只有马克思哲学和马克思主义,方能引领世界历史走出"人类社会的史前时期"②。意大利学者马塞罗·穆斯托就此写道,"自2008年资本主义最近一次金融危机爆发以来,马克思开始重新流行起来。与柏林墙倒塌后认为马克思将永远被遗忘的预言恰恰相反,他的思想再次成为分析、发展和讨论的对象。……一些拥有广泛读者群的知名报纸和期刊将马克思描述为一位极具话题性和远见卓识的理论家。几乎在世界各地,马克思都是高校课程和国际会议的主题。他的著作得到重印,或以新版本再版,重新出现在书店的书架上。"③

黑格尔在《哲学史讲演录》中盛赞历史上的哲学家,"伟大的灵魂——哲学史上的英雄们的身体,他们在时间里的生活(哲学家的外在命运),诚然是一去不复返了,但他们的著作(他们的思想、原则)却并不随着他们而俱逝。"④这是对一切哲学家伟大作用和历史地位的赞颂。但黑格尔从他的理念论出发,认为哲学家的工作和著作不是以帆布、大理石和纸张,也不是以图像和纪念碑作为媒介来保存的,这些媒介本身就是变灭的或变灭事物的基础,"它们乃是用思想(概念),精神中不变灭的本质,作为媒介,这媒介是虫所不能蛀蚀的,贼所不能偷窃的。"⑤而在笔者看来,马克思的思想和著作与此不同,它是时代和实践的产物,是在时代深处凝成的不朽文本。一方面,时代虽在不停顿地向前发展,但并未超越马克思的思想所涵盖的历史时期;另一方面,马克思的思想也在随着时代的发展而不断得以发展创新,形成新的理论形态。马克思不仅是我们的同时代人,而且是我们开辟新的历史时代的思想引领者。正是在这一意义上,习近平总书记强调,马克思主义

---

① [英]霍布斯鲍姆:《如何改变世界:马克思和马克思主义的传奇》,吕增奎译,中央编译出版社2015年版,第368页。

② 《马克思恩格斯选集》第2卷,人民出版社1995年版,第33页。

③ [意]马塞罗·穆斯托:《另一个马克思——从早期手稿到国际工人协会》,孙亮译,中国人民大学出版社2022年版,第1页。

④ [德]黑格尔:《哲学史讲演录》第1卷,贺麟、王太庆等译,上海人民出版社2013年版,第43页。

⑤ [德]黑格尔:《哲学史讲演录》第1卷,贺麟、王太庆等译,上海人民出版社2013年版,第43页。

尽管诞生在一个半多世纪之前,但历史和现实都证明它是科学的理论,迄今依然有着强大生命力。①

马克思哲学研究者应当向自身提出这样的问题:我们能否站在时代的制高点,用一种以时代问题为核心的宏观社会历史视野来考察,我们的马克思哲学研究究竟走过了一条怎样的道路,有哪些值得继承的经验,又有哪些需要反思的教训?真正的哲学是时代精神的精华,那我们的马克思哲学研究,能否在哲学社会科学各"声部"的大合唱中发挥主唱作用,既以真理的方式、又饱含激情地记述这个时代,见证这个时代,表达这个时代,并振聋发聩地引领这个时代?

这确是一个十分严肃、沉重而又迫切需要从理论高度予以阐明的问题。不真正厘清这一问题,就不能正确地接过马克思哲学研究的接力棒,也不能自觉自信地开辟中国学术更加深广的未来。

二、辉煌成就与研究短板

我国的马克思哲学研究走过了一条不平凡的道路,取得了辉煌的研究成就。

从马克思主义传入中国,到20世纪二三十年代的社会史大论战,再到以艾思奇《大众哲学》为代表的一大批马克思主义哲学著作激励无数革命青年奔赴延安,一大批学者为深化中国马克思主义哲学研究作出了卓越贡献。特别是以毛泽东同志为主要代表的中国共产党人坚持将马克思主义普遍原理与中国具体实际相结合,推出了《实践论》《矛盾论》等带有鲜明中国特色的马克思主义哲学文献,书写了马克思主义中国化的重要篇章。中国的马克思哲学研究一直走在时代最前列,成为革命运动的思想先导。

新中国成立以来尤其是改革开放以来,马克思哲学研究迎着新时期的春风不断向纵深掘进、发展,取得了大批新成果。新的研究领域不断开辟,新的研究成果陆续推出,马克思哲学学者以极大的研究活力和热情活跃在学界,中外马克思哲学学术交流日益深入,许多论坛、讲坛、会议成为学界的知名活动。一大批著名马克思主义哲学家,以广博而深邃的研究,引领开拓了马克思哲学研究的学术空间。

与此同时,也要看到,在马克思哲学研究领域,还存在着一些不足,例如,有学者谈到,很多人爱读马克思的原著,但对一些研究马克思哲学的论

① 参见习近平:《在哲学社会科学工作座谈会上的讲话》,《人民日报》2016年5月18日。

著却感到味同嚼蜡,提不起阅读兴趣。它提示我们,应该对马克思哲学研究中的一些不足进行反思,指其暇而益以见其美,更好地推进和深化马克思哲学研究。

在笔者看来,在当前一部分马克思哲学研究者不同程度地存在着以下几个方面的问题。

一是思想的稀薄。马克思是伟大的“千年思想家”,其思想的渊深浩瀚,为几千年思想史所罕见。然而,马克思思想本身的精深,不意味着研究马克思就也能跟着深刻起来。

面对一座高山,最好的办法就是攀上去,而不是站在山脚下向路人空谈山巅的风光。同理,与思想家对话,需要对话者同样具有一定的思想高度。思想的深刻,不在于思想本身,而在于回答了哪些重大而迫切的理论与实践问题,在于思想对时代的指引。马克思思想的伟大之处正在于此。正是通过马克思,人们才发现了社会有机体演变的规律和资本主义剥削的秘密。马克思的探索从未止歇,在一步步殚精竭虑的思想探索和一场场艰苦卓绝的实践斗争中,揭橥了人类社会迈向新的世界历史的远景。然而,当前的一部分研究者不去关注马克思哲学这一伟大的思想同时代、同人类历史命运的关联,只是就思想谈思想,就著作谈著作,就文本谈文本,从而切断了马克思哲学与它所要解决的迫切的时代问题之间的联系,摧毁了马克思哲学活生生的现实根基。

二是问题的淡漠。马克思哲学,乃至马克思的全部文本,都有着极其明确的问题意识。不尚空谈,不发空论,不做任何缺乏问题导向、无的放矢的学问,是马克思哲学最鲜明的特征之一。

早在青年时代,马克思就明确提出,“一个时代的迫切问题,有着和任何在内容上有根据的因而也是合理的问题共同的命运:主要的困难不是答案,而是问题。因此,真正的批判要分析的不是答案,而是问题。”①试想,如果连面对什么真问题都不清楚,还谈什么解决问题?马克思还指出:“问题却是公开的、无所顾忌的、支配一切个人的时代之声。问题是时代的格言,是表现时代自己内心状态的最实际的呼声。”②马克思哲学就是对“时代之声”最为深刻的回答。综观马克思的全部著作,可以清晰地看到,马克思作为一位杰出的哲学家、思想家,但他所做的工作却没有那么纯粹的“哲学化”。马克思的研究离现实问题的“烟火气”最近,而离经院哲学的“哲学

① 《马克思恩格斯全集》第1卷,人民出版社1995年版,第203页。

② 《马克思恩格斯全集》第1卷,人民出版社1995年版,第203页。

味”最远。从早年关于林木盗窃法的辩论、为摩泽尔地区贫苦农民做辩护，到亲身参加欧洲革命，再到探索资本剥削的秘密，领导创建“国际”，并回应反击各种错误论述和观点，激荡于马克思著作中的，始终是那个时代迫切需要解决的实际问题。

然而，反观我们的一部分研究，为什么写这篇文章，为什么写这部著作？答案往往是为了研究而研究，为了写作而写作，而很少站在马克思的高度和角度，去深入考虑这种研究和写作要面对哪些历史问题，能解决什么现实问题。导致其后果是，也许搞清了马克思说了什么，但马克思为什么这样说、马克思这样说在今天有什么价值，依然没有弄清楚。

三是批判的退场。马克思哲学，就其本性而言，是批判性的学问。拒斥批判，就意味着失去了马克思哲学最本质的属性之一。

通过批判表达和申明自己的学术观点，一直是马克思的理论立场和经常使用的研究方法。早在 1843 年 9 月致阿尔诺德·卢格的信中，马克思就明确提出：“新思潮的优点又恰恰在于我们不想教条地预期未来，而只是想通过批判旧世界发现新世界。”①“如果我们的任务不是构想未来并使它适合于任何时候，我们便会更明确地知道，我们现在应该做些什么，我指的就是要对现存的一切进行无情的批判……”②马克思在其后的理论生涯中，一以贯之地坚持“通过批判旧世界发现新世界”的学术立场与研究方法，绝不满足于在书斋中自我构建某种封闭自足的思想体系。批判的基础含义是澄清前提和划定界限，批判的价值在于分辨真假问题并将学术引向深入。人类思想的创造与发展，常常是在批判性论辩中进行的，真理在与谬误的斗争中愈辩愈明。认识的深化、观念的变革、思想的推进，都与辩证地扬弃和科学地批判作为其对立面的理论观点有着深刻的联系。真理的长河，正是在科学批判的浪潮中奔涌向前。从这一意义上说，马克思的著作本身，就为如何研究马克思哲学提供了绝佳的范本。

但在现今的一部分研究中，较少看到不同理论观点的争鸣，较少看到对思潮的深入研判。一些研究者“躲进小楼成一统”，既不愿意深入思考、分析其他学者的文章，也不乐意别人对自己的文章有所批评，更不愿意对错误思潮举旗亮剑，辨明是非。

四是话语的因袭。马克思是伟大的思想家，也是语言的大师。马克思

① 《马克思恩格斯全集》第 47 卷，人民出版社 2004 年版，第 64 页。
② 《马克思恩格斯全集》第 47 卷，人民出版社 2004 年版，第 64 页。

曾经指出:"一门科学提出的每一种新见解,都包含着这门科学的术语的革命。"①在马克思那里,学术话语不唯在思想的维度上向着更科学、更深邃开掘,而且以五光十色、色彩斑斓的学术修辞展现出无与伦比的美学景观。

笔者曾有过真切的阅读体验,一当进入马克思那浩瀚恣肆的学术话语世界,一当一个论断或一个洞见抓住你的时候,随之而来的就是思想中激起的连锁反应。困惑不安和百思难解相继涌起,惊奇钦敬和欣喜会心交织而生。无数的思想交锋、理论批判,无数的历史事件、文本评说,甚至无数的诗词引语、人物典章,让人目不暇接,让人不由自主地随着马克思的如椽巨笔和生花妙论,在学术话语的迷宫中盘桓往复、觅路前行。马克思的著作就是这样,不仅以深邃的思想见长,而且努力实现内容与形式、思想与修辞的高度统一。李卜克内西曾就此回忆说:"马克思在语言和风格问题上十分考究,有时到了咬文嚼字的程度","他对于语言的简洁和正确是一丝不苟的","马克思是个严格的修辞家;他常常花很多时间力求找到需要的字句"。②

遗憾的是,哲人其萎,我们在当今一些马克思哲学研究者那里,很难再寻觅到这样广阔、深沉而又瑰美的阅读体验。相反,这些研究就话语方式而言,表现出两种倾向,一种倾向是学术话语因循守旧,文章表述面目雷同,有较多的空话、套话;另一种倾向是大量引入西方学术话语,生拉硬拽,半生不熟,水土不服。这两种倾向看似不同,但实际上都是学术话语原创性不足的表现。

不需玩弄辞句以掩盖思想的贫乏,需知深邃的思想尤其拒绝平庸的表达。用最简单的语言,表达深刻的道理,这是学术研究的真境界。马克思哲学研究需要一场学术话语、表达方式的革命。

三、主体意识与时代课题

对现有研究展开反思,是为了更好地前进。指认上述一些问题,需要自省的学术勇气。而要补足这些短板,则需要研究者在自身的研究中做出艰苦的努力,不畏艰险沿着陡峭山路不断攀登,从而最终"达到光辉的顶点"。

针对现有研究中遭遇的问题,保持马克思哲学的思想高度,坚守提出问题和分析问题的敏锐触角,推进学术话语和表达方式的革新,砥砺思想批判的锋芒,就不能不成为当前马克思哲学研究的紧迫任务。唯其如此,才能推

① 马克思:《资本论》第1卷,人民出版社1975年版,第34页。
② [德]李卜克内西:《回忆马克思恩格斯》,马集译,人民出版社1973年版,第104、108页。

动我们将马克思思想学术的种子，植入正在实现一个古老民族伟大复兴的东方大地，催生出当代中国思想学术话语体系的深广未来。

笔者这里仅就马克思哲学研究的主体意识和面对的历史课题再谈些个人看法。一是马克思哲学研究应当具有的三种意识。哲学社会科学研究，从来不是价值无涉的所谓客观研究，尤其是马克思哲学研究更具有鲜明的意识形态属性和阶级属性。古语云，知人论世。从一定意义上说，马克思哲学研究者自身的主体意识将在很大程度上决定着研究的广度、高度和深度。

一是时代意识。学术思想的逻辑归根到底是由时代的逻辑所决定的。根本而言，推进马克思哲学研究，或者说要做“有意义”的马克思哲学研究，就必须立足于大的时代视野去考察。21 世纪第一个十年，由美国金融危机引发的全球性危机在世界范围内震荡，时移世易，世界经济仍然未能真正走出阴霾。很多国家和民族仍在艰难地探索发展自强之路。在发展前景的晦暗不明中，美国等西方发达国家却变换花样，依然不断地在世界范围内推销其宪政民主制度、“普世价值”等，并通过优势的学术话语为其裹上炫目的装潢。沧海横流，能否深刻地洞察世界大势，清醒地把握世界历史发展的方向和趋势，日益成为一种学术思想赢得独立的价值和尊严的关键所在。马克思主义哲学研究对此应有自觉而清醒的认识。

与此同时，新中国成立 70 多年来，尤其是改革开放 40 多年来，中国走出了一条具有中国特色的社会主义道路，积累了宝贵而独特的发展经验，为当代中国的学术进步提供了广阔天地和肥沃土壤，也给当代中国马克思哲学研究提出了更加严肃的时代要求。青年马克思指出，“正是那种用工人的双手建筑铁路的精神，在哲学家的头脑中建立哲学体系。哲学不是在世界之外”。① 当代中国正呼唤着马克思哲学研究“用双脚扎根大地，并用双手采摘世界的果实”②。

二是历史意识。真诚的学术建构，离不开历史的积淀。缺乏历史感的研究是短视的，既不能真切地了解过去，更无法科学地把握未来。马克思哲学研究，尤其需要巨大的历史感。而历史不是蒙尘的卷册，不是荒林间的废墟，更不是解构大道的一二细节勾画以及由此生发的历史虚无。真正的历史探求，从来都是以家国天下的炙热情怀，建构在国运民魂的休戚存亡之上。因而，负责任的学术研究，从来都是把学术与民族国家的前途命运紧密地联系在一起。离开了对国家、民族历史的关怀，当代中国的马克思哲学研

① 《马克思恩格斯全集》第 1 卷，人民出版社 1995 年版，第 220 页。

② 《马克思恩格斯全集》第 1 卷，人民出版社 1995 年版，第 220 页。

究无以立基。

笔者始终认为,只有当沉下身来俯察百余年来在中国这片广袤的国土上所演出的大写的历史,穿透历史沧桑阅读革命的价值、进步的真谛、中华民族的尊严与梦想,超越庸常的利益换算而把思考的触角伸向更加崇高的境界时,我们才能在个人哲学研究的小天地中找到个体与时代、小我与大我的正确坐标。在艰苦的历史跋涉过程中,马克思哲学研究独有的视角、价值和品格才能如期呈现。

三是人民意识。科学的学术研究是走进人民、贴近人心的事业。马克思哲学研究尤其拒绝冰冷,拒绝冷漠,与所谓个体化研究格格不入。很难想象一位终生为无产阶级和人类解放事业而思考、奔走、奋斗的巨人,会将只关心小我研究的学者认作自己的思想后裔。从这一意义上讲,马克思主义的大众化具有非同寻常的理论价值和现实意义。

人民的愿望、诉求和呼声,应当成为重要的研究来源。人民对马克思哲学的了解和掌握程度,应当成为考察马克思主义大众化工作成效的一个重要指标。马克思的著作之所以具有强大持续的影响力,影响一代又一代的无产阶级和广大群众,除了具有强大的科学性和真理性,其文字中饱蕴的为全世界无产阶级而奋斗的激情不同样具有打动人心的、无可比拟的力量吗?胸怀天下,心系苍生,言真而情切,知深而意诚,这是当代中国马克思哲学研究的道义和尊严所在,也是前途所在、命运所在。

当前,马克思哲学研究还面对着至少三个方面的历史课题。真正的哲学研究,当审大局,究大势,谋大事。我们正处于一个时代风云急剧变化、科技进步一日千里、社会生活剧烈变革的时代,这样的历史大背景从根本上对马克思哲学研究提出了严峻的挑战。

一是如何建构具有鲜明中国特色的马克思主义哲学话语体系?马克思哲学不是黄昏起飞的猫头鹰,而是一唱天下白的高卢雄鸡,是最应当走在时代前列、而且最有能力和资格走在时代前列的思想先导。马克思哲学进入中国,已经有100多年的历史。在革命战争年代,马克思哲学为中国革命胜利提供了先进的思想指导。新中国成立70多年来,尤其是改革开放40多年来,中国成功地走出了一条中国特色社会主义道路,中国经验和中国道路正在世界范围内获得高度重视。实现中华民族伟大复兴的中国梦,成为当代中国最为生动而深刻的历史实践。

面对这样一场前无古人的伟大运动,马克思哲学研究不能也不可落后于人,不能仅仅沉埋于故纸堆中,而应以高度的理论自信和敏锐的理论自觉,深入实践,沉入生活,在理论与实践的双重互动中提炼概括具有中国特色、中国风格、中国气派的哲学话语体系，激活思想创新，推动时代发展。

二是如何在中国道路所开启的理论致思路径之上与世界哲学展开平等而有尊严的对话？不可否认，西方发达国家在学术研究的整体水平上走在我们前面，提出和阐释了一系列独特的话语、思想、理论，并把控着这些话语的解释权和传播通道。与之相比，我国哲学社会科学话语体系在原创性、传播力、影响力等方面还有很大不足。在哲学社会科学研究中同样存在“西强我弱”的现象。然而，当前更应该看到，中国道路是中国共产党带领中国人民对世界历史发展道路作出的独特探索和伟大贡献，是中国人民在马克思主义指导下独自探索出来的发展道路。正如习近平总书记指出的，当代中国的伟大社会变革，不是简单延续我国历史文化的母版，不是简单套用马克思主义经典作家设想的模板，不是其他国家社会主义实践的再版，也不是国外现代化发展的翻版。①

面对中国经验、中国道路、中国奇迹，只有置身这一历史巨变之中的中国学者才有资格、有能力做出理论上的概括和建构，这种理论建构必将成为中国学术对世界学术的原创性贡献，突破西方理论学术设置的疆域。中国学者尤其是马克思哲学研究者，要通过自己的艰苦研究，推动当代中国的哲学思想话语走向世界，让自己讲起来有底气，别人听起来能服气，从而与世界哲学展开平等而有尊严、有成效的对话。

三是如何从思想的高度回答人类社会向何处去这一重大历史课题？一种真正的思想的使命，不仅在于回溯历史加以总结，而且在于引领时代向前发展。马克思哲学的真义正在于此。自《共产党宣言》发表以来，马克思主义在世界范围内催生和引领着社会主义运动的深入开展。170 多年来，世界社会主义运动波澜起伏，既有过高峰，也有过低谷，尤其是苏东剧变后陷入低潮。但社会主义运动远未结束，历史远未终结，文明发展道路绝非单行道，人类社会向何处去的重大历史课题依然需要人们展开更加深入的探索。

包括马克思政治哲学在内的马克思主义哲学研究，应该特别善于总结历史的经验教训，以科学、严谨而丰富的研究成果，深入揭示出人类文明的发展道路丰富多彩，世界历史对扬弃资本主义、最终实现共产主义的探索并未停滞和停止，而是以更科学、更成熟的步伐驰入一个新的里程。社会主义、共产主义的航标仍然牢牢地指引着人类社会前进的途程。

新中国成立前夕，毛泽东在回击“艾奇逊以一个资产阶级大学教授讲述无聊课本的姿态”所编纂的白皮书和致杜鲁门的信时指出，“自从中国人

① 参见《习近平著作选读》第二卷，人民出版社 2023 年版，第 484 页。

民学会了马克思列宁主义以后，中国人在精神上就由被动转入主动。从这时起，近代世界历史上那种看不起中国人，看不起中国文化的时代应当完结了。伟大的胜利的中国人民解放战争和人民大革命，已经复兴了并正在复兴着伟大的中国人民的文化。这种中国人民的文化，就其精神方面来说，已经超过了整个资本主义的世界。”①这是何等的理论自信、文化自信！数十年后的今天，我们应当重新拾取和更好地发扬这种理论自信、文化自信，积极地“在精神上由被动转入主动”，通过艰苦的研究，让包括马克思哲学在内的当代中国学术话语体系与时俱进、与世偕行，在世界学术之林展现出应有的恢宏气象和熠熠光辉。

四、政治哲学的探索空间

政治是人类社会最为古老的现象之一，人类自古至今一直未曾中断过对于政治现象的哲学探求与形上考量。几千年来思想精粹的层层累积，形成了人类政治哲学思想的灿烂星河，以至于我们直到今天还必须常常回过头去向人类文明的古老源头汲取智慧的力量。

然而，政治哲学作为一个学科区划出现，则是相当晚近的事情。《中国大百科全书·政治学卷》“政治哲学”词条就此写道：“政治哲学就其内容而言，十分古老，古代许多思想家的政治思想和学说都含有政治哲学的意义。但就其概念而言，则迟至20世纪上半叶才逐渐流行于学术界，并具有学科与方法论的双重特征。在20世纪上半叶以前，偶尔也有政治哲学之说，但只是传统学科分化的沿袭，如同将美学称为艺术哲学、史学称为历史哲学、伦理学称为道德哲学一样。20世纪初，政治学界开始萌生科学主义思潮，20年代的新政治科学运动率先提出政治学科学化主张，倡导引进自然科学的概念和方法，建立起类似自然科学的政治学理论体系。稍后的行为主义政治学则从理论上系统地提出了政治科学的概念，用以表示运用自然科学方法、定量研究、经验实证、价值中立、描述和分析等的政治学方法和理论，把长期沿用的演绎推理、逻辑验证，从纯理论角度讨论政治本质和目的、具有浓厚道德与价值色彩的政治学理论和方法统称为政治哲学。这时，政治哲学才获得了概念的意义。”②

就西方学术界而言，自科学主义思潮兴起之后，政治科学几乎成了政治

---

① 《毛泽东选集》第四卷，人民出版社1991年版，第1516页。

② 《中国大百科全书·政治学卷》，中国大百科全书出版社1992年版，第512页。

学的代名词，许多人纷纷作出“政治哲学已经死亡”的论断。学者们热衷于运用自然科学方法等进行政治学研究，政治哲学被抛入冷宫，少人问津。然而，政治学研究从本质上说，是属人的学问，离不开人的价值、情感、思虑、意志等，这些因素都不是所谓科学主义所能规范的。因而，纯粹的所谓政治科学也在遭到反思与批评。自从1971年罗尔斯发表其扛鼎之作《正义论》以来，这一研究态势越发强烈，开始有越来越多的学者投入到政治哲学的研讨中，政治哲学研究出现了明显勃兴的态势。

相较于西方学术界，我国学术界的政治哲学研究起步较晚，学术累积较为欠缺。大约自20世纪二三十年代起，一部分学者开始关注相关研究领域，学术界出现了一些题名为“政治哲学”的著作或译作。例如，李麦麦的《中国古代政治哲学批判》（上海新生命书局1933年版），葛存悆、刘通的《中国最高政治哲学》（北平大同出版社1947年版），等等。这一时期的著作，尤其是译作，在某种程度上初步具备了现代所谓政治哲学的意蕴。例如，1922年，范用馀先生翻译出版的浮列尔（Farrell）的著作《政治哲学导言》就认为，“政治哲学”所论的是“国家”（State）。具体说来，“政治哲学是要解答下列的问题——1. 国家是什么？2. 国家的目的是什么？再依着这个问题推论下去——国家普遍存在的理由在哪里？3. 国家怎样发生的？4. 国家的职能是什么并且如何实行他的职能？5. 国家现在有几种，从前有几种，以及怎样区别？6. 有没有理想的国家？”①很明显，这里提到的“国家普遍存在的理由”“理想的国家”等，已经具有明显的政治哲学色彩。但是，从总体上看，这一时期仍然属于“传统学科分化的沿袭”，尚未赋予其特定的、明晰的学科内涵。浮列尔的这本《政治哲学导言》就提出，将是书的研究主题称为政治哲学（Political Philosophy）、政治科学（Political Science）、政策学（The Science of Politics），或简称政治学（Political），都没有什么分别。

直至改革开放之前，由于当时研究视野的局限和一些特殊因素的影响，我国许多学科的研究处于中断状态，政治哲学研究仍然处于空白和断档之中。进入改革开放新时期之后，我国学界重新展开了政治哲学研究，越来越多的学者投入到政治哲学研究的队伍中来。政治哲学研究日益引起人们的关注。这主要是由两方面原因决定的。从实践方面来说，随着我国政治体制改革不断引向深入，各种现实的政治问题需要人们从学理上作出深刻透彻的解答，各种政治现象、机制都需要从理论高度进行反思。人们关注的目光已经不再仅仅满足于“实然”，而是更多地投向价值领域的“应然”。这极

① ［美］浮列尔：《政治哲学导言》，范用馀译，上海商务印书馆1922年版，第2页。

大地催生了我国学术界的政治哲学研究。从理论方面来说,自从罗尔斯发表《正义论》带动激发了一大批政治哲学著作,使政治哲学讨论再度勃兴之后,几十年间,西方学界围绕着这些问题,新见迭出,妙论纷呈,这不能不深刻地影响到我国学者的理论视界。一个时期以来,我国学术界围绕着政治哲学研究,进行了比较深入的研究,引进译介了大量西方学者的政治哲学著作,同时推出了一批原创性作品,发表了一系列学术水准较高的论文,以政治哲学研究为主题的学术会议也频频举办,产生了比较大的影响。

与此同时,也要看到,当前我国学界对政治哲学尤其是马克思政治哲学的研究上,尚有极大的发展空间,还有一系列深层次的理论问题需要破解。初步概括起来,主要体现在以下三方面:

第一,何为政治哲学、何为马克思政治哲学,尚无统一的定论。我国学术界对政治哲学研究的"前提"思考是丰富多彩的,但相互之间的理论分歧也较为突出,一种能为学术界所普遍公认的政治哲学界定、马克思政治哲学界定还没有展现在我们面前。由于理论视角、知识架构和实践变动等因素的影响,公认的政治哲学界定也许永远不会出现。在思想文化领域日益多元、多样、多变的情势下,这一状况也许充分表征了学术研究的自主性和多样性。但同时,这一状况也严肃地提示我们,在从事政治哲学研究时,理应以充分的论据、严密的逻辑和缜密的论证为自身的研究构筑坚实的理论前提。这实质上强烈地关涉到政治哲学研究的合法性问题。尤其是在马克思政治哲学研究方面,何为马克思的政治哲学?马克思政治哲学的主题主线、基本概念、根本价值、发展脉络、文献支撑等分别是什么?甚至说,在马克思那里,有没有一种规范性的思想足以被称为"政治哲学"?诸如此类的问题还有很多,并未在学界取得公论。

第二,在相当程度上,受上述状况的影响,当前我国学术界的政治哲学研究还大多停留在译介、导入、讨论西方学者的相关思想上,原创性尚待提高。与西方学者如罗尔斯、诺齐克、麦金太尔、德沃金等学者思想迥异、风云激荡的"诸神论战"相比,我国学者还没有形成富有中国特色和中国风格的政治哲学理论。也就是说,我国学者在政治哲学领域的自主知识体系尚未建立起来,而且较少做到对西方学者学术思想和观点的批判性分析、平等性对话。毋庸讳言,多种复杂因素造成了东西方百余年来在包括思想文化在内的多个领域内的确存在着一些较为明显的落差,因而对西方政治哲学著作的借鉴与吸收当然是一项必备的和基础的工作,然而,这不应成为我国学术界政治哲学研究的全部,而只能作为一个开始,作为一段有待跨越的阶梯。建构具有中国特色、中国风格、中国气派和自主性的政治哲学学术话语体系,仍然是一项亟待深入完成的工作。专就马克思政治哲学研究而言,由于马克思哲学强烈的实践性和现实关切,这一问题显得更为峻切。

第三,政治哲学研究必须强调问题意识和实践关切。推进我国的马克思政治哲学研究,除了要认真对待这些前提思考外,还须以明确的问题意识,密切关注当代中国特色社会主义实践,在重大理论和实践问题的切磋琢磨中收获新的学术创见。问题根源于实践中的矛盾,正确地提出问题和解决问题是学术创新的主战场和动力源泉。政治哲学研究必须对“问题”保持高度的敏感,这尤其是马克思政治哲学的理论底色。当前,在全面推进中华民族伟大复兴与全面建设社会主义现代化强国的历史途程中,涌现出了许多重大的理论问题和现实问题,对这些问题进行深入研究,提供富有学术深度和理论高度的答案,应当成为我国学术界马克思政治哲学研究的主攻方向。青年马克思在《〈科隆日报〉第 179 号的社论》一文中写道,“任何真正的哲学都是自己时代的精神上的精华,因此,必然会出现这样的时代:那时哲学不仅在内部通过自己的内容,而且在外部通过自己的表现,同自己时代的现实世界接触并相互作用。那时,哲学不再是同其他各特定体系相对的特定体系,而变成面对世界的一般哲学,变成当代世界的哲学。”①马克思哲学诞生以来的历史和实践表明,马克思哲学正是这样一种“真正的哲学”,它不仅在人类思想史上产生了具有革命性变革的哲学内容,而且在世界历史范围内催生和引领了波澜壮阔的社会主义运动,使旧的殖民统治秩序土崩瓦解,使世界历史逐渐进入了一个不同于资本统治逻辑的年代,从而在政治意义上极大地改变了现代世界。正由于此,马克思哲学不再局限于某一种狭隘的、特定的思想体系,而成为面向世界、改变世界、推动世界的一般哲学,成为当代世界的哲学,成为真正意义上的政治哲学。学界以往的研究,更多地关注马克思政治哲学“内部”的“内容”,而较少关注其“外部”的“表现”,即马克思政治哲学同时代和现实世界的接触与相互作用。从这一意义上说,关于马克思政治哲学的研究才刚刚开始,它正以敞开的思想姿态期待着更多、更新的研究成果。

① 《马克思恩格斯全集》第 1 卷,人民出版社 1995 年版,第 220 页。

第　一　篇

文本的探赜

第一章 马克思的学术形象与政治哲学

——作为革命家与学者相统一的马克思

> 马克思首先是一个革命家。他毕生的真正使命，就是以这种或那种方式参加推翻资本主义社会及其所建立的国家设施的事业，参加现代无产阶级的解放事业，正是他第一次使现代无产阶级意识到自身的地位和需要，意识到自身解放的条件。斗争是他的生命要素。
>
> ——恩格斯

从思想史上看，政治哲学是一个颇为古老的研究领域。然而，什么是政治哲学？何为政治哲学家？不同的学者对这些问题往往持有不同的见解，甚至颇有抵牾。从我国学界研究状况来看，这些政治哲学研究的"前置性"问题，仍然值得进一步思考与探讨。

英国学者迈克尔·H.莱斯诺夫在其著作《二十世纪的政治哲学家》中选取了三个方面的学者，第一部分是批判消费至上资本主义的马尔库塞、阿伦特和麦克弗森，第二部分是在冷战背景下捍卫自由主义的奥克肖特、哈耶克、波普尔和以赛亚·伯林，第三部分则是当时最有影响的罗尔斯、诺齐克和哈贝马斯。这些学者的思想谱系和理论主张差异极大，但都在"政治哲学家"的旗帜下被作者收入了同一本论著——尽管作者并未给出明确的、究竟何为"政治哲学家"的理由。① 这让笔者联想到一个有意味的话题——如果我们写一本《十九世纪的政治哲学家》，那么马克思能入选吗？

这个话题实际上意味着，在当前马克思政治哲学研究中，有一个颇为重要的问题却始终没有得到学界的关注。这个问题就是——马克思是一位政治哲学家吗？如果答案是否定的，那么我们所谓的马克思政治哲学研究就很难获得合法性支持。如果答案是肯定的，那么马克思又在何种意义上是一位政治哲学家？马克思与思想史上众多的、一般都承认其学术身份的政治哲学家——例如柏拉图、霍布斯、洛克、卢梭乃至马尔库塞、施特劳斯、罗尔斯、哈耶克等，有没有本质性的区别？质言之，就是我们究竟怎样看待马

---

① 参见[英]迈克尔·H.莱斯诺夫：《二十世纪的政治哲学家》，冯克利译，商务印书馆2015年版。

克思的“学术形象”？这一问题并不是一个简单的思想谱系划分问题，而是关涉到我们对马克思及其思想的根本属性的理解问题，因而在很大程度上决定着我们对马克思政治哲学的研究角度和理解深度。

从思想史的实际来看，马克思首先是一位伟大的革命家，其次才是一位伟大的思想家。革命家与思想家的高度统一，构成了马克思在思想史上至为独特的学术形象。梅林在《马克思传》中就曾明确指出：“马克思之所以无比伟大，主要是因为思想的人和实践的人不可分割地融于一身，而且是相辅相成的。同样无疑的是，在他身上，作为战士的一面总是优先于作为思想家的一面的。”①从这一意义上讲，马克思既是政治哲学家，又不是政治哲学家。说马克思是政治哲学家，是因为马克思对人类的政治生活进行了最深层和最本质的探讨，他通过一生的学术研究，揭示了资本主义制度剥削的秘密和资产阶级现代国家进行统治的本质，打破了所谓现代社会宣扬的自由、平等、正义等资产阶级政治价值的幻影，为工人和劳动人民提供了超越资本主义民主、实现共产主义制度的行动纲领。从这个角度来看，马克思无疑是人类思想史上最彻底的政治哲学家，他对政治现象和政治问题的思考，无人能出其右。说马克思不是政治哲学家，是因为马克思并不单纯主张从规范性和“应然”的角度进行研究，相反，他突出强调研究的科学性，要求用自然科学的精确性来验证他关于人类社会历史发展规律的研究结论。这一点，使得马克思与一般意义上讲的政治哲学家迥然不同。因而，从这个角度来看，我们又很难将马克思指认为一位传统意义上的政治哲学家。

之所以存在这种两难，归根到底在于，马克思的学术形象是革命家与思想家的高度统一，他首先注重的是在科学说明物质生产状况的基础上为无产阶级革命事业的正确开展而提供理论上的支撑，这里很难承载得下与“实然”相冲突的“应然”，更不接受单纯从理性推演而获得的规范性。马克思能够同意的“应然”，只能是建立在作为科学基础的“实然”、作为历史规律的“必然”之上的“应然”。在马克思哲学中，如果脱离了“实然”、忽视了“必然”，那么所谓“应然”就只是空想，毫无意义。正由于此，我们很难用政治哲学的一般框架来界定马克思。

总之，正确理解和全面展示马克思的学术形象，对于深化马克思政治哲学研究具有极为重要的意义。不论舍弃了马克思作为革命家的一面，还是舍弃了马克思作为思想家的一面，都无法完整准确地理解马克思的学术思想，遑论深入探讨马克思的政治哲学。

---

① ［德］弗兰茨·梅林：《马克思传》，胡晓琛、高杉译，中央编译出版社 2022 年版，第 3 页。

一、割裂马克思学术形象的研究症候

马克思于1883年3月14日在伦敦溘然长逝，长眠于海格特公墓。

一代哲人虽逝，但他的思想却并未随风而逝，反而长存世间，影响日益深远。习近平总书记指出，在人类思想史上，没有一种思想理论像马克思主义那样对人类产生了如此广泛而深刻的影响。① 思想家的生命是有限的，但思想家留下的思想和精神是无限的。马克思给我们留下的最有价值、最具影响力的精神财富，就是以他名字命名的科学理论——马克思主义。这一理论犹如壮丽的日出，照亮了人类探索历史规律和寻求自身解放的道路。② 马克思辞世140年来，人类社会发生了巨大而深刻的变化，但马克思主义所揭示的科学原理并未过时，马克思主义依然闪烁着耀眼的真理光芒。

人类思想史的星空星光灿烂，熠熠生辉。其中，星芒最为耀眼、明丽绚逸者，非马克思莫属。当前，在中国学术界，以马克思的思想为专业的学者非常多。通过学者们的艰苦研究和辛勤耕耘，涌现出了一系列精品力作，为深入阐述马克思哲学及其整个思想体系作出了巨大贡献。但与此同时，我们也可以注意到这样一个值得关注的现象，这就是：在当下一部分论文、著作中，以及一部分课堂、论坛上，马克思越来越被塑造成一位“纯”学者，以纯粹的思想家形象示人，而他极其重要的一个身份——革命家，却正在研究中被淡忘。例如，美国学者威廉·F.劳黑德就认为，“马克思很少把时间花在直接的街头政治运动上。相反，构成他的生活的是大英博物馆图书室里无休无止的研究和写作，他每天在那里的同一张书桌前从早上9点工作到晚上7点闭馆。他在家继续这一天的工作达几个小时之久，直到精疲力竭，需要睡觉来结束这一天为止。”③劳黑德甚至进一步认为，马克思过着一种“相对隐秘和孤独的生活”，“如果不是因为他的家庭和一小群密友与政治朋友陪伴，隐居在书和手稿世界中的他很难与中世纪僧侣区分开来”。④ 的确，马克思对国际工人运动更多的是思想和理论上的指导，并未过多地直接

---

① 参见习近平：《在纪念马克思诞辰200周年大会上的讲话》，人民出版社2018年版，第10页。

② 参见习近平：《在纪念马克思诞辰200周年大会上的讲话》，人民出版社2018年版，第6页。

③ [美]威廉·F.劳黑德：《哲学的历程：西方哲学历史导论》，郭立东、丁三东译，中国轻工业出版社2017年版，第448页。

④ [美]威廉·F.劳黑德：《哲学的历程：西方哲学历史导论》，郭立东、丁三东译，中国轻工业出版社2017年版，第448页。

参与工人运动的具体运动进程，但这并不意味着他对此毫不关心。实际上，从改组共产主义者同盟到成立国际，再到对德国工人运动中拉萨尔主义错误影响的批判（即我们所熟知的《哥达纲领批判》），马克思一直是国际工人运动的重要主导者和灵魂。这种将马克思打造成幽居于书斋中的纯学者、“隐士”形象的做法，既不符合历史的真实，也在一定程度上制约了马克思政治哲学研究的深入开展。

毫无疑问，马克思本身是浩瀚渊深的学者，因而将马克思作为伟大的学者和思想家来研究，这无可厚非。然而，这尚不是问题的全部。在这种学者型研究的背后，值得进一步探寻的问题是：马克思和其他纯粹学者型的思想家有什么本质性的不同？马克思学术著述的目的和意图是什么？马克思是单纯为了研究而研究，为了著述而著述吗？答案显然是否定的。

马克思不仅是伟大的学者和思想家，而且更重要的是伟大的革命家。马克思的一生，不仅是思想的一生，而且是战斗的一生。马克思以理论为旗帜，以笔墨为枪炮，是为全世界无产阶级和人民照亮前行道路的“盗火者”。马克思毕生著述的目的可以归结为一句话，即为了推翻资本主义社会及其所建立的国家设施，实现无产阶级和全人类的真正解放。马克思不同于历史上诸多学者型思想家的特质，正在于学术思想与革命实践的高度契合，研究活动对时代主题的深度回应。所谓马克思政治哲学中的“政治”一词，显然首先要从这一意义上来理解。

从某种意义上说，如果我们仅仅沉浸在马克思的文本和纯粹的概念世界中，是理解不了马克思的；我们必须在马克思的学术思想与革命活动的双重互动中，在马克思所面对的时代问题与他所提供的解决方案之间，才能完整、准确地把握马克思的思想特质，并进一步深化对马克思政治哲学的研究。然而，有些遗憾，在我们目前的马克思哲学研究中，这样的综合性研究还并不十分完备，尚有较大的成长空间。

正是由于忽略了马克思的革命家身份，将马克思视同为一般的“纯”学者、纯粹的思想家，再加上其他多重因素的复杂影响，对马克思的文本解读、对马克思哲学的研究，暴露出一些值得注意的问题。例如，有的研究用海德格尔等存在主义的研究路径来解读马克思，有的研究乐于用西方学术界的最新思潮、研究范式来“对接”马克思，还有的研究热衷于给马克思思想解读增加一些晦涩生硬、似通非通的新潮词句，反倒以为是创新。由此导致的结果，是“纯”学者马克思的诞生，革命家马克思的被遗忘；马克思被置于文本和书斋中，满足于从思维中创造新的哲学概念、生产哲学话语，而马克思的思想同工人运动、同革命活动的紧密结合、有机联系，则在一定程度被忽略了。由此,我们就不得不面临一个本质性的研究任务——重新思考马克思的学术形象,并以这种思考和界定进一步深化马克思政治哲学研究。

上述诸种研究现状,当然只是在一个很小的范围内存在,它实质上是用学者的思维来理解马克思,把我们自身的局限当成了马克思的局限。这样做的结局自然是,我们所刻意塑造出来的"学者"马克思遮蔽了"革命家"马克思,模糊了马克思"不仅是天才的思想家,而且是最伟大的革命家"(恩格斯语)①的本来形象。而从长远来看,这一问题不利于我们深刻领会马克思一生的活动、事业、思想的真谛,当然也不利于完整准确深刻地把握马克思政治哲学和马克思主义的全部学说。要解决这一问题,需要我们深入剖析这一问题的根源,从更广阔的学术视野,完整地描绘马克思的学术形象,系统地把握马克思的学术思想。

马克思到底是怎样一个人?他所留下的卷帙浩繁的著作的核心目的是什么?奋斗了一生的马克思,他所要寻求的归根结底是什么?从某种意义上说,不从本质上解决这些问题,纵然对马克思的著作多所征引、熟极而流,也不能算真正了解马克思、真正读懂了马克思。

让我们从恩格斯在马克思墓前的讲话说起。马克思逝世之后,作为他一生中"最老的和最好的朋友",恩格斯在马克思墓前发表了讲话,"这一流传后世的名篇,比我们的任何长篇大论都更好地总结了马克思的一生"②。那么,恩格斯是如何评价马克思的呢?

恩格斯集中阐述了马克思的两大发现——唯物史观和剩余价值学说,全面评价了马克思作为科学家和革命家的光辉一生。他指出,马克思是"当代最伟大的思想家"③,并着重讲道:"马克思首先是一个革命家。他毕生的真正使命,就是以这种或那种方式参加推翻资本主义社会及其所建立的国家设施的事业,参加现代无产阶级的解放事业,正是他第一次使现代无产阶级意识到自身的地位和需要,意识到自身解放的条件。斗争是他的生命要素。很少有人像他那样满腔热情、坚忍不拔和卓有成效地进行斗争。"④恩格斯这里的讲话非常明确,在作为"思想家"的马克思之前,"首先"是作为"革命家"的马克思。只突出作为"思想家"的马克思,而不重视作为"革命家"的马克思,既不符合恩格斯在马克思墓前讲话的高度概括,

---

① [苏]E.A.斯捷潘诺娃:《马克思传略》,关益、李荫寰译,中国社会科学出版社 1982 年版,第 270 页。

② 张光明:《马克思传》,中共中央党校出版社 1998 年版,第 420 页。

③ 《马克思恩格斯全集》第 3 卷,人民出版社 2012 年版,第 1002 页。

④ 《马克思恩格斯全集》第 3 卷,人民出版社 2012 年版,第 1003 页。

也不符合马克思一生的业绩。然而,在我们的马克思哲学研究中,有多少作品在关注“首先是一个革命家”的马克思,有多少作品在深入研究马克思“毕生的真正使命”,又在多大程度上重视“斗争”这一马克思的“生命要素”?可能还有较大的讨论空间。须知道,舍弃了这些而呈现出的马克思的形象,并不是真正的马克思。

在这篇短短的墓前讲话中,恩格斯用了很大一部分篇幅一一追述马克思的革命历程,尤其是马克思编辑、创办报纸的经历,从最早的1842年的《莱茵报》、1844年的《前进报》、1847年的《德意志—布鲁塞尔报》、1848—1849年的《新莱茵报》、1852—1861年的《纽约每日论坛报》以及许多富有战斗性的小册子,直到“作为全部活动的顶峰,创立伟大的国际工人协会”。一个看起来很奇怪、然而颇值得留意的现象是,恩格斯并没有直接谈到我们日常熟悉的马克思的著作,反而不厌其烦地详细列举了马克思编辑、撰稿的诸种报纸,直至创立“国际”。为何如此?是马克思的著作不如这些报纸文章有价值吗?当然不是——恩格斯所概括的马克思的两大发现就蕴含在这些伟大的著作当中;而是因为作为马克思毕生挚友的恩格斯,最为了解马克思的真正追求,更加重视马克思一生的真正抱负。马克思绝不仅仅是一位纯粹的学者,更无意做一名纯粹的学者,满足于构建一套学术体系,而是“满腔热情、坚忍不拔和卓有成效地”从事改造世界的伟大实践,是要现实地推翻资本主义社会及其所建立的国家设施,现实地参与并指导现代无产阶级的解放事业。上述报纸,以及其中刊载的战斗性文字,如一串串铿锵的脚步,记载着马克思革命斗争的艰辛历程。而我们的研究,有多少在关注马克思这些极具战斗性和思想性的报纸文章,有多少在研究马克思这些报纸文章所揭示的当时世界格局和革命任务,有多少在面对那些我们所耳熟能详的专著之外的马克思?进而言之,如果我们忽视了马克思在革命叙事中对政治世界、政治制度、政治价值、政治规范所做的一系列深刻探讨,那就很难将马克思政治哲学研究推进到一个更高的理论层面。

归结到一点,就是现在的一部分研究,更热衷于塑造书斋中的马克思的形象,更满足于热烈地讨论马克思的“思想”转变,更关注单纯的思想史序列中的马克思;而没有更深切地注意到马克思全部学术思想活动的归宿是为了实现其革命目的,是为了“以这种或那种方式参加推翻资本主义社会及其所建立的国家设施的事业,参加现代无产阶级的解放事业”。马克思的思想建构和理论著述都属于“这种或那种方式”,是手段、桥梁和工具,推翻资产阶级剥削统治、实现无产阶级解放和人类解放才是马克思学术研究的本质、核心和归宿。因此,我们在研究马克思哲学、塑造马克思的学术形象时，应当呈现出马克思革命家与学者高度统一的身份；我们在理解马克思的学术思想时，必须在马克思一生革命事业的总体格局中把握他的政治哲学。唯其如此，方得真马克思。

古语云，不忘初心，方得始终。关于马克思政治哲学的研究，同样如此。如果我们不能清晰、完整地呈现马克思的学术形象，那就很难真正地、深层次地理解马克思平生的思想和事业。英国学者特里·伊格尔顿曾这样概括：“与政治家、科学家、军人和宗教人士不同，很少有思想家能真正改变历史的进程，而《共产党宣言》的作者恰恰在人类历史的发展进程中发挥了决定性的作用。历史上从未出现过建立在笛卡尔思想之上的政府，用柏拉图思想武装起来的游击队，或者以黑格尔的理论为指导的工会组织。马克思彻底改变了我们对人类历史的理解，这是连马克思主义最激烈的批评者也无法否认的事实。”①正如伊格尔顿所言，马克思与思想史上其他思想家的差别，是最明显不过的。马克思不同于柏拉图，不同于笛卡尔，也不同于黑格尔，这种不同，一言以蔽之，就是马克思早年所极力倡导的“问题在于改变世界”，这与“哲学家们只是用不同的方式解释世界”②是根本不同的。因而，首先作为革命家，其次才是一名学者，作为革命家与思想家高度统一、完美融合的马克思，其理论志向在于“改变世界”的马克思——这才是马克思真正的、完整的学术形象。我国学者赵敦华教授在《马克思哲学要义》一书中就此问题同样认为，“正如恩格斯《在马克思墓前的讲话》中所说：‘马克思首先是一个革命家。’马克思是以口诛笔伐的方式，而不是靠在街头打枪放炮投身政治革命的。……马克思的政治批判旨在用彻底的理论说服人民群众，动员无产阶级。在他生活的年代，欧洲各地的革命不是由他的理论发动的，他只是不断地在总结那些不成功的革命的经验教训；但在他以后的时代，马克思的政治批判理论的威力和魅力在于它抓住了人的自由解放这个根本，毕其一生精力不断深化对实现这一根本目标的道路的认识。”③这也表明，确认马克思的革命家与思想家相统一的学术身份，更有助于我们理解他的政治批判理论的内在力量。

马克思本无意做学者。马克思之所以成为一名伟大的学者、伟大的思想家，完全是出于从理论深层说明资本剥削的秘密的理论需要，是出于“说服人民群众，动员无产阶级”的实践需要。在马克思那里，学者的角色是服

---

① ［英］特里·伊格尔顿：《马克思为什么是对的》，李杨等译，新星出版社 2011 年版，第 2—3 页。

② 《马克思恩格斯选集》第 1 卷，人民出版社 2012 年版，第 136 页。

③ 赵敦华：《马克思哲学要义》，江苏人民出版社 2018 年版，第 111—112 页。

从于、统一于革命家这一定位的。当前，有必要让马克思从我们的笔下，从我们为马克思搭建的宁静的书斋中走出来，回到原本属于马克思的那思想闪电捭阖激荡、壮阔恢宏的世界。

二、马克思的革命家形象何以被忽视

一种思想状况的出现，不是偶然的。为什么一些研究者热衷于谈论学者马克思，而有意无意地淡忘了革命家马克思呢？这一现象的出现，不是个人意志的结果，而是多重复杂因素的长期影响。如果我们从最根本的层面深入挖掘和归纳起来，大致原因可能在于以下三个方面：

一是在不同程度上受到"告别革命"论的影响。从20世纪90年代开始，一些人提出"告别革命"论的主张，并在一定范围内流行起来。"告别革命"论者认为，"革命只是一种破坏性的力量"，革命"破坏一切"。由此出发，他们诅咒"革命的残忍、黑暗、肮脏"。持这种观点的人，把"破坏一切"的罪名都加到了"革命"上面。"告别革命"论者还断定，"革命就容易使人发疯发狂，丧失理性"。[①] "告别革命"论的中心主张，归根到底就是否定革命，认为革命只起破坏性作用，没有建设性意义。正是基于此，一些学者提出在文章中提出，"如果没有辛亥革命，中国早就实现宪政了"，"如果不革命，社会本身可以更好"[②]，等等。

"告别革命"论的出现不是偶然的。20世纪八九十年代之交，随着东欧剧变、苏联解体和苏共下台，世界社会主义运动遭遇严重危机，社会主义阵营出现严重萎缩，国际局势总体上呈现出西强东弱、资强社弱的态势。在这种大的时代背景下，西方发达国家的资产阶级学者兴高采烈，"历史终结论""社会主义失败论""共产主义渺茫论"等说法甚嚣尘上，流行一时。在他们看来，社会主义和共产主义已然成为明日黄花，黯然凋谢，资本主义制度和道路才是人类社会历史的最终标本和最高形态。

在这种时代背景下，"告别革命"论者要求"重写历史"，鼓吹"反思革命""告别革命"，说到底也是为了告别社会主义道路而走改良之路。"告别革命"论者不但在告别革命，而且要告别革命家，告别钢铁般的革命意志，告别"高于天"的革命理想，只希望留下庸俗的、狭隘的、改良主义的呓语。在这种"告别革命"论的影响下，不但"革命"成了"暴力""恐怖"的东西，而

① 转引自谷方：《评"告别革命"》，《求是》1996年第15期。

② 李泽厚、马国川：《辛亥革命散论》，《江淮文史》2011年第5期。

且“革命家”“革命者”也变成了热衷于暴力、冷血、让人厌憎的形象。而与疾风骤雨似的、一个阶级推翻另一个阶级统治的革命活动相比,“纯”学术则显得可爱得多,驯良得多,温良恭俭让得多,从而也越来越得到一些研究者的偏爱。由此,沉溺于“纯”学术的思想翻转中既久,马克思的革命事功、生平事业则愈模糊。“学者”马克思出场,“革命家”马克思退场。

这里可以顺便谈到的是,曾经在一个时期内蔓延、发酵的历史虚无主义错误思潮,也可以从“告别革命”论那里找到思想认识上的很大一部分根源。这股思潮辱骂革命先烈,否定英雄模范,攻击领袖人物,为历史上早已盖棺论定的卖国贼、反动派涂脂抹粉,在大是大非问题上颠倒黑白,严重干扰了人们的历史认知。以在中国革命史上壮烈牺牲的革命英雄为例,历史虚无主义思潮将这些英雄几乎一个不落地进行了攻击和解构。从质疑董存瑞、黄继光、刘胡兰、狼牙山五壮士到否定雷锋、毛岸英、邱少云等革命烈士,用心一个比一个恶毒,手法一次比一次恶劣。生命之于每个人都只有一次,最宝贵者莫过于此。革命先烈慷慨赴死,为国捐躯,自己去踏平荆棘,只求留给后人平直坦荡的大道和鲜花绚烂的盛世安宁。今天的我们,之所以能有一个和平幸福的环境学习、工作、生活、休闲,正是无数革命先烈在漫长的革命斗争中拿鲜血和生命换来的。正由于此,历史虚无主义思潮才极其令人憎恶。从根本上看,历史虚无主义抱有明确的政治意图,反对党的领导和中国特色社会主义制度,本质上是一种反动的政治思潮。尽管历史虚无主义打着学术的,尤其是历史学的旗号,但在研究方法上是根本错误和极其混乱的,它不是任何一种学术思潮,而是伪科学。历史是一面镜子,从中可以发现过去,映照现在,启迪未来。然而,历史虚无主义却是一面扭曲的镜子,从中只能看到其荒谬的历史观、错误的方法论和险恶的政治目的。对于这样一面“魔镜”,结论只能是彻底打碎。

在马克思主义发展史上,类似“告别革命”论的改良观曾不止一次地出现过。对这种改良观,马克思、恩格斯在1879年反对“三个苏黎世检察官的纲领”时就做过尖锐的分析。按照改良的纲领,“这些小资产阶级的代表心怀恐惧地声明,无产阶级迫于自己的革命地位,可能‘走得太远’。不要采取坚决的政治上的反对立场,而应全面地和解;不要反对政府和资产阶级,而应尝试争取他们,说服他们……”在他们看来,“党不应当把那些能吓跑资产者并且确实是我们这一代人无法实现的长远目的放在主要地位,它最好是用全部力量和精力来实现这样一些小资产阶级的补补缀缀的改良,这些改良会给旧的社会制度以新的支持,从而把最终的大灾难或许变成一个渐进的、逐步的和尽可能温和的瓦解过程。”然而,事情的真相是什么呢?

马克思恩格斯深刻揭露出：

> 正是这些人在忙个不停的幌子下不仅自己什么都不干，而且还企图阻止别人做任何事情，只有空谈除外；正是这些人在1848年和1849年由于自己害怕任何行动而每一步都阻碍了运动，终于使运动遭到失败；正是这些人从来看不到反动派，而后来又十分惊奇地发现他们自己终于陷入既无法抵抗又无法逃脱的绝境；正是这些人想把历史禁锢在他们的狭隘的庸人眼界之内，但是历史每一次都毫不理睬他们而走自己的路。①

20世纪90年代开始的“告别革命”论不会是最后一次对革命的攻讦和对改良的诉求。历史终究会“走自己的路”而“毫不理睬他们”。然而，从实际影响来说，这种“告别革命”论的潮流，还是潜移默化地造成了一些后果，或多或少、不同程度地影响到了我们的研究，让研究者更加关注作为学者的马克思的一面，而有意无意地回避或淡化作为革命家的马克思的一面。

二是“去政治化”的暗流冲击。改革开放新时期以来，与经济社会发展成就相伴随，思想界和学术理论界也日趋活跃，研究视域和研究范围都不断拓展，但与此同时也出现了一种“去政治化”的研究趋势。这一趋势在不同学科、不同研究领域都有所表现。例如，在思想政治教育领域，有一种观点认为，我国教育方针中培养“社会主义建设者和接班人”的规定是“德育政治化”的典型表现，因此，必须实现道德教育与社会主义要求相分离，实现“去政治化”“去社会主义化”；有的观点干脆主张用“公民教育”取代“思想政治教育”，因为思想政治教育具有太强的意识形态色彩，而“公民教育具有较强的中性色彩，它不是强调为哪个阶级、哪个政党培养‘接班人’，而是为社会培养下一代（公民）”，这样就可以克服培养下一代中的“政治化问题”。② 这种观点的荒谬和危害是显而易见的。

在意识形态属性很强的马克思哲学和马克思主义研究领域，也不同程度地存在这一问题。例如，在一个时期里，一些研究者中曾流行“还原真相”“重写”“再建构”等研究进路，这一主张的出现有其必要性，但问题的关键在于，这种“再建构”出来的成果，必须在准确的基础上做到更加全面、更

① 《马克思恩格斯选集》第3卷，人民出版社2012年版，第737—738页。

② 转引自李辽宁：《当代中国“去政治化”话语评析》，新华网，http://news.xinhuanet.com/politics/2014-02/26/c_126192164.htm。

加深刻、更加丰富,只有在这一意义上,"再建构"才有价值。而在马克思主义哲学的重构中,这样的成果还需要大力强化。一些研究就致力于将马克思打扮成一位在书斋中埋头构建自己思想体系的"纯"哲学家,将马克思主义打造成一种"纯"哲学。依据这种重构,马克思主义的诞生只是在各种思想体系的冲突中,依靠论证和逻辑而完成的,马克思主义的使命也只是为了展现一种更加精致、更加完美的思想模型。

然而,马克思主义本来是战斗的学问,在马克思那里,不仅有科学的论证、严谨的逻辑、高深的思想,更有为了实现自己的革命理想而不屈不挠、抗争奋斗的理论自觉、革命策略和澎湃激情。马克思主义最吸引人的地方,不但在于其理之渊深,而且在于其论之彻底,其情之热切。然而,在"去政治化"的过程中,马克思主义学术理论体系中那种振奋人心、催人奋起、让人充满战斗激情的东西被有意无意地忽略了,剩下的似乎只是一副面孔古板、腔调老套、思维固化的刻板形象。

总之,在"去政治化"的思潮冲击下,"纯学术化"的趋势不断增强,导致在一些研究中,不是让自己的研究去贴近马克思主义的本质,而是剪裁马克思主义以适应自己的研究。最终的结果是,抛开异常复杂的经济、政治、军事、外交关联而仅仅在思想冲突中处理马克思及其著作,为学术而学术,为体系而体系,政治话语"去政治化",学术话语"纯思辨化"。

三是囿于专家凸显而大家难觅的专家型研究现状。忽视马克思的革命家身份,只关注作为学者的马克思,在很大程度上还与一个时期以来学界思想家淡出、学问家凸显,专家很多而大家难觅的研究现状有关。

现今从事学术研究的学者,在所谓的现代学术分工体系中,都大体上被固定在某一个学科领域之内,长期接受该学科的专业训练,所交往、交流的也都是本专业领域的学者,谙熟本学科,而对其他学科的关注和研究则相对欠缺。这也在较大程度上限制了对马克思哲学和马克思主义的研究。

马克思是"千年思想家",他毕生的两大发现——唯物史观和剩余价值规律,为我们探索社会有机体的变迁、探寻世界历史发展脉络,提供了强大的思想武器。然而,从现代学术分工而言,这两大发现其实分属于哲学或历史学、政治经济学等几大学科。而无论哲学、历史学还是政治经济学,每一个学科的研究者和学习者都很少能真正兼通另一个学科。这就带来一种较为尴尬的研究局面,哲学、历史学学者较少精通经济学,而经济学学者较少精通唯物史观和哲学、历史学。因此,即便是单单面对马克思的两大发现,就已经让研究者感到为难了。而问题还不止于此,"马克思在他所研究的每一个领域,甚至在数学领域,都有独到的发现,这样的领域是很多的,而且其中任何一个领域他都不是浅尝辄止"。[①] 就我们目前的学科划分而言，马克思的研究成果至少贯通哲学、政治经济学、科学社会主义、历史学、政治学、国际关系、新闻学等学科领域，这样广博的研究领域，是现今被分割固着于既定学科领域的学者难以全盘兼通的，更遑论同时顾及马克思的革命家身份和他一生中异常丰富的革命活动了。

在这种情况下，研究者们能做到的，只能是从本学科入手，选取自己熟悉和擅长的角度、领域而展开研究。由此，马克思的全部思想被分割成几个领域，马克思的学者身份与革命家身份被割裂开来，也就不难理解了。但这种研究的弊端还是显而易见的。有一些研究，可以运用多种语言细致地考证出马克思手稿中一个词语的含义，却对马克思毕生使命的真谛甚少兴趣。在一部分研究中，可以对马克思一生留下的浩瀚文本娓娓道来，却不了解马克思在这些文本之外的更加激动人心的世界。我们的研究，只愿意由无数个研究者从无数个巧妙的角度，对马克思作出细致入微的解剖，却不能从总体上建构起马克思的伟岸形象。这些问题，不一而足，但都对深入开展马克思政治哲学研究构成了阻碍。

三、构建马克思完整真实的学术形象

胡绳先生晚年在《胡绳全书》座谈会上专门谈到，"所谓'纯学术性'是什么意思，不大容易讲清楚。但若干年来，学术界中确实存在着避开理论，避开政治，务求进入纯学术领域的风气。"[②]胡绳指出，一方面在纯学术领域取得成就要花很大精力，是很可贵的，因而不能轻视、否定纯学术的研究工作，另一方面也要看到，学术和政治并不绝对矛盾，不要把二者看成互不相容的，应当"不受一切过时的成见的拘束，大胆地又是用最严谨的科学态度提出适合时代要求的新的观点、新的理论"[③]。从这一论述引申到我们的主题上来，这就意味着，对马克思的学术思想研究与政治理论、政治实践要求并不构成冲突，而应结合、统一在一起。

意大利学者马塞罗·穆斯托在阐述马克思在国际工人协会的实践活动和理论进展时认为，"虽然马克思思想的推广过程艰辛，但政治阐述的努力相对得益于那些年的政治运动实践。工人运动的性质，巴黎公社的反体系

① 《马克思恩格斯选集》第3卷，人民出版社2012年版，第1003页。
② 《胡绳集》，中国社会科学出版社2003年版，"代序"第1页。
③ 《胡绳集》，中国社会科学出版社2003年版，"代序"第2、3页。

的挑战，成为凝聚如此庞大而复杂工人组织的空前难题，工人运动过程中出现的理论和政治问题的论战引发了接踵而来的其他问题：这一切促使马克思超越了自1848年革命失败和最进步的力量衰落以来，他所关注的政治经济学的局限性。同时他受到鼓舞，必须发展和修正自己的思想，必须与时俱进地突破旧难题，提出新问题，特别是通过勾勒出一个共产主义社会的大致轮廓来尖锐地批判资本主义。"①这就是说，马克思的政治实践和理论研究是紧密结合、相互促进的。马克思不是一副幽居在书斋中冥思苦想的"隐士"形象，而是积极参与国际工人运动并提供重要的思想指导。这就要求我们，如何在政治哲学研究中，全面塑造马克思革命家与学者高度统一的学术形象？如何在我们的研究中，深刻呈现马克思学术思想背后更加深层的社会矛盾、危机状况、革命出路、斗争考量、政治蓝图，从而更加完整地展现马克思学术思想的本质、追求与真谛？

在笔者看来，一个可能的路径就是革命史叙事与思想史叙事相结合。也就是说，既在马克思的思想范式转换和建构中充实政治实践内容，同时在马克思的实践活动和革命斗争中彰显思想脉络的演进和发展。我国著名马克思主义史学家侯外庐先生曾树立了社会史与思想史相结合的研究典范。从某种意义上说，革命史叙事与思想史叙事相结合的研究思路，与侯外庐先生倡导的研究思路有所相似、有所类似，即不是单纯关注思想史本身，而更加关注思想之外的社会现实，并将两者紧密结合起来进行探讨。正如瞿林东教授所说，"思想史的研究当以社会史为基础，思想家及其思想都在一定的社会土壤中生成。因此，如果对于社会史的研究、认识不清晰，则思想史的研究、认识必受其影响。"②当然，侯外庐先生所讲的"社会史""思想史"与我们所谈论的"革命史""思想史"并不是一回事，这里只是以此作一个简单的类比。

从目前现有的研究马克思学术思想的文章、著作和其他成果来看，大多采用的是偏重思想史的研究路径。这些研究，基本上延续着马克思如何从唯心主义者、革命民主主义者完成思想转变，实现哲学革命的思想史叙事。而问题是，在这种单纯思想史叙事的研究思路之外，应当同时织进马克思的革命史叙事，从而完整地构建起马克思的学术形象。马克思的思想是学术，而且无疑是博大精深的学术，但马克思的思想不仅仅是学术，它更是政治理

① ［意］马塞罗·穆斯托：《另一个马克思——从早期手稿到国际工人协会》，孙亮译，中国人民大学出版社2022年版，第164页。

② 瞿林东：《侯外庐：一生执着于"韧的追求"》，《中国社会科学报》2021年5月18日。

论，是指导无产阶级政党和广大人民冲破资本逻辑、消灭剥削、实现真正意义上的人类解放的革命理论。从这一意义上说，马克思哲学研究的革命史叙事和思想史叙事缺一不可，两者完整地融通在一起才能探寻到马克思全部学术思想的真谛。

例如我们熟知的《共产党宣言》（以下简称《宣言》），要真正把握《宣言》，就不能仅仅停留在《宣言》四章的文本中，而要探究马克思恩格斯创作《宣言》的全部革命活动和思想历程。没有马克思、恩格斯此前完成的一系列思想上的转变，当然不会有《宣言》；但同理，没有马克思恩格斯参加工人集会、建立共产主义通讯委员会、组织德意志工人协会、改组正义者同盟为共产主义者同盟、拟定同盟章程草案、团结鼓动各国共产党人和民主主义者等实际革命活动，也不会有《宣言》的诞生。从《宣言》的来源看是这样，从《宣言》所起的作用和历史价值来看同样如此。《宣言》不仅是伟大的思想著作，而且是科学共产主义的第一个纲领性文件，是无产阶级的意识形态，是工人运动的理论指导，是公开号召无产阶级革命、推翻反动的社会制度和政治制度的革命号角。因此，对于《宣言》，还必须联系当时及其后的法国二月革命、德国资产阶级民主革命、巴黎工人六月革命、维也纳十月起义、匈牙利和意大利的民族解放斗争等一系列革命运动来进行解读。要把《宣言》所揭示的世界观、哲学思想、阶级斗争学说、社会发展规律，同革命时期的政治思想、革命战略、斗争策略等结合起来进行深入研究，才能真正把握《共产党宣言》的思想实质，而不是孤立地停留在关于《宣言》的文本、原理和思辨中。《宣言》如此，对马克思其他时期的论著也应作如是观。

马克思曾经在《人民报》创刊纪念会上围绕着 1848 年欧洲革命发表演说认为：“所谓的 1848 年革命，只不过是一些微不足道的事件，是欧洲社会干硬外壳上的一些细小的裂口和缝隙。但是它们却暴露出了外壳下面的一个无底深渊。在看来似乎坚硬的外表下面，现出了一片汪洋大海，只要它动荡起来，就能把由坚硬岩石构成的大陆撞得粉碎。那些革命吵吵嚷嚷、模模糊糊地宣布了无产阶级解放这个 19 世纪的秘密，本世纪革命的秘密。”①马克思在这里对 1848 年欧洲革命做了总概括，实际上是表明，这场革命中出现的政治事件本身是渺小的，它们只是一些预兆和表现，而在这些事件背后，则隐藏着深刻得多的经济因素和历史走向，即欧洲的前途和趋向是无产阶级革命和无产阶级解放。窥一斑而知全豹，作为革命家的马克思，对于包

① 《马克思恩格斯选集》第 1 卷，人民出版社 2012 年版，第 775 页。

括1848年欧洲革命在内的历次革命运动，都有着深刻的分析和透辟的研究。“革命是历史的火车头”①，关于革命的理论研究在马克思的全部学术著述中不能不占有一个极为重要的地位。

可以看出，在马克思留在著作、手稿、书信等各种文本之上的学术思想之外，还有一片浩瀚而深邃的汪洋大海，这就是马克思一生的革命事业，是马克思对国际工人运动倾尽心力的关注。马克思的文本著述是有字之书，马克思的革命活动是无字之书。马克思的学术思想是点燃的火炬，马克思的革命事业是踏出的道路。没有火炬，不能照亮道路；而燃起火炬，还是为了更好地走好这条道路。也就是说，只有在马克思的革命事业中，才能加深我们对马克思学术思想的本质性理解，尤其坚定我们对马克思主义的信念和信仰。这就意味着我们在研究中，除了关注书斋和大英博物馆中的马克思，还要把笔锋对准从事革命事业的马克思，将马克思的革命活动与他的思想创造结合起来；除了关注马克思的著作、文本之外，还要深入研究马克思的各种演讲、演说、革命实践，以及篇帙浩繁的论战文章、著作和通讯、报道、时评等报纸文章，在这些一般研究较少关注的场所，发现更加生动的、深刻的、敏锐的作为革命家的马克思。

对于马克思的学术形象和学术思想，不能任凭“告别革命”论、“去政治化”等错误潮流的裹挟，而把马克思的形象安安稳稳地放在书房的安乐椅上，不能忽视马克思思想中那些振奋人心、唤起最广泛人民群众革命热情的抗争、奋斗、批判，不能在各种“碎片化”的研究中将马克思的学术思想变成不温不火的所谓“纯”学问。那种仅仅把马克思及其学术思想束缚在书斋里、游走在文本上、翻转于概念中的“纯”研究，是在遮蔽真正的马克思，耗解马克思哲学改变世界的思想活力。

马塞罗·穆斯托在《马克思的晚年岁月》一书中写道，在马克思逝世以后，“许多人高举着他的思想旗帜”，“不管是拉丁美洲还是远东，在贫困边缘地区的工会组织或是著名大学的大礼堂里，数以千万计的工人和学生都会阅读他的著作，从中了解被压迫人民的处境，获得从事新的斗争，组织罢工、社会运动和组建政党的激励。他们将为面包和玫瑰而战，为反抗不公正和获得自由而战，这样做将使马克思的理论真正变为现实。”②诚哉斯言！阅读马克思，研究马克思，从本质上讲还是为了真正把握人民在全球金融资

① 《马克思恩格斯选集》第1卷，人民出版社2012年版，第527页。

② ［意］马塞罗·穆斯托：《马克思的晚年岁月》，刘同舫、谢静译，人民出版社2022年版，第181页。

本仍然大肆横行的当下现实世界所受到的剥削和压迫的秘密，获得真正改变世界的智慧、勇气和力量。

总之，伟大的革命家与伟大的学者的高度统一——这是完整的马克思的学术形象，是马克思毕生矢志不渝的学术自觉，也是我们当今深化马克思政治哲学研究的重要前提。

第二章　从“大厦之顶”的国家沉入“地基”

——马克思政治哲学研究的重大转向

> 对莱茵省议会辩论的批评，迫使马克思着手研究有关物质利益的问题，在这方面他获得了一些无论法学或哲学都不曾提供的新观点。马克思从黑格尔的法哲学出发，得出这样一种见解：要获得理解人类历史发展过程的锁钥，不应当到被黑格尔描绘成“大厦之顶”的国家中去寻找，而应当到黑格尔所那样蔑视的“市民社会”中去寻找。但关于市民社会的科学，也就是政治经济学……
>
> ——恩格斯

研究马克思政治哲学，不能不关注马克思的思想变革和研究范式转换。事实上，在马克思创立科学社会主义之前，即截至《莱茵报》工作的早期阶段，的确体现出我们习见的政治哲学研究进路，但马克思很快就通过一系列探索超越了这一进路，实现了研究社会历史问题的重大转向。也就是说，马克思在从博士论文到《莱茵报》时期，立足于“自由”与“理性”原则，呼吁建构一种新的国家形式即“理性国家”。布坎南曾提出：“政治理论关注的问题：国家是什么？政治哲学把这个问题扩展为：国家应该是什么？”①如果参照这一理解，那么马克思的理性国家观具有明显的政治哲学色彩。然而，在政治现实和物质利益面前，马克思的理性国家观陷入了幻灭的窘境。在直面社会现实问题的研究中，马克思逐渐放弃了依据理性思维和自由意志构建新的国家形式的努力，转向政治经济学研究。正是通过这一转向，马克思超越了一般政治哲学将国家问题置于研究中心的传统路径，开始从“大厦之顶”沉入“大厦”的“地基”，展开（广义的）市民社会及资产阶级社会研究，从而探明了人类社会历史发展规律。马克思的这一研究转向，对我们厘清马克思政治哲学的研究路径和理论特质，以及推进构建当代中国马克思主义政治哲学，具有重要的思想启迪作用。

---

① ［美］詹姆斯·布坎南、戈登·塔洛克：《同意的计算——立宪民主的逻辑基础》，陈光金译，中国社会科学出版社 2000 年版，第 2 页。

一、马克思博士论文期间的自由意志与理性观

近些年来,关于马克思政治哲学的研究成为马克思主义哲学界研讨的热点,而这些研究主要集中在公平、正义等领域,相对较少涉及马克思早期的政治哲学思想。[①] 实际上,马克思在从博士论文到《莱茵报》时期,立足于“自由”与“理性”原则,呼吁建构一种新的国家形式即“理性国家”。布坎南曾提出:“政治理论关注的问题:国家是什么? 政治哲学把这个问题扩展为:国家应该是什么?”[②]如果参照这一理解,那么马克思的理性国家观具有明显的政治哲学色彩。而更重要的是,在严酷的、不以人的意志为转移的政治现实和物质利益面前,马克思的理性国家观陷入了幻灭的窘境。在直面社会现实问题的研究中,马克思逐渐放弃了依据理性思维和自由意志构建新的国家形式的努力,转向政治经济学研究。

马克思在撰写博士论文期间,体现出明确地将哲学研究服务于现实政治斗争需要的意图。在柏林大学求学期间,马克思受到了青年黑格尔派的强烈影响,后者力图从黑格尔哲学中引申出反对封建专制制度的结论。为了满足青年黑格尔派的政治理论需要,马克思在撰写博士论文期间及此后的一段短暂时间,曾经设想撰写“一篇综述伊壁鸠鲁主义、斯多亚主义和怀疑主义哲学的著作”[③]。马克思为什么要综合研究这三个思想派别? 这是由于在青年黑格尔派看来,亚里士多德之后的古希腊晚期哲学的三个派别伊壁鸠鲁主义、斯多亚主义、怀疑主义,可以用来论证该学派要求个性自由的自我意识哲学、无神论观点和资产阶级民主观。也就是说,可以从不同的哲学研究角度为青年黑格尔派的政治理论需要服务。马克思在博士论文中就此写道:“如果我们回顾一下历史,难道伊壁鸠鲁主义、斯多亚主义和怀疑主义是一些特殊现象吗? 难道它们不是罗马精神的原型,即希腊迁移到罗马去的那种形态吗? 难道它们不具有性格十分刚毅的、强有力的、永恒的本质,以致连当代世界也不得不承认它们享有充分的精神上的公民权吗?”[④]这就是说,这三种古希腊思想派别所体现出来的普遍原则,应当成为

① 为了与学界习用的“青年马克思”概念相区别,本文所论的马克思“早期”,指的是从博士论文阶段到1843年3月马克思退出《莱茵报》编辑部这一时期。

② [美]詹姆斯·M.布坎南:《同意的计算——立宪民主的逻辑基础》,陈光金译,中国社会科学出版社2000年版,第2页。

③ 《马克思恩格斯全集》第1卷,人民出版社1995年版,第103页。

④ 《马克思恩格斯全集》第1卷,人民出版社1995年版,第16页。

“当代世界”即普鲁士的社会现实在精神上的本质力量。“在伊壁鸠鲁派、斯多亚派和怀疑派那里，自我意识的一切环节都得到充分表现”，“这些体系合在一起形成自我意识的完整结构”。① 显然，马克思试图将古希腊的三种哲学派别与“当代世界”联系起来，论证自我意识，彰显个性自由，以之作为批判封建专制制度的思想资源。

在博士论文中，马克思着重分析了伊壁鸠鲁原子学说的积极意义，尤其是原子脱离直线作偏斜运动的观点，这是从哲学意义上对个人意志自由、个性和独立性所作的重要证明。马克思在这一研究中所确立的“自由”概念，成为他构想理性国家的重要原则。在马克思看来，德谟克利特强调的是必然性，这实际上是要求个体服从、安于命运的束缚。“德谟克利特把必然性看作现实性的反思形式。关于他，亚里士多德说过，他把一切都归结为必然性。……《论哲学家的见解》的作者关于这点说得更为详细：‘在德谟克利特看来，必然性是命运，是法，是天意，是世界的创造者’。”②而伊壁鸠鲁与此相反，他强调偶然性，这种偶然性体现了自由的原则。马克思引用伊壁鸠鲁的观点指出，“在必然性中生活，是不幸的事，但是在必然性中生活，并不是一种必然性。通向自由的道路到处都敞开着，这种道路很多，它们是便捷易行的”。③ 二人之所以持有不同的观点，马克思指出，这是由于他们对原子运动方式的不同理解所造成的。伊壁鸠鲁认为原子在虚空中有三种运动方式，一是直线式的下落，二是原子偏离直线而偏斜，三是许多原子互相排斥而引起运动。德谟克利特只承认第一种、第三种运动，不承认原子的偏斜运动，正是这一点将二人区别开来——德谟克利特局限于命定的必然，而伊壁鸠鲁则为个别性和自由预留了空间。在马克思看来，“偏斜打破了‘命运的束缚’”，“偏斜正是它胸中能进行斗争和对抗的某种东西”④，因而，原子的偏斜运动意味着意志的自由和个性的独立。

马克思同时指出，虽然原子脱离直线而偏斜不是偶然出现在伊壁鸠鲁哲学中的特殊规定，而是贯穿于其整个哲学体系的普遍规律，但这种偏斜仅仅被伊壁鸠鲁理解为纯粹抽象的规定。“整个伊壁鸠鲁哲学在抽象的个别性概念，即独立性和对同他物的一切关系的否定，应该在它的存在中予以表述的地方，到处都脱离了限制性的定在。”⑤在伊壁鸠鲁看来，自由并不存在

① 《马克思恩格斯全集》第1卷，人民出版社1995年版，第17页。
② 《马克思恩格斯全集》第1卷，人民出版社1995年版，第25页。
③ 《马克思恩格斯全集》第1卷，人民出版社1995年版，第26页。
④ 《马克思恩格斯全集》第1卷，人民出版社1995年版，第33—34页。
⑤ 《马克思恩格斯全集》第1卷，人民出版社1995年版，第35页。

于现实世界之中，而只是脱离现实的自我意识的心灵宁静，“行为的目的就是脱离、离开痛苦和困惑，即获得心灵的宁静”，“善就是逃避恶，而快乐就是脱离痛苦”，“因此众神也避开世界，对世界漠不关心，并且居住在世界之外”①。与此相反，马克思主张决不能抽象地理解自由，不能设想一种仅仅存在于世界之外、内心深处的自由。马克思明确提出：“在自身中变得自由的理论精神成为实践力量，作为意志走出阿门赛斯冥国，面向那存在于理论精神之外的尘世的现实，——这是一条心理学规律。”②也就是说，主体同现实外部世界是密切联系和相互作用的，因而主体的思想、理论、精神，必须作为一种能够实际作用于现实世界的实践力量和行动意志，返回到现实中去，而不能只停留在主体精神的冥国之中。这也就意味着，对自由的理解，不能仅从主体方面，而要从主体与外部现实世界的关系中去探求。

除了倡导自由意志，马克思还通过批判宗教对哲学和个人的压制，强调理性的作用，吁求以理性克服客观存在的非理性，使世界和人本身变得合理化。在博士论文的附录中，马克思引用了霍尔巴赫《自然体系》中的一段话：“最有害的事莫过于劝人相信存在着一种超自然的存在物，在这种存在物面前，理性必须默不作声，为了成为一个幸福的人，你就必须为这个存在物牺牲尘世上的一切。”③这就将理性放在了作为超自然存在物的神的对立面。马克思进而指出，对神的存在的证明不过是“空洞的同义反复”，人们是在想象中认为神存在，然后再把这种想象作为现实的表象，但归根到底所谓神无非是想象的产物。马克思指出，“要是你把纸币带到一个不知道纸的这种用途的国家里去，那每个人都会嘲笑你的主观表象。要是你把你所信仰的神带到信仰另一些神的国家去，人们就会向你证明，你是受到幻想和抽象概念的支配。这是公正的。”④也就是说，存在于人的信仰中的神，只不过是幻想和抽象概念的反映。正由于此，“一个特定的国家对于外来的特定的神来说，就同理性的国家对于一般的神来说一样，是神停止其存在的地方。”⑤马克思在这里明确提出，正如信仰一种特定神灵的国家不会接受其他的神灵一样，理性国家不会接受任何神灵，这是彻底的无神论立场。马克思进一步指出，实际上，“对神的存在的证明不外是对人的本质的自我意识

① 《马克思恩格斯全集》第1卷，人民出版社1995年版，第35页。
② 《马克思恩格斯全集》第1卷，人民出版社1995年版，第75页。
③ 《马克思恩格斯全集》第1卷，人民出版社1995年版，第98页。
④ 《马克思恩格斯全集》第1卷，人民出版社1995年版，第101页。
⑤ 《马克思恩格斯全集》第1卷，人民出版社1995年版，第101页。

存在的证明，对自我意识存在的逻辑说明。”①这就是说，人们之所以要在想象中为神安排一个位置，是因为或者自然安排得不好，或者非理性的世界存在，或者思想不存在，所以才需要神的存在，而一当人们开始重视理性、运用理性，进行真正的人的思维，那么就无须保留关于神的想象了。因而，结论自然就是：“谁觉得世界是非理性的，因而谁本身也是非理性的，对他来说神就存在。换句话说，非理性就是神的存在。”②马克思就这样从本体论的意义上否定了神的存在，将神视作非理性的证明，而世界和主体的自我意识都应当是理性的。

如上所述，自由、自我意识、理性等理念，成为早期马克思持有的重要思想资源，对他在《莱茵报》时期关于国家问题的研究和思维建构发挥了支撑作用。

二、马克思理性国家观的政治诉求与理论支撑

马克思在获得博士学位、进入《莱茵报》编辑部后，曾经执着地“追求并论证哲学和政治的联盟”，致力于阐明“政治和哲学的相互作用及其对改变现存的社会状况所具有的必要性”③。具体说来，马克思在其博士论文中是通过古希腊哲学研究以曲折地反映现实，而现在从事的则是“性质完全不同的政治和哲学方面的研究”，即直接批判普鲁士封建统治国家的社会现实，并在这种批判中表达了建构理性国家的设想。概括起来，这一时期，马克思关于理性国家的观点主要体现在以下方面。

第一，在博士论文无神论观点的基础上，进一步明确反对基督教国家，提出基于理性建构国家的要求。针对普鲁士书报检查令暴露出的基督教倾向，马克思指责说，“这就是说，要让宗教信条按其独特的本性去决定国家，也就是说，要使宗教的特殊本质成为国家的准则”④。不仅书报检查制度如此，从整个国家制度来说，“政治原则和基督教宗教原则的混淆已成了官方的信条”⑤。对当时的普鲁士统治者来说，他们想“使之成为国家支柱的并不是自由的理性，而是信仰”，对他们来讲，“宗教就是对现存事物的普遍肯

① 《马克思恩格斯全集》第1卷，人民出版社1995年版，第101页。
② 《马克思恩格斯全集》第1卷，人民出版社1995年版，第101—102页。
③ 《马克思恩格斯全集》第1卷，人民出版社1995年版，第1013页。
④ 《马克思恩格斯全集》第1卷，人民出版社1995年版，第117页。
⑤ 《马克思恩格斯全集》第1卷，人民出版社1995年版，第118页。

定"①。在这种宗教和政治互渗的反动氛围中，马克思明确提出，"国家应该是政治理性和法的理性的实现"②，"不应该根据宗教，而应该根据自由理性来构想国家"③。他还从哲学的本质和任务出发加以强调，"'自由理性的行为'我们就称为哲学研究"，而"哲学是阐明人权的，哲学要求国家是合乎人性的国家"④。因此，当时马克思所追求的国家就是"成为理性的国家"，要"从人类关系的理性出发来阐明国家"，与此相反，"不是理性自由的实现的国家就是坏的国家"⑤。

第二，深入批判普鲁士政府的专制色彩，要求建立一种基于理性、反对等级专制、自由平等的国家形式。对于普鲁士的书报检查立法，马克思谴责说，每一滴露水在太阳的照耀下都闪现着无穷无尽的色彩，但是在普鲁士的专制制度下，精神的太阳却只准产生一种色彩，即官方的色彩，结果"一片灰色就是这种自由所许可的唯一色彩"⑥。马克思从国家制度的原则高度抨击说，"书报检查的一般本质是建立在警察国家对它的官员抱有的那种虚幻而高傲的观念之上的。公众的智慧和良好愿望被认为甚至连最简单的事情也办不成，而官员们则被认为是无所不能的。"⑦马克思在这里毫不隐讳地将普鲁士政府称为警察国家，揭示出其书报检查立法的目的是维护统治者的利益，将统治者的观点和要求提升为法律，以压制广大民众的思想言论自由，而绝不是要保障国家公民在法律面前的平等地位。"这一根本缺陷贯穿在我们的一切制度之中"⑧，这就如同在刑事诉讼中，法官、原告和辩护人都集中在一个人身上，公众没有任何自由可言。因此，普鲁士国家是和人民根本对立的。

马克思极为痛恨在普鲁士根深蒂固的等级特权，他揭露了当时的莱茵省议会实质上实行的是封建等级代表制，维护等级特权，违背人民利益。在关于第六届莱茵省议会辩论情况的第一篇文章中，马克思就指出，"在关于新闻出版的辩论中，特殊等级精神比在其他任何场合都表现得清楚、明确而充分。新闻出版自由的反对派尤其是如此，正如在一般自由的反对派中，特定领域的精神、特殊等级的个人利益、品格的先天的片面性表现得最为强

① 《马克思恩格斯全集》第1卷，人民出版社1995年版，第118页。
② 《马克思恩格斯全集》第1卷，人民出版社1995年版，第118页。
③ 《马克思恩格斯全集》第1卷，人民出版社1995年版，第226页。
④ 《马克思恩格斯全集》第1卷，人民出版社1995年版，第226页。
⑤ 《马克思恩格斯全集》第1卷，人民出版社1995年版，第225页。
⑥ 《马克思恩格斯全集》第1卷，人民出版社1995年版，第113页。
⑦ 《马克思恩格斯全集》第1卷，人民出版社1995年版，第133页。
⑧ 《马克思恩格斯全集》第1卷，人民出版社1995年版，第133页。

烈、明显，露出一副狰狞的面孔”，“在这里进行论战的不是个人，而是等级”。[①] 诸侯等级的辩论人反对的是“各国人民”，认为新闻自由是“人民自己对自己使用的一种粗野而冒失的语言”，而骑士等级的辩论人则直接“反对人”，“驳斥的是人的自由”[②]。正由于此，“省等级会议的特权并不是省的权利。恰恰相反，省的权利自从变成省等级议会的特权后，就不再存在了。”也就是说，等级特权完全压制、取消了国家公民的权利。在关于林木盗窃法的辩论中同样如此，城市代表、骑士代表等完全是站在贵族和统治者立场上，要求严厉地惩罚贫苦大众。马克思就此指出，普鲁士的整个国家制度、各种行政机构都沦为了林木所有者的工具，使林木所有者的利益成为左右整个机构的灵魂。普鲁士的国家机关成了林木所有者的耳、目、手、足，为林木所有者的利益而探听、窥视、估价、守护、逮捕和奔波。在这种情况下，劳苦大众别无选择，只剩下一条道路可以选择，这就是“莱茵省人应该在省等级会议中战胜等级，人应该战胜林木所有者”[③]。马克思在 1842 年 10 月 15 日—11 月 7 日之间，为《莱茵报》编辑部起草了“为《评〈汉诺威自由主义反对派的失误〉一文所加的按语》”。在这则按语中，针对汉诺威国王废除具有温和的自由主义性质的 1833 年宪法，使 1819 年宪法重新生效一事，马克思指出，“在我们看来，汉诺威的真正的自由主义今后的任务，既不是维护 1833 年的国家基本法，也不是退回到 1819 年的法律。它应该争取实现一种同更深刻、更完善和更自由的人民意识相适应的崭新的国家形式。”[④] 可见，在当时的马克思看来，应当建构的国家形式既不能是封建专制性质的，也不能单纯反映资产阶级的诉求，而应建立在更广泛的人民意志、人民理性的基础上。

第三，马克思吁求的理性国家以黑格尔的国家观为支撑，杂糅了自由主义理念、革命民主主义观念，但本质上并没有超出黑格尔哲学的影响。马克思关于建立理性国家的观点集中体现在下面这段论述中：“从前的研究国家法的哲学家是根据本能，例如功名心、善交际，或者虽然是根据理性，但并不是社会的而是个人的理性来构想国家的。现代哲学持有更加理想和更加深刻的观点，它是根据整体观念来构想国家的。它认为国家是一个庞大的机构，在这里，必须实现法律的、伦理的、政治的自由，同时，个别公民服从国

① 《马克思恩格斯全集》第 1 卷，人民出版社 1995 年版，第 146 页。
② 《马克思恩格斯全集》第 1 卷，人民出版社 1995 年版，第 155 页。
③ 《马克思恩格斯全集》第 1 卷，人民出版社 1995 年版，第 289 页。
④ 《马克思恩格斯全集》第 1 卷，人民出版社 1995 年版，第 306 页。

家的法律也就是服从他自己的理性即人类理性的自然规律。”①这里的“现代哲学”指的是黑格尔哲学。在黑格尔看来，国家不是自然法权论者等主张的契约的产物，而是绝对观念在尘世的外化和显现，绝对观念经由抽象法、道德、伦理（家庭、市民社会、国家）等不同阶段的发展，最后达到国家环节，在这个环节上，它并非抛弃而是统摄着法律的、伦理的、政治的等各领域的自由。因此，国家是一个整体，也是一个活的有机体。限制任何一个领域或种类的自由，就等于既损害了整个国家的活的机体，也取消了这个领域或种类的活的存在。这就像把人的一条手臂从身上切割下来，那么人就不再是完整的人，切割下来的手臂也不再是真正意义上的手臂一样。马克思希望建构这样一种理性国家，人们在法律、伦理、政治等方面享有充分的自由，理性和自由原则贯彻到国家和社会生活的方方面面。“国家用一些精神的神经贯穿整个自然，并在每一点上都必然表现出，占主导地位的不是物质，而是形式，不是没有国家的自然，而是国家的自然，不是不自由的对象，而是自由的人。”②这样一来，国家、理性、自由这几个概念就获得了高度统一，它们在本质上变成了一个东西，人们服从国家就是服从理性，同时也是享有自由。在批判《科隆日报》编辑海尔梅斯对国家的错误理解时，马克思强调，国家对公民实行公共教育的特点，并不在于规模大小，而在于国家是作为一种“合乎理性的公共的存在”对公民进行教育的，因此，国家教育社会成员的办法是，“使他们成为国家的成员；把个人的目的变成普遍的目的，把粗野的本能变成合乎道德的意向，把天然的独立性变成精神的自由；使个人以整体的生活为乐事，整体则以个人的信念为乐事”③。也就是说，要“把国家看作是相互教育的自由人的联合体”④。这仍然是从黑格尔的意义上来看待国家，要求将国家看作一个整体、一个有机体，贯穿其中的是公共理性，每个社会成员都是合乎理性的存在，国家则是一个合乎理性的整体和公共存在。

三、传统政治哲学路径的超越与新路径的开启

显然，早期马克思关于理性国家的设想仍然是唯心主义和空想式的，如果照此发展下去，马克思很可能就是一个在思想上并无多大独立创造的黑

① 《马克思恩格斯全集》第1卷，人民出版社1995年版，第228页。
② 《马克思恩格斯全集》第1卷，人民出版社1995年版，第345页。
③ 《马克思恩格斯全集》第1卷，人民出版社1995年版，第217页。
④ 《马克思恩格斯全集》第1卷，人民出版社1995年版，第217页。

格尔主义者。然而，马克思之所以能成为马克思，就在于他一方面吁求这种理性国家，另一方面又随着对现实政治和物质利益问题的研究，不断地反思、质疑并告别理性国家，最终从政治领域投身政治经济学研究。

以理性作为国家建构的基础和原则，显然是空洞的和脆弱的。“要把国家由神秘的、僧侣式的东西变成公开的、人人了解个个有关的尘世的东西，要使国家变得与公民血肉相联”①——马克思吁求的理性国家当然是符合“理性”要求的，但问题在于如何实现？显然，它只能存在于纯然理论的谋划中，而无法在现实中立足。特别需要注意的是，这里还将作为一种规范性研究的政治哲学自身的“先天不足”暴露了出来，这就是“实然”与“应然”的矛盾、现实与理论的分离、可欲与不可得的对立。马克思关于理性国家的设想就是如此，在“实然”的普鲁士政治现实与理性国家的“应然”之间出现了一条深深的鸿沟，马克思在编辑历程中备受压制以致最终被迫退出《莱茵报》编辑部，就是这条理论鸿沟在社会现实中的实际呈现。现实是思想最醒目的注脚，当一种思想不能说明现实、更不能改变现实时，症结不是出在现实一边，而是出在思想一边。它说明，思想对现实的解释力和引导力是不够的。面对坚硬的社会现实，思想需要改弦更张。

更为重要的是，在《莱茵报》期间，马克思遭遇了一系列社会现实问题，这引发了他对经济关系更加深入的思考，也进一步加速了理性国家观的幻灭，推动他转向政治经济学研究。关于这一研究转向，马克思和恩格斯都有明确的记述。马克思在《〈政治经济学批判〉序言》中，清晰地回顾了自己关注经济关系、研究政治经济学的经过：“我学的专业本来是法律，但我只是把它排在哲学和历史之次当做辅助学科来研究。1842—1843 年间，我作为《莱茵报》的编辑，第一次遇到要对所谓物质利益发表意见的难事。莱茵省议会关于林木盗窃和地产析分的讨论，当时的莱茵省总督冯·沙培尔先生就摩泽尔农民状况同《莱茵报》展开的官方论战，最后，关于自由贸易和保护关税的辩论，是促使我去研究经济问题的最初动因。”②在这里，马克思归纳了促使自己转向经济问题研究的三个动因，即林木盗窃和地产析分、摩泽尔地区农民生存状况和自由贸易与关税保护辩论等问题。恩格斯在生命的最后一年致信理查·费舍，交代尽快出版青年马克思发表在《莱茵报》上的政论文章事宜时，再次强调了这一点。恩格斯将要出版的这本书的书名初步定为《卡尔·马克思的处女作。1842 年（第一个）〈莱茵报〉上的三篇文

① 《马克思恩格斯全集》第 1 卷，人民出版社 1995 年版，第 403 页。

② 《马克思恩格斯文集》第 2 卷，人民出版社 2009 年版，第 590—591 页。

章。Ⅰ.莱茵省议会关于出版自由的辩论。Ⅱ.莱茵省议会关于林木盗窃法的辩论。Ⅲ.摩塞尔地区酿造葡萄酒农民的处境。弗·恩格斯编并序》,并专门就第二、三篇文章写道:“至于那篇摩塞尔的文章……我曾不止一次地听到马克思说,正是他对林木盗窃法和摩塞尔河地区农民处境的研究,推动他由纯政治转向研究经济关系,并从而走向社会主义。”①这也再次确认了早期马克思“由纯政治转向研究经济关系”的根源。

之所以这几个问题会推动马克思发生研究转向,是因为其中都贯穿着在政治领域内无法解决的物质利益问题。人们的政治活动千差万别,各有其表现,但归根到底要由经济方面来说明,而不是相反。纵观马克思在《莱茵报》期间发表的政论文章,关于书报检查令、莱茵省议会辩论、新婚姻法草案以及同《科隆日报》的争论等,主要还是集中在政治领域。在这一领域,马克思遭遇到的对手主要是专制统治、权力压制、官僚主义、宗教势力等,因而他的理性和自由原则发挥出了强大的战斗力,以“用博尔纳风格写作时事小册子的巨大天分”②向对手作出猛烈的批判。“他(指马克思——引者注)激进而不妥协的立场、极端的爱以及使用归谬法对付对手的手法,这一切都使他的文章有着鲜明的爱憎立场。格言、递进、重复、对仗、对比以及交错排列(尤其是后两种)等表现手法都被他一一使用……”③然而,一当接触到现实“物质利益”问题,遭遇到决定政治,而不是由政治所决定的经济方面的“难事”时,马克思便觉察到理性、自由等原则不能对这些问题进行彻底的说明和回应。

在关于林木盗窃法的辩论中,马克思就感到了阶级利益与国家法的冲突和背离。“捡拾枯树和盗窃林木是本质上不同的两回事”④,然而,省议会完全不顾及捡拾枯树、违反林木管理条例的行为和盗窃林木等行为之间的差别,它唯一服从的只是林木所有者的“利益”,当问题涉及林木所有者的利益时,省议会就承认这些差别,要求对贫苦农民治罪;反之,省议会就抹杀这些行为之间的差别。对林木所有者来说,“某项法律规定由于对我有利,就是好的,因为我的利益就是好事。而某项法律规定由于纯粹从法理幻想出发,也应该适用于被告,那就是多余的、有害的、不实际的。”⑤这里,所谓法律规定完全成了维护林木所有者利益的工具,而不是基于法理、面向全体

① 《马克思恩格斯全集》第39卷,人民出版社1974年版,第446页。
② [英]戴维·麦克莱伦:《马克思传》,王珍译,中国人民大学出版社2016年版,第35页。
③ [英]戴维·麦克莱伦:《马克思传》,王珍译,中国人民大学出版社2016年版,第35页。
④ 《马克思恩格斯全集》第1卷,人民出版社1995年版,第244页。
⑤ 《马克思恩格斯全集》第1卷,人民出版社1995年版,第247—248页。

社会成员的公器。物质利益公然凌驾于法之上。由此，马克思切实感受到了利益尤其是统治者的私人利益与所欲建立的理性国家之间的巨大张力。他抨击道，“私人利益的空虚的灵魂从来没有被国家观念所照亮和熏染，它的这种非分要求对于国家来说是一个严重而切实的考验。如果国家哪怕在一个方面降低到这种水平，即按私有财产的方式而不是按自己本身的方式来行动，那么由此直接可以得出结论说，国家应该适应私有财产的狭隘范围来选择自己的手段。”①事实上，普鲁士国家的确降低到了私有财产的水平，根本没有按照国家“本身的方式”来行动。不只于此，“私人利益非常狡猾，它会得出进一步的结论，把自己最狭隘和最空虚的形态宣布为国家活动的范围和准则”②。那么，私人利益为什么能上升到国家的活动准则？国家如何遏制私人利益的侵蚀？依靠自由和理性，能够建立一种合意的理想国家吗？当时的马克思并没有找到解决这些问题的途径，只能“被迫大声疾呼：你的道路不是我的道路，你的思想不是我的思想”！③

如果说在林木盗窃法的辩论中，马克思感受到了贫苦民众的艰难处境尤其是统治者私人利益的强大，那么在为摩泽尔地区贫困农民的辩护中，他进一步强化了这些看法并从理论上初步作了概括。在《摩泽尔记者的辩护》一文中，马克思开篇即强调，“谁要是经常亲自听到周围居民在贫困中发出的毫无顾忌的呼声，他就容易失去那种善于用最优美、最谦恭的方式来表述思想的美学技巧，他也许还会认为自己在政治上有义务暂时公开地使用那种在贫困中产生的民众语言。”④可见当时贫困农民的呼吁和控诉，对马克思产生的触动之大。继而，马克思用以往政论文章中少有的冷静、深沉的笔触写下了这样一段名言：“人们在研究国家状况时很容易走入歧途，即忽视各种关系的客观本性，而用当事人的意志来解释一切。但是存在着这样一些关系，这些关系既决定私人的行动，也决定个别行政当局的行动，而且就像呼吸的方式一样不以他们为转移。”⑤也就是说，马克思此时在研究国家问题时，不再侧重理性的角度——不管是公共理性还是人民理性，而是注意到了在国家政治生活背后的各种客观关系，正是这些关系决定着私人以及个别行政当局的行动。例如上文提到的莱茵省议会、诸侯等级、骑士等级、城市等级等，莫不如此，在他们行为选择的背后，都受到客观关系的驱

① 《马克思恩格斯全集》第1卷，人民出版社1995年版，第261页。
② 《马克思恩格斯全集》第1卷，人民出版社1995年版，第261页。
③ 《马克思恩格斯全集》第1卷，人民出版社1995年版，第261—262页。
④ 《马克思恩格斯全集》第1卷，人民出版社1995年版，第357页。
⑤ 《马克思恩格斯全集》第1卷，人民出版社1995年版，第363页。

使，因而他们的立场都不以其意志为转移。“只要人们一开始就站在这种客观立场上，人们就不会违反常规地以这一方或那一方的善意或恶意为前提，而会在初看起来似乎只有人在起作用的地方看到这些关系在起作用。”①从“善意或恶意”到“客观立场”，从“人”到“关系”，这表明马克思触摸到了政治活动背后的社会关系及其客观本质，从而加深了对国家和社会问题的理解。

另外，在报道摩泽尔地区农民贫困问题时，马克思还提出可以从不同的研究角度来开展：“一个人可以侧重于描写他从民众意见中获得的有关贫困状况的直接印象，另一个人作为历史学家则可以谈论这种状况产生的历史，沉着冷静的人可以谈论贫困状况本身，经济学家则可以谈论消除贫困的办法，而且这样一个问题还可以从各方面来解决：有时较多地着眼于地方范围，有时较多地着眼于同整个国家的关系等等。”②这也从侧面表明，马克思对于农民贫困等社会现实问题的介入，正在纳入一个更加广阔的研究视野。

恩格斯后来就此总结指出：“对莱茵省议会辩论的批评，迫使马克思着手研究有关物质利益的问题，在这方面他获得了一些无论法学或哲学都不曾提供的新观点。马克思从黑格尔的法哲学出发，得出这样一种见解：要获得理解人类历史发展过程的锁钥，不应当到被黑格尔描绘成‘大厦之顶’的国家中去寻找，而应当到黑格尔所那样蔑视的‘市民社会’中去寻找。但关于市民社会的科学，也就是政治经济学……。”③可见，正是马克思从“大厦之顶”的国家沉入作为大厦“地基”，进行市民社会和政治经济学研究，才为一般政治哲学在国家等问题的研究上开辟了一条新路径，也使马克思的政治哲学与传统的政治哲学区分开来，具有自身独特的理论特质。

综上所述，马克思早期对理性国家的追求及其政治经济学转向，对我们科学研究国家问题，准确把握马克思政治哲学的特质具有重要的思想启迪作用。它表明：从研究路径来看，马克思绝不仅仅满足于在思维推演的领域内，依靠所谓理性来构想一种新的国家形式，相反它要深入现实社会历史的深处，在回答时代问题的过程中实现“实然”和“应然”的一致、合规律性与合目的性的统一；从研究领域来看，马克思绝不仅仅在“政治”或“哲学”的领域内进行政治哲学研究，而是从“大厦之顶”沉入作为“地基”的政治经济学领域，在经济社会生活的历史追溯和规律探寻中，实现对以国家为核心的

① 《马克思恩格斯全集》第1卷，人民出版社1995年版，第363页。
② 《马克思恩格斯全集》第1卷，人民出版社1995年版，第358页。
③ 《马克思恩格斯全集》第16卷，人民出版社1964年版，第409页。

政治哲学问题的形上思考,从而真正把握住了国家问题的历史根源和实质内涵,为人类真正解决国家问题提供了指南。这也使得马克思的政治哲学在思想史上,具有独树一帜的风格和特色,与那种仅仅依靠逻辑推演和思辨演绎的研究路径迥然不同。因此,毫无疑问,我们今天推进当代中国马克思主义政治哲学,应当沿着马克思的研究路径继续探索,建构既具有马克思独特思想气质、又拥有当代中国丰富历史内涵的政治哲学学术话语体系。

第三章　对国家本质的深入考察

——在历史与政治经济学的交互视域中

资产阶级的这种发展的每一个阶段,都伴随着相应的政治上的进展。……从大工业和世界市场建立的时候起,它在现代的代议制国家里夺得了独占的政治统治。现代的国家政权不过是管理整个资产阶级的共同事务的委员会罢了。

——马克思、恩格斯

何为国家?或者说,国家的本质是什么?这是哲学社会科学诸多学科尤其是政治哲学研究中引人关注的重要问题。对这一问题的探寻,大致说来有两条研究路径:倾向于政治科学的学者往往立足于国家的起源、发展、现状等进行描述性的实证研究,而偏爱政治哲学的学者侧重于从规范性立场出发进行逻辑推演和理性分析。在马克思那里,对国家本质的考察路径与这两种研究方式都不同。

概而言之,马克思是从历史与政治经济学的交互视野来考察国家本质的,一方面深入历史,通过历史的真实来考察国家的发展历程和演变规律,另一方面突破了政治领域的界限而沉潜入政治经济学,从政治经济学的角度挖掘、概括国家的内涵和本质。正是在这种多维交互视野中,马克思科学概括了国家的本质。尤为重要的是,马克思还以这种独特的研究路径,与囿于政治领域的政治科学和热衷于寻求政治规范的政治哲学区分开来,形成了独到的研究范式与理论特质。我们今天研究马克思,不仅要研究他提出的结论,而且更应当研究马克思的学术路径,在这方面能够更加真切地体现马克思哲学的真精神。

一、从克罗茨纳赫出发:进入历史真实

在马克思探寻国家本质的思想之途中,《克罗茨纳赫笔记》(以下简称《笔记》)是一份极为重要的文本,也是马克思实现研究路径转换的一个重要标志。之所以这么说是因为《笔记》表明马克思开始批判性地审查自己在《莱茵报》时期所抱持的黑格尔唯心主义哲学和"理性国家"观,从而启动

了在人类社会真实的历史进程中寻求国家本质和发展规律的新的研究路径，以此来超越通过理性论证和逻辑推演来建构理想国家的传统政治哲学进路。

在纷繁复杂的政治哲学研究谱系中，国家问题往往处于核心位置。马克思在《莱茵报》时期也是如此，他激烈地抨击普鲁士政府的专制统治，吁求建构一种基于黑格尔哲学的理性国家。无论是对普鲁士书报检查令、林木盗窃法的驳斥，还是对摩泽尔地区贫苦农民状况的调查，背后都充盈着这样一个问题：当前国家制度是不合乎理性的，应当建构一种以维护人民自由为己任的理性国家。然而，这种关于理性国家观的诉求在冷酷的政治现实和客观的物质利益面前很快就败下阵来，黑格尔哲学内在的理论罅隙逐渐显露出来。1843 年 3 月 17 日，马克思于科隆撰写了退出《莱茵报》编辑部的声明。其所以如此，直接的现实原因是普鲁士政府的反动压迫，而深层的理论缘由是由于马克思在理论上对黑格尔哲学尤其是黑格尔国家观的困惑，因而从社会舞台退回到书房。为了解决思想上的困惑，马克思于同年夏秋之季，在克罗茨纳赫一边展开黑格尔法哲学批判，同时深入钻研了一批政治学、历史学著作，写下了《笔记》和《黑格尔法哲学批判》。《笔记》凡 5 册，35 个笔记本，是对 24 部历史学和政治学文献进行的摘录和解读，内容包括对英国、德国、瑞典、波兰、威尼斯共和国、美国的历史，尤其是对法国史和法国大革命史的摘要，时间范围异常广阔，内容涵盖公元前 600 年到 19 世纪 30 年代 2000 多年的历史。《笔记》涉及的主题和内容极为广博，学界在这些方面已经取得了一系列研究成果。① 本书仅集中于马克思在《笔记》中关于国家问题的部分摘录和评论，表明马克思如何掌握和分析具体的历史材料以研究国家的本质。

第一，马克思开始从历史沿革的角度，留意欧洲各国政治制度和经济制度尤其是所有制的变迁。对施米特的《法国史》，马克思作了“早在六世纪，贵族就承担比较高的赎金和对国王应尽的特殊义务”，“构成贵族的基础的，是采邑制度，或者说是封地制度，它日益瓦解并限制旧的区制度或部落

---

① 截至本书撰稿时，关于《克罗茨纳赫笔记》研究的代表性成果，主要有马延斌《历史科学研究在马克思主义形成过程中的重要作用》（载《马克思主义研究》1985 年第 4 期）；张一兵《青年马克思的第一次思想转变与〈克罗茨纳赫笔记〉》（载《求是学刊》1999 年第 3 期）；邓安琪、卜祥记《〈克罗茨纳赫笔记〉的历史学研究及其思想史意义》（载《武汉大学学报》2019 年第 6 期）；臧峰宇《马克思的欧洲史研究及其对现代政治共同体的构想》（载《马克思主义理论学科研究》2022 年第 2 期），以及王旭东、姜海波著《马克思〈克罗茨纳赫笔记〉研究读本》（中央编译出版社 2016 年版）；等等。

制度……"①,"封地制度是政治生活的形式"②,"封地的占有者,封君和封臣,是统治阶层"③等大量摘录。这表明马克思注意到封建社会的采邑制度或封地制度是由部落制度发展来的,而且构成了贵族制度的基础,这也意味着他初步而朦胧地看到了政治制度背后经济制度的作用。马克思还对林加尔特的《英国史》作了大量摘录,这些摘录大致表明了英国统治秩序的演变。在威廉一世时期,"英国是土著居民同外邦统治者、外来的等级制度和外来的贵族[相结合]的独特的奇观","实行骑士封地制度","国王成了王国里的第一个土地所有者",而"土著居民逐渐沦为人民中最低下的阶级"④。关于理查一世(1189—1199),马克思还做了"他的桂冠沾满了鲜血,他的胜利是用人民的贫困化换来的"⑤的摘录。马克思还从无地约翰(1100—1216)到伊丽莎白(1558—)数百年的历史中,详细摘录了有关自由宪章、英国议会的产生和发展等内容,这些历史材料有助于马克思弄清英国议会是怎样在王权、封建主和资产阶级复杂的斗争中产生的。

第二,马克思通过这些摘录,尤其是关于18世纪末法国革命史的摘录,注意到了政治统治与财产的关系。例如,马克思转摘了1831年2月15日《法兰西报》上一篇题为《人民的主权》的文章。这篇文章认为,法国通过的1791年宪法,尽管取消了一切世袭头衔和贵族身份,宣称所有人都享有基本的公民权,但仍然对投票人的财产资格作了限制,这就使占人口大多数的穷人丧失了投票权。这些穷人名义上是握有主权者,然而实际上,"他们的特权就是在病房中使用简陋的床铺……"⑥,"他们的实际权力无论在立宪君主国中还是在专制君主国中都只限于缴纳赋税,站岗,把自己的孩子送去保卫国家,有时还亲自出马"⑦。文章还直接揭露了权利与财产的关系,"他们的权利是以数字为基础的,并且是用加法来证实的:一个生丁将创造这种权利,一个生丁又可以使这种权利消失;人的价值同他所交纳的赋税完全相等:这就是选民"⑧,"这种所谓的人民主权,无非是君主国的有产阶级为了夺取君主的权利而让各非有产阶级相信的骗局……穷人到处都在受苦,而

---

① 《马列著作编译资料》第11辑,人民出版社1980年版,第44页。
② 《马列著作编译资料》第11辑,人民出版社1980年版,第46页。
③ 《马列著作编译资料》第11辑,人民出版社1980年版,第48页。
④ 《马列著作编译资料》第12辑,人民出版社1980年版,第42页。
⑤ 《马列著作编译资料》第12辑,人民出版社1980年版,第46页。
⑥ 《马列著作编译资料》第11辑,人民出版社1980年版,第58页。
⑦ 《马列著作编译资料》第11辑,人民出版社1980年版,第58页。
⑧ 《马列著作编译资料》第11辑,人民出版社1980年版,第58页。

不是在进行统治”。[①] 马克思还摘引了1831年5月1日《法兰西报》另外一些论述,同样表明了政治统治背后金钱的力量。“谁创立了议院呢?是有一百埃巨的选民们。是谁创造了这些有一百埃巨的选民呢?是1817年2月通过的法律。是谁制定了这个法律呢?是另一个议院。可以随便在这里绕圈子,但遇不到人民”。[②]

第三,正是由于关注到财产对政治的影响,马克思还注意到历史上广大劳动者特别注重在经济领域中寻求平等。马克思在《莱茵报》时期已经关注到贫苦民众的物质利益问题,对历史的研究进一步印证和加强了马克思的看法。马克思通过瓦克斯穆特的《革命时代法国史》,摘录了法国大革命时期人们的大量论述。例如,“肖梅特和蒙莫罗比所有的人都更加赞成财产完全平等的法案(土地法)……肖梅特说:‘每个人都有一个肚子,因此应该建立同自然法相适应的、以感官需要和本能的原则[为基础]的社会’。”[③]“维尼奥说:……自由对于社会的人来说,只不过是权利的自由。它是财产自由,同样也是身材自由,是力量、精神、活动、手艺和劳动的自由’。”[④]“有几个巴黎市区……赞成公社的无政府主义者的主张……唯一的真正的平等,财产平等”。[⑤] 马克思在兰克的著作《宗教改革时期德国史》中还摘录了很多强调财产平等的材料,例如在德国农民战争时期,“人们很乐意地布道说……今后无论在财富方面,还是在地位方面,也不应该有任何的不平等”。[⑥] 这些历史材料提示马克思,在政治领域中对君主制的批判,只能解决表面问题,而埋藏在政治问题背后的是经济领域中的物质利益问题。要正确地面对和解决物质利益问题,只有通过政治经济学到市民社会中去进行研究。

正是通过这种对历史的广泛研究,马克思开始超出黑格尔将国家视作绝对观念之外化的哲学藩篱,开始在历史和政治经济学的深处思考王权制、代议制等国家制度的演化与本质,思考政治制度与经济制度的关系、政治平等的局限以及财产平等的实质要求等一系列重大问题。在《笔记》留下的唯一一段评论文字中,马克思鲜明指出,“黑格尔把国家观念的因素变成主语,而把国家存在的旧形式变成谓语”,“可是,在历史真实中,情况恰好相

① 《马列著作编译资料》第11辑,人民出版社1980年版,第58—59页。

② 《马列著作编译资料》第11辑,人民出版社1980年版,第59页。

③ 《马列著作编译资料》第12辑,人民出版社1980年版,第27页。

④ 《马列著作编译资料》第12辑,人民出版社1980年版,第27页。

⑤ 《马列著作编译资料》第12辑,人民出版社1980年版,第27页。

⑥ 《马列著作编译资料》第12辑,人民出版社1980年版,第33页。

反:国家观念总是国家存在的[旧]形式的谓语”①。马克思在这里,专门用“历史真实”一词对他这一时期从事世界史研究的收获作了思想定位,他借用历史的真实性维度得以超越了黑格尔完全依仗绝对观念腾挪转换的唯心式迷思。国家存在的各种形式是决定性的关系,而国家观念是由前者产生的、被决定的东西。黑格尔的国家学说不过是“时代的政治神学”②,“反动势力的形而上学的反映”③。这一判断同样贯穿于《黑格尔法哲学批判》,并通过具体解析黑格尔关于家庭—市民社会—国家的逻辑架构,进一步提升为“家庭和市民社会都是国家的前提”④,“政治国家没有家庭的自然基础和市民社会的人为基础就不可能存在”⑤的著名结论。

二、在多维交互视野中确定国家的本质

马克思在正式从事政治经济学研究之前,对国家本质的认识仍然是在哲学和宗教批判的意义上进行的,还未曾触及这些概念背后隐藏的历史和经济内涵。例如,在《〈黑格尔法哲学批判〉导言》中,马克思指出,“人不是抽象的蛰居于世界之外的存在物。人就是人的世界,就是国家,社会。这个国家、这个社会产生了宗教,一种颠倒的世界意识,因为它们就是颠倒的世界。”⑥这里显然从神学批判的角度确认了“国家”是“人的世界”,揭露了国家等范畴是宗教意识的本源基础,而宗教意识是对基础的曲折、歪曲的反映,但并未从经济学意义上去探究国家的本质。如果用马克思恩格斯在《德意志意识形态》中的语言来表达,那就是还“没有离开过哲学的基地”⑦。

然而,马克思的过人之处就在于并未像施蒂纳等人那样沉湎于哲学的基地,而是很快投身政治经济学研究,将青年黑格尔派那些震撼世界的空洞词句远远地抛到了身后。《1844 年经济学哲学手稿》是马克思开始政治经济学研究的重要著作,马克思在这一著作中实现了一个重大的理论跨越,即将劳动与历史发展联系起来,认为整个所谓世界历史不过是人通过人的劳

① 《马克思恩格斯全集》第 40 卷,人民出版社 1982 年版,第 368 页。
② 《马克思恩格斯全集》第 40 卷,人民出版社 1982 年版,第 368 页。
③ 《马克思恩格斯全集》第 40 卷,人民出版社 1982 年版,第 369 页。
④ 《马克思恩格斯全集》第 3 卷,人民出版社 2002 年版,第 10 页。
⑤ 《马克思恩格斯全集》第 3 卷,人民出版社 2002 年版,第 12 页。
⑥ 《马克思恩格斯文集》第 1 卷,人民出版社 2009 年版,第 3 页。
⑦ 《马克思恩格斯文集》第 1 卷,人民出版社 2009 年版,第 514 页。

动而诞生的过程,从而充分肯定了生产劳动在人类历史中的作用。不仅如此,马克思在这一著作中还明确地将国家概念与生产联系起来,突破了以往单纯从哲学和政治学角度认识国家的局限,将对国家概念的认识延伸到了政治经济学领域。就马克思对国家本质的认识而言,这也是一个本质性的认识深化。马克思指出,“私有财产的运动——生产和消费——是迄今为止全部生产的运动的感性展现,就是说,是人的实现或人的现实。宗教、家庭、国家、法、道德、科学、艺术等等,都不过是生产的一些特殊的方式,并且受生产的普遍规律的支配。”①这就是说,马克思已经将经济层面上的生产、消费等运动,看作构成人的实现或人的现实的重要内容,并进一步将国家、法等因素也视为生产的特殊方式,认为它们也要受到关于生产的普遍规律的支配。这意味着马克思已经初步将人类的经济活动从其他各种社会活动中抽离了出来,并将宗教、家庭、国家、法、道德、科学、艺术等上层建筑因素都看作特殊的生产行为,而且受到生产的一般规律的决定和制约。这一思想已经相当接近经济基础与上层建筑辩证关系的原理了。

在《神圣家族》中,马克思突破了原来与恩格斯商定的写作框架,大大扩充了书稿的内容。其中特别重要的是,马克思在《神圣家族》深刻地提出了历史的发源地问题,认为“历史的发源地”只是在“尘世的粗糙的物质生产中”,而不是在“天上的云雾中”②,只有“去认识(比如说)某一历史时期的工业和生活本身的直接的生产方式”,才能“真正地认识这个历史时期”③。这一结论,意味着唯物史观已处于诞生的前夜,马克思对国家本质的认识也随着襁褓期的唯物史观的成长而愈益接近科学的答案。马克思在谈到拿破仑当时的统治政策时,提出了“现代国家的本质”的重要概念。马克思指出,“拿破仑当然已经有了对现代国家的本质的认识;他已经懂得,现代国家是以资产阶级社会的顺利发展、私人利益的自由运动等等作为基础的。”④这里的“现代国家”显然指的是资产阶级国家,这一论述是借拿破仑之口来表达马克思对资产阶级国家的认识。这一论断表明,马克思已经充分看到了资产阶级国家的本质,即这一国家是建立在资产阶级社会的稳定和顺利发展,资产阶级能够实现、维护本阶级利益的基础之上的,它不过是资产阶级社会的政治统治形式。这也突破了《笔记》和《批判》时期对国家与社会关系的看法,而达到了用阶级分析、物质利益、社会结构来看国家

① 《马克思恩格斯文集》第1卷,人民出版社2009年版,第186页。
② 《马克思恩格斯全集》第2卷,人民出版社1957年版,第191页。
③ 《马克思恩格斯全集》第2卷,人民出版社1957年版,第191页。
④ 《马克思恩格斯文集》第1卷,人民出版社2009年版,第325页。

问题的唯物史观高度。

《德意志意识形态》(以下简称《形态》)是标志着马克思主义唯物史观正式确立的重要著作,也是马克思、恩格斯首次运用唯物史观科学揭示国家本质的重要文献。在《形态》中,马克思、恩格斯娴熟地通过历史与政治经济学的交互视野,极富感染力地提供了问题的答案。也就是说,哲学、历史学、政治经济学等学科在《形态》中已经水乳交融地结合在一起,它们不再是以单一的、学科并置的形式出现,而是相互融合嵌套,共同构成了马克思、恩格斯的研究视野。《形态》如同一幅气势磅礴的大写意山水画卷,起笔就从人类历史的源头写起,“全部人类历史的第一个前提无疑是有生命的个人的存在”①,而人之何以为人呢?答案不是意识、宗教等因素,而是生产。“一当人开始生产自己的社会资料,即迈出由他们的肉体组织所决定的这一步的时候,人本身就开始把自己和动物区别开来。人们生产自己的生活资料,同时间接地生产着自己的物质生活本身。”②正是由于这种人类须臾不可离开的生产,才渐次催生了社会和国家。他们指出,“以一定的方式进行生产活动的一定的个人,发生一定的社会关系和政治关系。……社会结构和国家总是从一定的个人的生活过程中产生的。”③这一表述,与马克思在《〈政治经济学批判〉序言》中关于经济基础与上层建筑的经典表述已经非常近似了。可见,马克思、恩格斯在这一时期已经摆脱了任何神秘的、思辨的幻想,而运用“经验的观察”完全把握了国家的本质,即,国家是历史的产物,任何一个历史时期的社会结构和政治结构,都是建立在该社会的生产关系、交往方式基础之上的,有什么样的生产方式、交往方式,就会产生与之相适应的国家形式。

马克思、恩格斯还更深地进入历史,从所有制演进的角度进一步概括了国家与资产阶级国家的本质。人类的生产,从一开始就不是像鲁滨孙那样单独进行的,而是采取集体劳动的协作形式。随着生产力的发展,逐渐产生了分工,而分工的不同阶段也是生产资料所有制的不同形式。马克思、恩格斯根据当时的研究,将人类历史上的所有制形式划分为部落所有制、古代公社所有制和国家所有制、封建的或等级的所有制、资产阶级所有制,以及共产主义所有制。他们指出,所有制的最初形式,无论是在古典古代世界或中世纪,都是部落所有制,随着生产力的发展,生产关系和政治统治形式也在

① 《马克思恩格斯文集》第1卷,人民出版社2009年版,第519页。
② 《马克思恩格斯文集》第1卷,人民出版社2009年版,第519页。
③ 《马克思恩格斯文集》第1卷,人民出版社2009年版,第523—524页。

相应地发生变化，“部落所有制经过了几个不同的阶段——封建地产，同业公会的动产，工场手工业资本——才发展为由大工业和普遍竞争所引起的现代资本，即变为抛弃了共同体的一切外观并消除了国家对所有制发展的任何影响的纯粹私有制。现代国家是与这种现代私有制相适应的。”①这里的论述进一步发展了从《笔记》到《神圣家族》中有关国家本质问题的论述，它表明，政治国家是经济运动的产物，所谓现代国家即资本主义国家，是与资本主义私有制相适应、由其所产生和决定的统治形式，根本目的在于维护资本主义私有制的运行。在这些研究基础上，马克思和恩格斯指出，“实际上国家不外是资产者为了在国内外相互保障各自的财产和利益所必然要采取的一种组织形式”②，“国家是统治阶级的各个人借以实现其共同利益的形式”③，这些论断，都是极其明晰地、从唯物史观的理论高度对国家的本质进行的明确概括。

在标志着马克思主义正式诞生的《共产党宣言》中，马克思、恩格斯进一步以科学社会主义的理论彻底性，直截了当地指出，“现代的国家政权不过是管理整个资产阶级的共同事务的委员会罢了”④。与这一理论判断相适应，无产阶级的目的和使命，则是“炸毁构成官方社会的整个上层”⑤，“推翻资产阶级的统治，由无产阶级夺取政权”⑥。可以看出，马克思对国家本质的探索和确立，不仅是在哲学、历史、政治经济学、科学社会主义等多维交叉视野中得出的科学结论，而且以对现代资产阶级社会整体架构的透彻认识而构成了无产阶级进行革命实践的真实内容。正是由于这一认识，恩格斯在马克思的墓前讲话中以这样的话语盛赞马克思，“他毕生的真正使命，就是以这种或那种方式参加推翻资本主义社会及其所建立的国家设施的事业，参加现代无产阶级的解放事业”⑦。

三、理论在实践中的锤炼与深化

马克思哲学的一个鲜明特点，就是理论来自实践，运用于检验，并在实

① 《马克思恩格斯文集》第1卷，人民出版社2009年版，第583页。
② 《马克思恩格斯文集》第1卷，人民出版社2009年版，第584页。
③ 《马克思恩格斯文集》第1卷，人民出版社2009年版，第584页。
④ 《马克思恩格斯文集》第2卷，人民出版社2009年版，第33页。
⑤ 《马克思恩格斯文集》第2卷，人民出版社2009年版，第42页。
⑥ 《马克思恩格斯文集》第2卷，人民出版社2009年版，第44页。
⑦ 《马克思恩格斯文集》第3卷，人民出版社2009年版，第602页。

践的检验和锤炼中获得进一步丰富和发展。马克思对国家本质的科学论断,是创制和运用唯物史观得出的科学结论,而且在1848年欧洲革命和巴黎公社起义中得到了实践的淬炼,更在此基础上不断深化,形成了用无产阶级新的真正民主的国家政权来代替资产阶级国家政权的重要思想。

在总结1848年欧洲革命经验的重要著作《路易·波拿巴的雾月十八日》中,马克思运用唯物史观更加透彻地分析了资产阶级国家的本质,阐明了马克思主义国家学说,提出了无产阶级革命必须摧毁旧的国家机器的思想。马克思依然从国家的本质层面指出,"冷静务实的资产阶级社会把萨伊们、库辛们、鲁瓦耶—科拉尔们、本杰明·贡斯当们和基佐们当做自己真正的翻译和代言人;它的真正统帅坐在营业所的办公桌后面,它的政治首领是肥头肥脑的路易十八。资产阶级社会完全埋头于财富的创造与和平竞争……"①,并强调,"资产阶级共和国在这里是表示一个阶级对其他阶级实行无限制的专制统治"②。历次资产阶级革命都没有动摇在专制君主时代形成的军事官僚机器,反而把它当作主要的战利品。"一切变革都是使这个机器更加完备,而不是把它摧毁。"③由此出发,无产阶级的革命运动必须"集中自己的一切破坏力量"④来摧毁旧的国家机器。这一认识延续和扩展了《共产党宣言》的有关论断。在1871年4月12日给路·库格曼的信中,马克思更明确地重申了这一思想:"如果你查阅一下我的《雾月十八日》的最后一章,你就会看到,我认为法国革命的下一次尝试不应该再像以前那样把官僚军事机器从一些人的手里转到另一些人的手里,而应该把它打碎,这正是大陆上任何一次真正的人民革命的先决条件。"⑤

那么,无产阶级继打碎资产阶级旧的国家机器之后,应当建立一种怎样的政治架构或管理形式呢?马克思经过长期的革命实践和理论探索之后,在《法兰西内战》中给出了答案。马克思在这本著作中一方面指出,"工人阶级不能简单地掌握现成的国家机器,并运用它来达到自己的目的"⑥;同时进一步指出,法国工人阶级所建立的巴黎公社就是体现无产阶级利益和诉求,促进工人阶级自身发展的政权形式即无产阶级专政。马克思对路易·波拿巴统治下的法兰西第二帝国充满了鄙夷,将之称为,"帝国是在资

---

① 《马克思恩格斯文集》第2卷,人民出版社2009年版,第471—472页。
② 《马克思恩格斯文集》第2卷,人民出版社2009年版,第479页。
③ 《马克思恩格斯文集》第2卷,人民出版社2009年版,第565页。
④ 《马克思恩格斯文集》第2卷,人民出版社2009年版,第564页。
⑤ 《马克思恩格斯文集》第10卷,人民出版社2009年版,第352页。
⑥ 《马克思恩格斯文集》第3卷,人民出版社2009年版,第151页。

产阶级已经丧失统治国家的能力而工人阶级又尚未获得这种能力时唯一可能的统治形式。"①"帝国制度是国家政权的最低贱的形式,同时也是最后的形式。它是新兴资产阶级社会当做自己争取摆脱封建制度的解放手段而开始缔造的;而成熟了的资产阶级社会最后却把它变成了资本奴役劳动的工具。"②这就揭示了第二帝国的资产阶级性质,它是资产阶级在其统治早期采取的一种较为低级的形式,归根到底是资产阶级剥削、奴役、统治工人阶级的政治工具。正如恩格斯所说,"实际上,国家无非是一个阶级镇压另一个阶级的机器,而且在这一点上民主共和国并不亚于君主国。国家再好也不过是在争取阶级统治的斗争中获胜的无产阶级所继承下来的一个祸害"③。

与这种资产阶级统治工具直接对立的则是工人阶级建立的无产阶级政权。马克思指出,帝国的直接对立物就是巴黎公社,巴黎无产阶级在宣布二月革命时曾经提出过"社会共和国"的口号,但这仅仅表明当时的无产阶级产生了一种模糊的意向,即要求建立一个不但取代阶级统治的君主制形式,而且取代阶级统治本身的共和国。而随着实践斗争的发展,"公社正是这个共和国的毫不含糊的形式"④。之所以这样说,是因为"公社体制会把靠社会供养而又阻碍社会自由发展的国家这个寄生赘瘤迄今所夺去的一切力量,归还给社会机体"⑤。这里所表达的意思和马克思在黑格尔法哲学批判时期获得的观点是一致的,即国家的基础和来源是社会,是由社会所决定的政治产物,但国家一旦产生却反过来会制约和阻碍社会发展,成为社会机体的"寄生赘瘤",无论封建制国家还是资产阶级国家,其本质都是如此。只有无产阶级建立的国家政权才彻底割弃了这个"寄生赘瘤",使社会机体恢复了本来面貌,这就从根本上解决了长期困扰人类发展的国家及其本质、出路等问题。

恩格斯以更加晓畅的语言指出,"以往国家的特征是什么呢? 社会为了维护共同的利益,最初通过简单的分工建立了一些特殊的机关。但是,随着时间的推移,这些机关——为首的是国家政权——为了追求自己的特殊利益,从社会的公仆变成了社会的主人。"⑥恩格斯还专门指出,这种情况不

① 《马克思恩格斯文集》第3卷,人民出版社2009年版,第153页。
② 《马克思恩格斯文集》第3卷,人民出版社2009年版,第154页。
③ 《马克思恩格斯文集》第3卷,人民出版社2009年版,第111页。
④ 《马克思恩格斯文集》第3卷,人民出版社2009年版,第154页。
⑤ 《马克思恩格斯文集》第3卷,人民出版社2009年版,第157页。
⑥ 《马克思恩格斯文集》第3卷,人民出版社2009年版,第110页。

但出现在世袭君主国，而且在民主共和国内同样如此。他以美国举例说明，“正是在美国，同在任何其他国家中相比，‘政治家们’都构成国民中一个更为特殊的更加富有权势的部分。在这个国家里，轮流执政的两大政党中的每一个政党，又是由这样一些人操纵的，这些人把政治变成一种生意，拿联邦国会和各州议会的议席来投机牟利，或是以替本党鼓吹为主，在本党胜利后取得职位作为报酬。”①恩格斯把这种制度的弊病称为“已难忍受的桎梏”和“腐败的泥沼”，美国不但摆脱不了这种桎梏，反而在其中越陷越深。因此，“正是在美国，我们可以最清楚地看到，本来只应为社会充当工具的国家政权怎样脱离社会而独立化。那里没有王朝，没有贵族，除了监视印第安人的少数士兵之外没有常备军，不存在拥有固定职位或享有年金的官僚。然而我们在那里却看到两大帮政治投机家，他们轮流执掌政权，以最肮脏的手段来达到最肮脏的目的，而国民却无力对付这两大政客集团，这些人表面上是替国民服务，实际上却是对国民进行统治和掠夺。”②这些政治弊端和乱象，在资产阶级统治范围内是改变不了的，只有通过无产阶级建立的政权新形式才能加以克服。

人类社会发展史表明，由社会中产生出来、本应服务于社会的国家和政府机关，最后却凌驾于社会之上，“这种现象在至今所有的国家中都是不可避免的”③。只有到了巴黎公社时期，人类才开始找到防止这一现象的可靠办法。巴黎公社提出的一系列管理举措，在实践意义上将马克思早年在《黑格尔法哲学批判》中提出的“真正的民主制”“人民的自我规定”④等重要思想，现实地刻写在无产阶级政权的旗帜上。恩格斯对此评价说，这实质上就是“打碎旧的国家政权而以新的真正民主的国家政权来代替”⑤，这也是马克思主义国家理论和马克思政治哲学超越其他理论派别，在国家本质问题上作出的深刻结论。

四、从交互研究视域到广谱的马克思政治哲学

马克思通过历史与政治经济学的交互研究视域得到了对国家本质问题的科学结论，这一探研过程表明，在对马克思思想的研究中重要的不仅仅是

① 《马克思恩格斯文集》第3卷，人民出版社2009年版，第110页。
② 《马克思恩格斯文集》第3卷，人民出版社2009年版，第110页。
③ 《马克思恩格斯文集》第3卷，人民出版社2009年版，第110页。
④ 《马克思恩格斯全集》第3卷，人民出版社2002年版，第41页。
⑤ 《马克思恩格斯文集》第3卷，人民出版社2009年版，第111页。

结论,而且是得出结论的方式,即研究路径与方法。我们看到,在马克思的研究中,他并没有受制于学科划分的僵硬界限,而是随着问题的指向自由游走于不同的研究领域,特别是将不同学科的研究视角统合起来,形成一种综合性的学术视域。这一点对我们重新审视马克思政治哲学研究中的一些基本理论问题,有重要的思想启迪。

近年来,关于马克思政治哲学的研究蓬勃兴起,学界在这一研究领域推出了一系列成果,推进了研究的进展。这些研究大大充实了马克思哲学研究的内容,对以往研究中未曾得到关注甚至受到研究制约的很多问题,结合新的时代要求作出了重要的理论探讨,从总体上极大地推进了马克思哲学研究。但同时,关于何为马克思政治哲学,其内涵与外延在哪里、其思想结论和理论特质是什么等一系列极为重要的基本理论问题,尚未得到学界公认,形成研究的共识。

以何为马克思政治哲学为例,对这一问题我们一般习惯于采用西方政治哲学的标准,即"把长期沿用的演绎推理、逻辑验证,从纯理论角度讨论政治本质和目的、具有浓厚道德与价值色彩的政治学理论和方法统称为政治哲学"①,继而按照这一要求从马克思思想中挖掘这方面的内容。由此出发,就特别注重挖掘马克思对政治价值尤其是对正义、平等、自由等问题的研讨,而马克思花费很大精力重点研究的国家、阶级、革命等超出价值论范围的问题,往往不被视为马克思政治哲学研究的内容。另外,研究者在自身研究中,大量运用演绎推理、逻辑验证等方法来论证研究者本人提出的关于马克思政治哲学的主张,而很少关注马克思诸如注重历史事实、聚焦政治经济学等研究进路和方法。这些研究状况都与我们对何为马克思政治哲学这一基础理论问题的理解有关。随着新时代的发展和研究的深入,我们应当对马克思政治哲学研究中存在的基础性、深层的理论问题作出进一步思考。最为紧要的就是,我们是否还要用西方政治哲学的标准、定义、方法来看待马克思政治哲学?马克思政治哲学是否有自身独到的理论特质,因而也有自身专属的定义、内容与研究路径?换言之,马克思与思想史上众多的、学界一般都认同其政治哲学家身份的思想家——例如柏拉图、霍布斯、洛克、卢梭乃至马尔库塞、施特劳斯、罗尔斯、哈耶克等,有没有质性的区别?

反思是为了更好地前进。重思何为马克思政治哲学,是在进一步探寻马克思思想的大本大源问题,也是建构中国自主知识体系的时代要求。在笔者看来,答案是显明的。马克思主义的诞生是人类思想史上的革命性变

① 《中国大百科全书·政治学卷》,中国大百科全书出版社 1992 年版,第 512 页。

革，马克思哲学不同于其他任何哲学流派。以此而论，马克思政治哲学显然与西方政治哲学有质性的不同，而拥有自身独特的研究领域、中心关切和研究路径。从马克思政治哲学的运思领域和理论特质来看，马克思对人类的政治生活进行了最深层和最本质的探讨，他通过一生异常广博而精深的研究，揭示了资本主义制度剥削的秘密和资产阶级现代国家进行统治的本质，打破了所谓现代社会宣扬的自由、平等、正义等资产阶级政治价值的幻影，为工人和劳动人民提供了超越资本主义民主、实现共产主义制度的行动纲领。从这个角度来看，马克思无疑是人类思想史上最伟大、最彻底的政治哲学家，他对政治现象和政治问题的哲学思考，无人能出其右。而另一方面，马克思政治哲学之所以不同于西方政治哲学，是因为马克思并不主张从规范性和“应然”的角度进行研究。相反，马克思突出强调研究的科学性，要求用自然科学的精确性来验证他关于人类社会历史发展规律的研究结论。这一点，使得马克思政治哲学与一般意义上讲的政治哲学迥然不同。当我们将马克思与柏拉图等上述一系列政治哲学家并置时，能够很清楚地看到其间的重大区别。其他政治哲学家都在努力为人类提供各自心目中理想社会的范型，反复证明这种理想社会的美好，但都未将其建立在历史和现实的基础上，也提不出通达理想社会的具体途径。马克思则不同，他不仅提出了共产主义社会的远大目标，而且证明共产主义的实现不是基于某种理想、原则，而是建立在不以意志为转移的历史规律基础之上的，更进一步指明了实现共产主义的现实道路。换言之，马克思最为注重的是在科学说明物质生产状况的基础上为世界社会主义发展提供理论支撑，这里不接受单纯从理性推演而获得的规范性，反对那种不顾实际情况和历史规律提出一种“应然”主张的做法。这表明，马克思并不主张那种脱离现实（“实然”）与历史规律（“必然”）的“应然”。如果说，有一种能为马克思所同意的“应然”，那只能是建立在作为科学基础的“实然”、作为历史规律的“必然”之上的“应然”。这也就是我们常说的合规律性与合目的性的统一。在马克思哲学中，如果脱离了“实然”、忽视了“必然”，而单纯谈论所谓“应然”，那就只是毫无价值的空想。正由于此，我们不宜再用西方政治哲学的一般框架和标准来界定马克思政治哲学，而应立足马克思的哲学变革，建立中国学者自己的马克思政治哲学的标准和要求。

在笔者看来，马克思的政治哲学不只是对政治价值等问题的研究，而且是对一切政治现象和政治问题的哲学思考，所谓哲学思考，就是在问题的本质、根本层面而非现象层面得出的结论。马克思政治哲学的研究路径不是通过理性推演或逻辑思辨，得出某些具有规范性意义的政治—道德原则，而是在哲学、历史、政治经济学等多学科的交互研究视域中得出科学结论，并在此基础上确立人们应当追寻的价值，并通过实践来实现这种追寻。这是一种广谱的政治哲学，它更加广备地涵摄了马克思政治哲学研究的问题，更加广泛地提取到马克思政治哲学多维交互的研究视野，更加广阔地延展了马克思政治哲学的学术生命。

由这种广谱的马克思政治哲学出发，现今的研究至少在以下两方面存在着进一步拓展的空间。

第一，进一步扩展马克思政治哲学的研究主题。也就是说，除了研讨马克思对正义、平等、自由等政治价值问题的思考，还应从马克思的思想实际与革命实践出发，将马克思对国家、法、革命、阶级以及奴役、压迫、解放等众多政治现象的思考也作为马克思政治哲学研究的重要内容。

第二，进一步丰富马克思政治哲学的研究路径。如上所述，人们一般将政治哲学视为从理性和逻辑推演等角度进行的规范性研究，然而，在马克思留下的浩瀚文本中，人们往往很难找到马克思写下的规范性论述，这就使那种将马克思政治哲学看作规范性理论的研究失去了稳固的文本基础。解决这一问题的基本思路在于，重建马克思政治哲学意义上的规范性。即是说，在马克思思想中，所谓规范性不是一般意义上从某种理性规则或道德原则出发的规范性，而是建立在通过系统研究得出的科学结论基础上的应然，即“必然”之“应然”。晚年恩格斯在为出版马克思《雇佣劳动与资本》而撰写的导言中写到，在资本主义制度下，一方面是难以计数的巨量财富和购买者无力支付的产品过剩，另一方面是社会上绝大多数人口丧失了购买能力，这个社会既被自己的富有所窒息，又使绝大多数成员陷于极大贫困。恩格斯就此尖锐指出，“社会的这种状况日益显得荒谬，日益显得没有存在的必要。这种状况应当被消除，而且能够被消除。”①这里所提到的“应当被消除”包含着规范性要求，而“能够被消除”则是科学性的结论，因而，恩格斯的这一要求恰是建立在“必然”基础之上的“应然”，而不是基于某一理想原则的“应当”。我们对马克思政治哲学的研究路径，也应作如是观。马克思并非单纯在政治领域中依靠理性思维和逻辑运演去研究国家的本质，而是在历史和政治经济学的多维交互视域中才获得了科学的结论。通过这种研究路径所得出的结论，既是科学的、“必然”的，也蕴含着规范的、“应然”的要求，从而彰显了马克思政治哲学的理论特质。列宁有一段非常精彩的论述，可以作为马克思政治哲学这种理论特质的脚注——“马克思主义和其

① 《马克思恩格斯文集》第1卷，人民出版社2009年版，第709页。

他一切社会主义理论的不同之处在于，它出色地把以下两方面结合起来：既以完全科学的冷静态度去分析客观形势和演进的客观进程，又非常坚决地承认群众（当然，还有善于摸索到并建立起同某些阶级的联系的个人、团体、组织、政党）的革命毅力、革命创造性、革命首创精神的意义。”①列宁所说的革命毅力、革命创造性、革命首创精神等，恰恰体现了历史主体在认识到科学的“必然”之后对“应然”的积极追求。因之，对马克思这种贯通实然—应然—必然的“大逻辑”，与一般政治哲学建基于理性、道德原则的“小逻辑”，我们应当进行明晰的辨识。

二百星霜光愈盛，风神凛凛到如今。作为“千年思想家”，马克思的思想仰之弥高、钻之弥坚，马克思政治哲学研究更是一个敞开的、未尽的研究领域。于笔者而言，进一步延展、扩充了研究领域与研究路径的马克思政治哲学，作为一种广谱的政治哲学，或将更加符合马克思的思想实际与实践历程。期望这一研究思路得到学界同仁的进一步关注，以便进一步推进和深化马克思政治哲学研究。

① 《列宁专题文集·论马克思主义》，人民出版社 2009 年版，第 140 页。

第四章　击中现实的思想闪电

——亟待关注的马克思“第三类文本”

> 最早的《莱茵报》(1842 年),巴黎的《前进报》(1844 年),《德意志—布鲁塞尔报》(1847 年),《新莱茵报》(1848—1849 年),《纽约每日论坛报》(1852—1861 年),以及许多富有战斗性的小册子,在巴黎、布鲁塞尔和伦敦各组织中的工作……
>
> ——恩格斯

文本是学术研究的基础,走向文本深处应是研究者矢志不渝的理论自觉。研究马克思哲学和政治哲学,需要立足于马克思(包括恩格斯)的文本著作,将研究结论牢固地建立在深入研读、阐释文本的基础上。脱离了经典著作和文本论述,所谓的研究只能是无源之水、无本之木。

从学界现有研究状况来看,主要关注的是马克思以下几个时期的著作,可以概括为四大文本群:第一个文本群是马克思早期的著作,包括博士论文、发表在《莱茵报》上的政论文章、《黑格尔法哲学批判》及其导言、《1844年经济学哲学手稿》等。第二个文本群是马克思思想转变完成时期的著作,包括《德意志意识形态》《哲学的贫困》以及《共产党宣言》等。第三个文本群是《资本论》及其手稿,尤其是《1857—1858 年经济学手稿》等。第四个文本群是马克思和恩格斯晚年时期的著作,包括《哥达纲领批判》、对东方社会的研究、人类学和历史学笔记、《家庭、私有制和国家的起源》等。

换一个角度来概括,也就是说,当前学界研究马克思政治哲学所依据的文本,主要是两大类,即马克思的成本著作和笔记、手稿。这些文本当然是极其重要的,但还不是全部。在笔者看来,还有一类文本在当前的研究中被忽略了,这就是马克思的报刊文章。马克思的全部报刊文章,可以分为《莱茵报》时期、《前进报》至《德意志—布鲁塞尔报》时期、《新莱茵报》至《新莱茵报。政治经济评论》时期、《纽约每日论坛报》时期。这些文章侧重于马克思思想的具体运用,能比其他文本著作更加直观、具体地展现马克思哲学同社会现实的联系。因而,这一类文本对深化马克思政治哲学研究的作用无可置疑。现今的研究关注到了马克思在《莱茵报》时期的文章,但对马克思在其他几个时期的报刊文章仍然关注不够。有鉴于此,本章将专门论述一下马克思的报刊文章及其对深化马克思哲学研究的价值。

概而言之,在笔者看来,可以将马克思的全部理论文本划分为三类:1. 成本的专门理论著作属于成熟性文本,重在思想的建构;2. 笔记、手稿属于生成性文本,重在思想的生成;3. 报刊文章属于应用性文本,重在思想的运用。马克思的报刊文章①,是一类具有鲜明特色的文本群,对我们当前深化马克思哲学研究具有独立而深远的学术价值。

笔者试图就以上观点阐明几个问题:第一,从恩格斯对马克思一生理论成果和实践贡献的概括来看,报刊文章是其中重要的组成部分;第二,与理论著作、笔记手稿不同,马克思的报刊文章属于应用性文本,可以作为一个独立的文本群加以深入研究;第三,马克思的报刊文章大体上可以划分为四个历史时期,所占分量极大,需要进行专门研究;第四,马克思报刊文章是马克思主义经典作家对马克思主义哲学的具体运用,生动地展现着马克思主义哲学同现实世界的真实联系,迄今仍然闪耀着思想的闪电击中现实园地时的灿烂光华。

一、重思恩格斯的马克思墓前讲话

关于历史人物的功过赏评,我们常有盖棺论定一语。这里,我们还是先从恩格斯在马克思墓前的讲话谈起。

如前所述,1883 年 3 月 17 日,马克思长眠于伦敦北郊矮草丛生的海格特公墓。作为马克思的挚友,恩格斯在墓前用英语发表了一篇讲话,“简短,通俗,诚挚,不事修饰,感人至深。这一流传后世的名篇,比我们的任何长篇大论都更好地总结了马克思的一生”②。在这篇墓前讲话中,恩格斯在有限的篇幅内,用高度概括的语言,系统地总结了马克思一生在思想理论和

① 这里需要说明,“马克思的报刊文章”和“马克思论报刊的文章”是两个不同的概念,后者是马克思论述报刊的性质、地位、作用、历史任务等内容的文章,对这些文章,我国新闻学界研究很多,如童兵教授的《马克思主义新闻思想史稿》、陈力丹教授的《马克思主义新闻思想概论》等都是影响很大的专门著作。还有《马克思恩格斯列宁斯大林论新闻出版》(尹韵公主编)、《马克思恩格斯列宁论新闻》(陈力丹编著)等著作摘编行世。“马克思的报刊文章”则指的是与马克思大部头的、专门的理论著作相区别的,专门为当时的报刊撰稿并发表在报刊上的文章,它的一个显著特点是紧密联系当时的社会现实,对现实问题进行具体的分析和研究。对这部分文章,学界尚未从整体上进行专门、深入的研究。一个具体的阅读经验是,当人们阅读《马克思恩格斯全集》时,会发现其中除了我们比较熟悉的专门著作,还有大量的单篇文章一般并不为人们所熟知,盖属于此类。至于这些“报刊文章”到底包括哪些,下文会详细谈到。

② 张光明:《马克思传》,中共中央党校出版社 1998 年版,第 420 页。

实践运动中的卓越贡献。以恩格斯对马克思的知之深、志之同、情之切，这一总结无疑也为后世如何更好地概括和研究马克思一生的学术思想提供了重要的参照。正由于此，我们有必要重新对恩格斯的讲话作一个深入细致的分析。

恩格斯的讲话共分为9段。其中，第一、第二段可以作为第一部分，概述了马克思的逝世——当代最伟大的思想家停止思想了，以及他的逝世对无产阶级和历史科学都是不可估量的损失。第八、第九段可以作为第三部分，概括了马克思在各国政府和资产者那里受到的污蔑和诽谤，以及在全世界无产阶级那里获得的尊敬和爱戴，并指出马克思的英名和事业将永垂不朽。从第三到第七段则是文章的主体，系统总结了马克思一生的理论和实践贡献。细分起来，文章主体又可以分为三个小部分。第三、第四段是第一小部分，这两段概括了马克思一生中最伟大和最重要的两大思想贡献，即唯物史观和剩余价值的发现。对这“两大发现”的研究，成为中国乃至世界马克思主义哲学研究的重中之重，涌现出汗牛充栋的研究成果。第五、第六段指出，作为科学家的马克思在他所研究的每一个领域都有独到发现，而且将科学视为推动历史发展的革命力量，为此密切关注科学研究的进展情况，为任何一门理论科学中的每一个新发现而衷心喜悦。第七段则指出，马克思首先是一个革命家，他毕生的真正使命是以这种或那种方式参加推翻资本主义社会及其所建立的国家设施的事业，参加现代无产阶级的解放事业。

正是在第七段中，恩格斯提示我们，马克思的报刊活动及报刊文章是通贯马克思一生的、不可或缺的重要组成部分。恩格斯的这段原话是这样说的：“因为马克思首先是一个革命家。他毕生的真正使命，就是以这种或那种方式参加推翻资本主义社会及其所建立的国家设施的事业，参加现代无产阶级的解放事业，正是他第一次使现代无产阶级意识到自身的地位和需要，意识到自身解放的条件。斗争是他的生命要素。很少有人像他那样满腔热情、坚韧不拔和卓有成效地进行斗争。最早的《莱茵报》（1842年），巴黎的《前进报》（1844年），《德意志—布鲁塞尔报》（1847年），《新莱茵报》（1848—1849年），《纽约每日论坛报》（1852—1861年），以及许多富有战斗性的小册子，在巴黎、布鲁塞尔和伦敦各组织中的工作，最后，作为全部工作的顶峰，创立伟大的国际工人协会，——老实说，协会的这位创始人即使没有别的什么建树，单凭这一成果也可以自豪。”①如果说，恩格斯在第三到第六段中主要强调了马克思作为科学家和思想家的一面，那么在第七段讲话

① 《马克思恩格斯选集》第3卷，人民出版社2012年版，第1003页。

中，则对马克思作为革命家的一面而完成的历史功勋做了准确概括。

从恩格斯的概括中，我们可以得出两点结论：第一，马克思的报刊活动及报刊文章对马克思的一生来说至关重要，是构成“革命家”马克思的重要组成部分，舍弃了这一方面就不能准确地认识马克思、理解马克思。在这一问题上我们可以再举出一个例证：恩格斯在1883年3月17日撰写《马克思墓前悼词草稿》时，还仅是提到了国际工人协会，而没有提到马克思的报刊活动，更没有具体写上这些报刊的名称和年代。① 而在墓前讲话的定稿中，恩格斯则不厌其详、隆而重之地一一写上了这些报刊的名称和马克思为之撰稿或编辑的年代。这足以说明在恩格斯的心目中，马克思的报刊工作及报刊文章具有很重的分量。第二，马克思的报刊活动及报刊文章与“两大发现”等思想成果相比，具有独立的价值，如果说后者重在“思想的建构”，代表的是马克思思想的“体”；那么，前者则是重在“思想的运用”，是马克思一生以这种或那种方式推翻资产阶级统治、参加无产阶级解放事业、创立国际等事业的重要组成部分，代表的是马克思思想的“用”。

这里特别需要注意的是，对一位单纯的学者型思想家来说，也许我们可以把重点放在讲清楚他的思想本身上；但对马克思这样的集思想家与革命家于一身的历史巨人来说，问题还远远不够——只弄清马克思的思想本身还只是问题的第一步，更重要的是切实把握马克思是如何运用他的思想去分析和改造这个世界的。

以此反观当前的马克思主义哲学研究，我们不能不遗憾地发现：一些著作可以很深入地谈论马克思成本著作中的重要思想，也可以很细致地描绘马克思思想的转变和形成过程，然而却很难讲清楚马克思在《莱茵报》《前进报》《德意志—布鲁塞尔报》《新莱茵报》《纽约每日论坛报》以及其他报刊上究竟发表了多少篇文章？这些文章对当时整个世界经济、政治、社会、军事、外交等领域都做了哪些深入剖析？这些文章中隐含着哪些深刻的哲学思想，在马克思的整体思想架构中又处于何种地位？用一句话来概括：马克思是怎样对他所生活的那个世界和时代发表意见的呢？要弄清这个问

① 恩格斯在《马克思墓前悼词草稿》中的相应段落写的是：“因为，像他自己说的那样，他的确是一个革命者。为雇佣工人阶级摆脱现代资本主义经济生产制度的桎梏而斗争，这是他真正的爱好，从来还没有过一个像他那样积极的战士。他这部分活动的最杰出的成就是建立了国际工人协会，他从1864年到1872年一直被公认为该协会的领袖。从表面迹象来看，这个协会已不再存在；但是欧美一切文明国家工人同盟的兄弟联系永久地确立了，并且没有任何表面的形式上的同盟联系，它也会一直继续存在下去。”（《马克思恩格斯全集》第19卷，第373页）显然，这里关于马克思报刊活动的记述，只能是恩格斯在修改过程中加入的。

题,仅仅靠阅读马克思的大部头著作,靠厘清马克思思想的建构过程是远远不够的,这需要到马克思的报刊文章中去寻找答案。

马克思的报刊文章,是一座蕴含着丰富内容、尚待深度开发的思想富矿,是思想切中现实的活生生的表现,它正全身心地对我们发出微笑,邀请我们去采撷思想之花在现实土壤中结出的理论珍果。

二、第三类文本:马克思报刊文章

一当我们真正、深入地去阅读马克思,就会发现,很少有思想家会像马克思那样让人为其思想的巨大原创性和汪洋恣肆、深邃丰赡而一唱三叹,流连忘返。马克思一生著述知多少?迄今还没有一个为国内外学术界公认的统计数字。按照聂锦芳教授的梳理,马克思的著述达1974部(篇),其中马克思独著1660部(篇),与人合著314部(篇),还有书信3099封。[①] 随着研究的持续推进和文献材料的深入清理,这一数字也许还会发生变化。但不管怎样变化,我们所面对的都是一个极其庞大、深邃的马克思的文本世界。

现在的问题是,面对这样一个巨大的文本世界,我们该怎样进行划分?这一问题不仅关系到我们从事马克思主义哲学研究的主要文本依据是什么,而且牵扯到不同的研究路径,关涉到研究重心和关注点的转换。

早在20世纪90年代末,张一兵教授就在其论著《回到马克思——经济学语境中的哲学话语》中谈到了马克思理论文献的文本分类学问题,并对马克思理论写作中的文本做了三类有益的划分。在张一兵教授看来,第一类文本是马克思在学习和研究过程中,面对自己所进入的新的学术领域或尚不熟悉的文本,有目的的读书摘录与亚意图的心得笔记,还包括他用来记录一些研究提纲、重要书目和思考随想的记事笔记。这些是我们了解马克思各种思想原发因素的重要文本,从中可以直接阅读到马克思、恩格斯对一些学术观点摘录的理论意向性、最初的评论以及由评论所产生的写作计划和构想,还能从中找到马克思各种思想最初形成的理论激活点和渊源性线索。第二类文本是马克思的每个理论创作前提所形成的手稿与有关理论研究的各类学术性书信。这些是马克思自己弄懂问题、建构新理论的思想实验室,在其中能真切地看到在马克思思想形成中许多没有经过修饰的本真语境,从而更清楚地把握其思想发展过程。第三类文本是马克思为了公开

① 聂锦芳:《马克思著述知多少——从"书志学"方面进行的清理、考证与统计》,《哲学动态》2005年第5期。

出版而撰写的已发表或未发表的各种论著。这是马克思各种已经完成的思想的形式化表述的文本。① 张一兵教授对马克思三类文本的划分,具有十分重要的学术价值,并在很大意义上促进了马克思哲学文本学研究的深入开展。

笔者不揣浅陋,也想在这一问题上表达一些不成熟的看法。在笔者看来,细究起来,张一兵教授实际上是按照马克思思想或文本的成熟程度来进行三类文本的划分的。第一类文本实际上是处于读书摘录和思考心得的阶段,主要是研读他人作品,生发出各种念头、荡起思想的涟漪,这可以算作思想的孵化期;第二类文本实际上处于思想的形成、初步表述和修改阶段,某一思想正处于生成和塑型时期;第三类文本实际上是思想成熟期的确定性作品,思想获得了稳定的、系统的外在表达形式。也就是说,文本归于哪一类,要看思想的"成熟度"。这当然是一种自洽的划分;但同时,这也是一种局限于"思想"自身范围内的划分。这一划分标准,侧重的是"思想"本身生发、成长的状况,而没有突破"思想"的范围,涉及"思想"与"现实"的关系,就是说,未能关联思想的"运用"问题。

然而,对于马克思这样一位不以"认识世界"为志业,而以"改造世界"为天职的,熔思想家与革命家于一炉的历史人物来说,"思想"与"现实"实际上是分割不开的,这里恰恰不应忽略的是其"思想"击中"现实"的维度与思想的"运用"问题。张一兵教授其实对这一问题有非常深刻和明确的认识,他曾就第三类文本的研究状况专门指出,"对于这一类文本的研究,以往研究的不足之处总是关注各种学术性较强的大部头专业论著,然而忽略了马克思投身于现实社会政治斗争的各种政论性文章。如果说前者是理论研究,那么后者却恰恰是各种理论在现实中的运用。这一部分文本在马克思所正式发表的文本中实际上占有更大的数量,也有着更为积极的作用。"②这里张一兵教授明确指出,马克思的各种大部头专业论著重在进行理论研究,而各种政论性文章重在理论在现实中的运用,而学界对后者的研究明显不足。

---

① 张一兵:《回到马克思——经济学语境中的哲学话语》,江苏人民出版社 2014 年版,第 12—17 页。张一兵教授在 2008 年后出版的《回到列宁》一书中,又提出了第四种类型的文本——拟文本,即马克思和列宁文献中的各类读书批注。在关于海德格尔的研究中,张一兵教授又提出了被迫臣服式的表演性文本、争执式的表现性文本、垂直在场的现身性文本和隐匿性的神秘文本等概念。不过,这些划分主要不是再依据文本本身的性质而做出的,而是基于文本生成主体视位的结果,此处不再赘述。

② 张一兵:《回到马克思——经济学语境中的哲学话语》,江苏人民出版社 2014 年版,第 17 页。

基于以上认识,笔者试图从“思想”与“现实”的关系入手,以侧重“思想的建构”还是“思想的运用”为标准,将马克思的文本重新划分为三类:

第一类文本是马克思完整的、成本的专门著作,可以称为“成熟性文本”。在这一类文本中,马克思重在思想的建构和阐发,是马克思主义理论大厦的重要基石。如同张一兵教授所说,“马克思的这类论著当然主要代表了他在某一时期中较为成熟的思想与观点,这自然应该成为我们理解马克思思想发展的主导性文献。”①这一类文本也是我们在马克思主义哲学研究中最为熟悉的,例如我们耳熟能详的《哲学的贫困》《共产党宣言》《资本论》等。这一类文本中,既包括正式出版的作品,也包括马克思恩格斯打算出版但由于各种原因未能付印的作品,如《德意志意识形态》等;既包括长篇巨著,如《资本论》等,也包括篇幅不算太长但久已为人关注的经典作品,如《哥达纲领批判》等。

第二类文本是马克思的笔记、手稿,可以称为“生成性文本”。笔者所划分的第二类文本,实际上包括张一兵教授所划分的第一、第二类文本。在笔者看来,不管是酝酿期里思想的触动、涟漪、跳荡,还是生成期里思想的萌芽、生发、修正,就其本质而言均处于思想的形成阶段,二者有量的不同,但并无质的差异。因而,笔者将马克思恩格斯的笔记、手稿、摘录、记事以及思想形成期内的书信等,都划分为第二类“生成性文本”。这一类文本的数量也很多,其著名者如《1844 年经济学哲学手稿》《1857—1858 年经济学手稿》《1861—1863 年经济学手稿》《人类学笔记》《历史学笔记》等,晚近以来均获得了学者的极大关注,产生了大量研究成果。尤其是西方学界出于各种原因而掀起的《1844 年经济学哲学手稿》研究热潮②,以及我国学术界至今仍方兴未艾的马克思哲学文本学研究路径,都在很大程度上推动了对马克思恩格斯“生成性文本”的研究。

第三类文本则是本文所关注的马克思的报刊文章,可以称为“应用性文本”。之所以将马克思的报刊文章单独划分为第三类文本,着意加以突出,主要原因在于,一方面马克思恩格斯发表在各种报刊上的、“投身于现实社会政治斗争的各种政论性文章”,“恰恰是各种理论在现实中的运用”,它在某种意义上仿佛鲁迅先生的杂文一般,直接瞄准当时的重要历史事件,是马克思对其思想所作的直接的、生动的、明确的运用,有其不同于第一、第

---

① 张一兵:《回到马克思——经济学语境中的哲学话语》,江苏人民出版社 2014 年版,第 17 页。

② 可参见复旦大学哲学系现代西方哲学研究室编译的《西方学者论〈一八四四年经济学—哲学手稿〉》(复旦大学出版社 1983 年版)等著作。

二类文本的鲜明特色;另一方面则是由于这类文本在我们的马克思主义哲学研究中尚未得到整体重视,甚至被遗忘在历史的角落,因而有必要单列出来,以期引起研究者足够的重视。

值得说明的是,马克思的有些著作,既强调理论的建构和阐发,也针对很多现实问题进行了具体的研究,甚至提出了纲领和策略。对这种情况,笔者认为,没有必要纠结到底将其归类于哪类文本,而应当通过扎实、具体的研究,阐明马克思的重要思想是什么,以及他是如何瞄准现实问题并运用其思想的。例如《1848 年至 1850 年的法兰西阶级斗争》,它最初刊载于《新莱茵报。政治经济评论》第 1、2、3 和 5—6 期,但最终是以一本著作的形式得到广为传播和深入研读的。在这本著作中,马克思既提出了一系列重要的原理,丰富了历史唯物主义宝库,又对当时的历史现实进行了深入细致的剖析,对各阶级、各党派、各种思想之间的斗争及其在革命运动和社会发展中的作用做了细致入微的勾画。这里,思想观点的深入阐发和理论之笔的灵活挥洒,高度统一地结合在一起,无疑都值得深入研究。

对马克思三类文本的划分,在一定意义上,实际上也是对马克思哲学研究不同阶段的划分,包含着研究重心的转换。对马克思成本的专门著作即第一类文本的研究,是最早开始的研究阶段,也是马克思主义哲学研究中历时最长、成果最多、研究最为成熟的领域,产生了大量的专著、论文等研究成果。在这一类文本的研究,重心在于学习和掌握马克思恩格斯的“思想”,了解马克思“思想的建构”。对马克思的笔记、手稿即第二类文本的关注和深入研究,大体上起自 20 世纪 80 年代中晚期,直到如今仍然方兴未艾,许多学者和论著都表现出浓厚的兴趣,这一研究阶段主要关注的研究重心是马克思“思想的生成”。对这一类文本的研究,其重心在于把思想当作一个不断发展的过程而非一个既成的结果,即系统、完整地弄懂马克思、恩格斯思想的形成、发展、修正、成熟的全过程。对马克思报刊文章即第三类文本的研究,则长期以来尚未得到应有的关注。关注马克思的这一类文本,重心在于把握马克思“思想的运用”,即切实了解马克思是如何以他的思想为武器,对他所置身的现实世界发表意见、拟订方案、推动变革的。思想本身并不能改变世界,要改变世界,就需要思想的实际运用。而体现这一过程的,应当说首推马克思的报刊文章。在那里,我们将发现一个正在致力于“改变世界”的马克思。

需要说明的是,以上三类文本、三个研究阶段、三个研究重心之间,决不是彼此对立、相互排斥的关系,而是相互支援、相互补充的。对不同文本的关注程度、不同研究路径的选择,与研究者的理论视野、学术兴趣、治学目标等有着较为密切的关系，但都是马克思主义哲学研究不可或缺的组成部分。在笔者看来，对马克思的专门著作、笔记和手稿、报刊文章这三类文本统合起来进行研究，既关注思想的建构、生成又重视思想的运用，才能共同构成马克思主义哲学研究的完备文本群和严整研究阵列。（如下图所示）

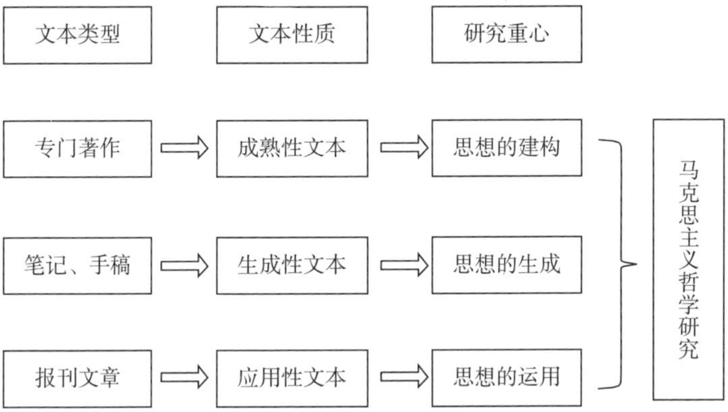

马克思三类文本的划分

三、马克思报刊文章的分期与主线

马克思不仅是一位伟大的革命家、思想家，而且是一位卓越的报人和报刊活动家。

根据童兵教授的研究，马克思、恩格斯的一生都以极大的精力从事报刊活动，他们创办、主编了 4 种报刊，协助创办、参与编辑了 5 种报刊，指导编辑方针的报刊达 10 种，此外，还为 60 余种报刊撰稿、提供科学著作和文件，有更多的报刊发表过他们的声明，转载过他们的文章。根据《马克思恩格斯全集》（这里指《全集》中文第 1 版——引者注）统计，在他们共同写作的 1700 余篇（部）文章（著作）中，80%以上先后在报刊上发表，其中政论、通讯和消息约 750 篇，占总数的 45%，论战性文章 260 篇，占总数的 16%。除此以外，马克思、恩格斯之间以及他们与别人之间的 4000 余封信件中，有相当多的信件是谈及报纸工作和评论报刊文章的。马克思和恩格斯的报刊文章同有关信件加起来超过 2000 万字。① 综观马克思卷帙浩繁的各种报刊文章，通贯多个历史时期，背负不同时代背景，文体众多，论题广备，数量庞大，

① 参见童兵：《马克思主义新闻思想史稿》，中国人民大学出版社 1989 年版，第 46 页；童兵：《马克思恩格斯创办人民办刊的思想初探》，《社会科学辑刊》1980 年第 5 期。

见解深邃,在马克思全部著作中占有很大的分量。

目前,一般为国际学术界所公认的收入马克思理论著作最完整的是历史考证版第 2 版($MEGA^2$),但其何时全部出齐仍很难预期。从其出版规划来说,第一部分包括除《资本论》及其手稿之外的著作,共 32 卷;第二部分是《资本论》和经济学手稿,共 15 卷 24 分册;第三部分是书信部分,共 35 卷;第四部分是笔记部分,共 32 卷。① 本文所说的报刊文章,主要包括在第一部分的 32 卷之中。从我国出版的《马克思恩格斯全集》来看,第 2 版尚未全部出版,②50 卷次的第一版《全集》仍然具有重要研究价值。下面我们以第 1 版《全集》为基本文献依据,③参考恩格斯在马克思墓前讲话中的概括,并根据马克思思想变化和发展的历史进程,对马克思的报刊文章进行一下初步的梳理和分期。需要说明的是,在《新莱茵报》《纽约每日论坛报》等历史时期,一是由于有些文章的作者难以确定是马克思还是恩格斯,二是由于恩格斯的报刊文章对于了解马克思思想的运用来说具有不可或缺的价值,因而将恩格斯在这些历史时期的报刊文章一并计入。

大体上我们可以将马克思的报刊文章分为这样几个阶段:

1.《莱茵报》时期(1842 年)

这是马克思报刊活动的第一个历史阶段,马克思尚未完成思想转变,主要是在革命民主主义的思想范畴内抨击包括书报检查等在内的普鲁士专制制度,并初步接触到经济领域和物质利益难题。④ 这一阶段从马克思 1842 年 1 月底或 2 月初写作第一篇政论文章《评普鲁士最近的书报检查令》⑤,

---

① 参见[德]马丁·洪特:《$MEGA^2$ 的进展和关于马克思著作的若干热点讨论》,金建译,《马克思主义与现实》2011 年第 5 期;聂锦芳:《马克思著述知多少——从“书志学”方面进行的清理、考证与统计》,《哲学动态》2005 年第 5 期等。

② 笔者写作本篇时间是在 2017 年,根据当时做的统计,第二版《马克思恩格斯全集》出版了 22 卷,其中,第一部分为著作卷(《资本论》及其手稿除外),包括第 1 卷到第 29 卷,当时已经出版了第 1、2、10、11、12、13、14、16、19、21、25、26 卷;第二部分为《资本论》及其手稿卷,包括第 30 卷到第 45 卷,当时已经出版了第 30、31、32、33、33、34、35、42、43 卷;第三部分为书信卷,包括第 47 卷到第 60 卷,当时已经出版了第 47、48 卷。

③ 如果相应时间段内的文章已经出版了第 2 版,则以第 2 版《全集》作为依据进行分析或补充说明。

④ 相对其他时期而言,国内学术界对马克思这一时期的文章研究较多。一部分是马克思主义新闻学研究,可参见童兵、陈力丹等学者的研究;另一部分是政治哲学研究,可参见李淑梅:《马克思〈莱茵报〉时期的政治哲学思想》,《哲学研究》2009 年第 6 期;王代月:《马克思〈莱茵报〉政论文章研究读本》,中央编译出版社 2016 年版。

⑤ 这篇文章第一次用德文发表于《德国现代哲学和政论界轶文集》1843 年版第 1 卷,而非刊登在《莱茵报》上。

一直到他1843年3月17日退出《莱茵报》编辑部。这一期间，马克思共撰写了34篇文章（不包括退出《莱茵报》的《声明》）。[①]

2. 巴黎《前进报》（1844年）至《德意志—布鲁塞尔报》时期（1847年）

这一阶段处于马克思思想的转变和确立时期，与此相适应，马克思这一时期的报刊文章，一方面继续深入批判封建专制统治，另一方面逐渐从共产主义立场阐发无产阶级的历史地位和利益诉求。

一是创办《德法年鉴》。1843年马克思来到巴黎，要"创办一种主张彻底改造社会的定期刊物"[②]，并很快就承担起《德法年鉴》创刊的繁重工作。1844年2月底，《德法年鉴》第一、二期合刊出版，随后由于同卢格的分歧等原因而停刊。在《德法年鉴》上，马克思发表了三封通信和两篇著名文章——《论犹太人问题》《〈黑格尔法哲学批判〉导言》。"马克思显然比《莱茵报》时期前进了一大步，由争取政治自由的斗士变成了追求'人类解放'的哲学家。"[③]对这些文章的研究，是当前学术界研究马克思主义哲学尤其是马克思政治哲学的热点之一。

二是积极参加《前进报》的撰稿和编辑工作。"参加《前进报》的工作，是马克思生平事业的一个重要事件。"[④]1844年1月，巴黎出版了每周两期的德文刊物《前进报》。这家刊物最初持所谓"温和进步"基调，既批评普鲁士政府，也和马克思、卢格的《德法年鉴》争论。其后激进民主派人物贝尔奈斯当了主编，该报的政治倾向变得鲜明起来，不仅开始刊登激烈批评普鲁士专制政体的文章，也欢迎共产主义者。"马克思很重视这份报刊，不仅给它写文章，还直接参加编辑工作。报纸办得非常活跃，生气勃勃，影响在短期内迅速扩大"[⑤]。恩格斯晚年回忆说："马克思参加了在巴黎以'前进报'这个名称出版的一份篇幅不大的德国周报的编辑工作，该报辛辣地嘲笑了当时德国专制制度和冒牌立宪制度的空虚拙劣。"[⑥]在这期间，马克思在《前进报》上发表了《评一个普鲁士人的〈普鲁士国王和社会改革〉一文》《对弗

① 恩格斯于1842年春开始为《莱茵报》撰稿，先后发表了《北德意志自由主义和南德意志自由主义》《一个旁听生的日记》《时文评注》《普鲁士新闻出版法批判》等文章。

② 《马克思恩格斯全集》第1卷，人民出版社1956年版，第595页。

③ 张光明：《马克思传》，中共中央党校出版社1998年版，第47页。

④ 萧灼基：《马克思传》，中国社会科学出版社2008年版，第99页。

⑤ 张光明：《马克思传》，中共中央党校出版社1998年版，第59页。

⑥ 《马克思恩格斯全集》第22卷，人民出版社1965年版，第393—394页。

里德里希—威廉四世最近在诏书上所做的修辞练习的说明》等重要文章。

三是为《德意志—布鲁塞尔报》写稿。在 1847 年流亡布鲁塞尔期间，马克思十分热心地为《德意志—布鲁塞尔报》撰稿，并积极过问它的办报方针。这家报纸由原来巴黎的《前进报》主编伯恩施太德出版和编辑，起初并未得到马克思的特别重视。随着威廉·沃尔弗经常在该报发表文章，报纸的社会主义色彩愈益明确，马克思和恩格斯随即产生了把该报改造成共产主义者同盟宣传阵地的想法。经过他们持续不断的努力，这份报纸开始宣传共产主义和民主主义，"几乎成了共产主义者同盟的机关报"。[①] 在这份报纸上，马克思发表了《驳卡尔·格律恩》《"莱茵观察家"的共产主义》《道德化的批评和批评化的道德》等重要文章。[②] "马克思和恩格斯为《德意志—布鲁塞尔报》写的文章有一条主线：从工人阶级利益出发，支持自由资产阶级对君主专制政府的斗争。"[③]应当说，这一主线在《德法年鉴》和《前进报》期间就在生发、成长，而在《德意志—布鲁塞尔报》的文章中获得了更加稳定的表达，这也使它们与《莱茵报》期间单纯地反对专制统治区别了开来。

3.《新莱茵报》(1848—1849 年)至《新莱茵报。政治经济评论》(1850 年)时期

这一阶段是科学社会主义创立以后，马克思主义第一次在极其广阔的领域内得到实际运用的历史时期。马克思和恩格斯一道，运用他们在《共产党宣言》中阐述的思想去认识、剖析、推动和总结 1848—1849 年的欧洲革命，《新莱茵报》和《新莱茵报。政治经济评论》成为马克思主义发展史上独具魅力的理论阵地。

首先是创办《新莱茵报》。按照霍布斯鲍姆的概括，"1847 年，革命之声高亢而逼近。1848 年，革命正式引爆。"[④]从 1848 年 6 月 1 日开始出报的《新莱茵报》虽然是为了争取更广大的民主主义联盟，以民主派机关报的名义出现的，但"这个民主派随时随地地都显示出它的独特的无产阶级性质"（恩格斯语）。第 1 版《全集》第 5 卷和第 6 卷，基本全部收录了马克思和恩格

---

① 张光明：《马克思传》，中共中央党校出版社 1998 年版，第 89 页。

② 恩格斯则在这家报纸上发表了《保护关税制度还是自由贸易制度》《诗歌和散文中的德国社会主义》《共产主义者和卡尔·海因岑》《巴黎的革命》等重要文章。

③ 张光明：《马克思传》，中共中央党校出版社 1998 年版，第 89 页。

④ [英]霍布斯鲍姆：《革命的年代：1789—1848》，王章辉等译，中信出版社 2014 年版，第 355 页。

斯在《新莱茵报》上发表的文章,根据笔者的初步统计,其中1848年6月43篇,7月33篇,8月9篇,9月17篇,10月12篇,11月36篇,12月11篇;1849年1月11篇,2月17篇,3月19篇,4月12篇,5月26篇;共计246篇文章。

值得提到的是,马克思为了《新莱茵报》的事业,投入了自己获得的遗产等几乎全部财产。在被迫停刊之前,《新莱茵报》已经拖欠了很多债务,报纸停刊之后,这些债务都由马克思义不容辞地担负了起来。"当把印刷工、排字工、编辑、会计、通讯员、纸商……的工资和欠款付清之后,马克思就变得一贫如洗了。"①"革命使马克思破产了,《新莱茵报》耗尽了马克思的全部个人财产。"②

其次是创办《新莱茵报。政治经济评论》。随着1849年5月19日《新莱茵报》用红色油墨印刷了最后一期第301号报纸,这份报纸退出了历史舞台。马克思、恩格斯先后于1849年下半年流亡到伦敦。为了从理论上全面总结1848—1849年革命,继续党的工作,他们不顾极端窘迫的生存环境,迫切需要创办一份继续《新莱茵报》事业的独立的无产阶级报刊。这就是于1850年1月正式创刊的《新莱茵报。政治经济评论》,到当年11月在德国汉堡共出版了6期。马克思、恩格斯在其上发表的文章,基本收入了《全集》第1版第7卷和第44卷,在《全集》第2版中是第10卷。据笔者初步统计,马克思和恩格斯在《新莱茵报。政治经济评论》上共发表了《1848年至1850年的法兰西阶级斗争》《德国农民战争》等著名文章和书评、启事、按语等共计16篇。

4.《纽约每日论坛报》时期(1852—1861年)

这一阶段是马克思在革命低潮期"冷寂的50年代"对世界形势进行深入判断和估价的历史时期。19世纪50年代以后,欧洲各国政治均进入极端反动的时期,革命民主主义的报刊在1848—1849年革命失败以后全部被禁,马克思、恩格斯只有在当时的进步报纸《纽约每日论坛报》上发表文章这一条渠道,除此以外完全不能影响舆论。因而,在这家报纸发表政论文章,就成为马克思和恩格斯③理论工作与革命活动的一个重要方面。恩格斯写到,"从1852年起马克思担任'纽约论坛报'的驻伦敦通讯员,并且在许多年当中可以说是该报欧洲栏的编辑。他的文章一部分署了他的名字,

---

① 张光明、罗传芳:《马克思传》,天地出版社2018年版,第142页。

② 张光明、罗传芳:《马克思传》,天地出版社2018年版,第142页。

③ 恩格斯为《纽约每日论坛报》写稿,是出于马克思私人的邀请。

一部分则以社论的形式发表；这不是一些普通的通讯，它们是根据认真的研究写出的，而且往往是包含一系列对于欧洲某一国家的政治经济状况进行详尽评论的文章。”①根据麦克莱伦的研究，“《纽约每日论坛报》一共刊登了马克思的文章 487 篇，其中 350 篇是他自己写的，125 篇是恩格斯写的（大部分是关于军事方面的），12 篇是合写的。”②

由于美国内战爆发，马克思在 1862 年同《纽约每日论坛报》完全断绝了关系。这一时期，马克思还为左翼宪章派的报纸《人民报》和美国的工人报纸《改革报》等报纸撰稿。从 1861 年 10 月开始，马克思也为维也纳的资产阶级自由派的报纸《新闻报》写稿。恩格斯则在这一时期为英国的《狼卡郡和柴郡志愿兵杂志》、德国的《军事总汇报》写稿。基于第 1 版《全集》，据笔者粗略统计为 600 余篇。③

在这一报刊活动阶段之后，由于时代任务的变化，马克思的主要历史活动是作为“国际的灵魂”领导世界社会主义运动，深入研究政治经济学和加紧写作《资本论》，研究人类学和世界历史等。虽然马克思在这一时期也留下了很多重要的报刊文章，甚至在逝世前夕还关注着祖国的党报《社会民主党人报》，但没有再像前几个阶段那样密集地撰写报刊文章，因而就不再将其作为独立的历史阶段加以讨论了。④

① 《马克思恩格斯全集》第 22 卷，人民出版社 1965 年版，第 397 页。

② ［英］麦克莱伦：《马克思传》，王珍译，中国人民大学出版社 2016 年版，第 276 页。

③ 笔者对第 1 版《全集》第 8—13、15 卷的初步统计结果为——第 8 卷：收集了马克思和恩格斯 1851 年 8 月至 1853 年 3 月期间撰写的作品，这一时期，他们不断在宪章派的机关刊物《寄语人民》和《人民报》上发表评论文章，并开始为《纽约每日论坛报》撰稿。除了著作《路易·波拿巴的雾月十八日》、《揭露科伦共产党人案件》和未发表的《流亡中的大人物》等著述外，这一卷共收入报刊文章 33 篇。第 9 卷：包括马克思和恩格斯 1853 年 3—12 月期间撰写的文章和通讯，大部分都刊发在《纽约每日论坛报》上，也有一些刊发在宪章派的报纸《人民报》等报纸上，共收入 70 篇。第 10 卷：包括马克思和恩格斯 1854 年 1 月至 1855 年 1 月期间撰写的文章，绝大部分刊登于《纽约每日论坛报》，共收入 86 篇。第 11 卷：1855 年 1 月底至 1856 年 4 月期间的文章和通讯，这些文章大部分发表在德国资产阶级民主报纸《新奥得报》和《纽约每日论坛报》上，共收入 131 篇。第 12 卷：1856 年 4 月至 1859 年 1 月期间写的文章，大部分发表在《纽约每日论坛报》上，少部分刊载于英国宪章派报纸《人民报》和伦敦的《自由新闻》，共收入 131 篇。第 13 卷：除了《政治经济学批判》之外，主要还是刊载于《纽约每日论坛报》和《人民报》上的文章，如果不包括恩格斯以单行本形式发行的两本小册子《波河与莱茵河》《萨瓦、尼斯与莱茵》，共收入 70 篇。15 卷：包括马克思和恩格斯为《纽约每日论坛报》《新闻报》《狼卡郡和柴郡志愿兵杂志》《军事总汇报》等报刊撰写的文章，共收入 120 篇。

④ 在马克思晚年，尤其是马克思逝世以后，以很大精力从事报刊工作的是恩格斯。恩格斯尤其重视和亲身指导了《社会民主党人报》的大量工作。恩格斯在该报发表过许多重要的文章，并在终刊号上高度评价了该报的历史作用，将其称为“德国党的旗帜”。

四、马克思报刊文章的政治哲学价值

以上我们大致地梳理了马克思报刊文章的分期、数量与主线。概览马克思的报刊文章，可以发现这一文本群对深入研究马克思的政治哲学，具有极为重要的学术价值。大体说来，可以从以下几个方面概括马克思报刊文章的显著特点：

第一，这些报刊文章穿越了多个不同的历史时期，既有马克思思想的早期、转变期，又有马克思主义形成之后的思想成熟期，既有革命的高潮期，又有革命的低潮期、酝酿期，因而思想色泽斑斓，内容异常丰富。这对于研究马克思政治哲学的发展历程、研究范式和理论特质，均提供了大量文本依据，具有重要意义。

第二，论题众多，涉及的论域和问题极为复杂深刻，包括欧洲、美洲和东方社会，涵盖政治、经济、社会、军事、外交、国际关系等多个领域，涉及大量的历史事件、历史人物、历史沿革、地理区域、团体组织、条约协定、典章制度，令人眼花缭乱，研究难度极大。这一异常复杂的文本群，对深入探讨马克思的政治哲学独具意义。研究这一文本群的难处，不在于复杂思维的运演，而在于社会历史的遥远、广阔和陌生。这也从一个方面表明，仅仅局限在所谓“纯”哲学的领域内解读马克思，只能得到一个“纯粹”的学者马克思。马克思著作中深广的社会历史内容，让人无法不越出所谓现代学术体系所设定的学科边界。

第三，文体众多，既有我们较为熟悉的政论文章（例如《莱茵报》上的政论），又有通讯报道、时事评论、图书评介、文章按语、党内文件、个人声明等等，风格多样，丰富多彩。一些研究者将马克思的报刊文章直接称为“政论文章”，但这不足以囊括全部。例如，马克思、恩格斯的《时评。1850 年 1—2 月》《时评。1850 年 3—4 月》《时评。1850 年 5—10 月》就包含着极其广泛的社会历史内容，不是“政论文章”所能概括的。

第四，也是最重要的一点，是马克思的报刊文章这一文本群，不是重在思维的推衍和哲理的思辨，而是重在思想的实际运用，是以思想之“矢”去射中现实问题之“的”（毛泽东界定“实事求是”时的语言）的集中展现，因而是最能体现马克思政治哲学特质的重要文本群，体现出重要而独特的学术价值。这对于我们今天运用马克思的政治哲学思想去解决实际问题、更好地切中社会现实，富有极大的启发意义。

一般而言，政治哲学思想都具有强烈的现实关怀，总是要以或隐或显的方式对现实的政治生活、价值世界发表意见。可以说,真正的政治哲学思想,是要拿来实际运用的。中国古代就有经世致用的优良传统,主张"文须有益于天下,有益于将来"(顾炎武语),马克思主义则强调哲学家要以"改变世界"为重要任务。这些从本质上讲都是一致的。马克思的报刊文章,从不同层面揭示了马克思主义哲学与现实世界的真实联系,并为现时代的学术研究提供了带着"问题意识"进行写作的卓越典范。从青年时代起,马克思就要求理论研究和作品"多说些明确的意见,多注意一些具体的事实,多提供一些实际的知识"①,"多向人民宣传哲学的内容"②。回顾马克思一生的学术著述,应当说,这一要求贯穿于始终,成为马克思毕生的学术信条。

在更早的一封致奥本海姆的信中,马克思还明确表示,"从理论上泛论国家制度,与其说适用于报纸,毋宁说适用于纯学术性的刊物。正确的理论必须结合具体情况并根据现存条件加以阐明和发挥"③。马克思此时虽然尚未完成思想转变,但他指出的这一原则具有深刻的方法论意义。可以看出,马克思并不赞成"从理论上泛论国家制度",认为这种研究充其量只适用于纯学术性的刊物,而不适用于对社会现实直接发表意见的报纸。他进一步强调,要将正确的理论与社会发展进程中的具体情况结合起来,并根据现实的、现存的条件"加以阐明和发挥",只有如此才能真正将"国家制度"问题阐述清楚。在马克思后来的研究中,正是秉持这一原则处理学术问题的。每个国家、民族的历史文化、地理环境、文明传统和经济发展、社会状况都不一样,因而就不可能做到以一种普遍适用的国家制度理论加以全部概括,那样做的后果只能是空洞的和极度抽象的,也是根本不能解决任何问题的。这对于我们今天探讨马克思政治哲学,尤其是研究国家制度问题,仍然具有重要的指导意义。

如前所述,如果说此前的马克思主义哲学研究分别关注了马克思的系统性专门著作和笔记、手稿,因而重在把握马克思"思想的建构"和"思想的生成",主要解决的是"正确的理论"问题;那么,关注马克思的报刊文章则重在把握马克思"思想的运用",主要面对的是"具体情况"是什么、"现存条件"有哪些、如何根据这些"加以阐明和发挥"的问题。现实世界是无比广阔而复杂的,马克思将其思想运用于现实世界也是无比广阔而深刻的。正由于此,当我们追随着马克思的报刊文章去探寻马克思对思想的实际运用

① 《马克思恩格斯全集》第 47 卷,人民出版社 2004 年版,第 42 页。
② 《马克思恩格斯全集》第 47 卷,人民出版社 2004 年版,第 43 页。
③ 《马克思恩格斯全集》第 47 卷,人民出版社 2004 年版,第 35 页。

时，也必然触摸到一个无比广阔、宏深、复杂的世界。在这个世界中，回荡着无数具体的理论和现实问题，在这些问题中回旋流动的是马克思思想的实际运用，是马克思如何运用自己的思想武器去认识真实世界中的人、事、物，以便具体地提出改造世界的纲领，这和我们在一贯熟悉的马克思专门理论著作中所领悟到的思想大厦的图景是如此的不同，以至于极大地拓辟、深化了马克思哲学研究的传统视域。

毋庸讳言，随着历史的流逝，马克思那个时代的具体历史条件到今天已经发生了极其复杂和巨大的变迁，马克思在不同的历史时期提出的很多具体纲领、举措也已变得仅仅具有历史的价值。不注意到这些，盲目地将马克思全部报刊文章整个照搬过来，是没有多大意义的。从这一意义上讲，我们强调研究马克思的报刊文章，其主要指向不是马克思在当时历史条件下制定的具体纲领、革命策略和临时措施，而是强调深入研究马克思是如何分析世界历史的重大事件、重要转折、发展潮流、矛盾变化等问题，为我们今天认识当今世界、把握世界历史的新发展新动向新脉络而提供历史的借鉴和智慧的辉光。换言之，我们今天关注马克思的“第三类文本”群，聚焦点不是马克思在当时历史条件下提出的具体的政治举措，而是在这些具体行为背后潜藏着的、本质层面的政治哲学思想。

从古典政治哲学到现代政治哲学，如果说这一转变过程中最显著的特征是什么，那么答案之一或许是世界历史的眼光。具体说来，在古典政治哲学中，所面对和待处理的问题的边界往往是城邦、地区或者某个具体国家，真正的世界历史还有待展开；那么，在现代政治哲学中，人们面对和遭遇的问题常常是全球性的，具有广阔的世界历史性质。现代政治哲学家在思考政治生活的问题或构建未来社会的政治框架时，很难局限于一国一地，而不把复杂斑驳的世界历史考虑进来。概言之，自从这颗蓝星上地区的、地域的历史成为世界历史以来，就要求人们真正以世界历史的眼光去观察世界、把握历史。马克思在这方面无疑是一位伟大的先行者，他那极其宽广的历史眼光，囊括经济、政治、社会、文化等多领域在内的极其深邃的哲学思维，直到今天仍然对后来的政治哲学研究具有深刻的启发。

在《德意志意识形态》尤其是在《共产党宣言》中，马克思就和恩格斯一道考察了由于资产阶级开拓世界市场从而使一切国家的生产和消费都成为世界性的历史进程。马克思、恩格斯指出，“古老的民族工业被消灭了，并且每天都还在被消灭。它们被新的工业排挤掉了，新的工业的建立已经成为一切文明民族的生命攸关的问题；这些工业所加工的，已经不是本地的原料，而是来自极其遥远的地区的原料；它们的产品不仅供本国消费，而且同时供世界各地消费。旧的、靠本国产品来满足的需要,被新的、要靠极其遥远的国家和地带的产品来满足的需要所代替了。过去那种地方的和民族的自给自足和闭关自守状态,被各民族的各方面的互相往来和各方面的互相依赖所代替了。"①巨大的历史洞察力使马克思的文章具有强烈的现实感染力——在很多时候常常使阅读者忘记这是一位诞生在两百多年前的老人,也使马克思关于世界历史重大事件、重要转折等的判断不是囿于一时一地而做出的小孔小眼的庸俗之见,而是关于大历史、大时代的预言式论断,是真正的时代的格言。在马克思的视野中,经济与政治、城市与乡村、欧洲与亚洲、西方与东方、贵族与牛羊、马拉斯特与梯也尔、直接税与革命、印花税与出租马车、啤酒店主与礼拜日假期等,都以严整而宏大的逻辑联系在一起,超越了学科、区域、国家、民族等各方面的局限,成为表征世界历史嬗变的具体章节和鲜活案例。

以 1850 年代的棉花歉收事件为例。在 1850 年 5—10 月的《时评》中,马克思和恩格斯就以巨大的历史纵深感写到,棉花歉收引起了资产阶级的普遍恐慌,因为在当时棉纺织业急剧扩大的情况下,这一问题将严重阻碍棉纺织业的活动,甚至会动摇资产阶级社会秩序的基础。也就是说,经济影响了政治,政治世界动荡的根源深深地扎在经济生活中。"……棉花真正连年歉收,势必会把整个文明社会一时间抛进野蛮状态。黄金和黑铁的时代早就过去了,19 世纪以其拥有的科学、世界市场和巨大的生产力注定会开创棉花的时代。"②恰恰是在这样一个时代,"英国资产阶级比任何时候都更加强烈地感觉到,掌握着迄今尚未被打破的对棉花生产的垄断的美国,对于它具有多么大的控制力。"③正由于此,英国资产阶级不惜一切力量来消除美国的垄断,它不仅在东印度,而且在纳塔尔和澳洲北部,在世界上一切气候和条件允许的地方,都千方百计地鼓励种植棉花。不仅如此,在马克思看来,棉花问题还同美国的黑奴解放运动联系在一起。因为美国的棉花生产是以奴隶制为基础的,所以"一旦其他国家的自由劳动能够为工业提供足够的棉花,而且价格比美国的奴隶劳动提供的便宜,那时美国的奴隶制就会跟美国的棉花垄断一起结束,奴隶也会获得解放,因为他们当奴隶已经没有什么用了"④。在这样一种巨大的相互联系的视野关照下,棉花种植问题,就与现代市场体系、资产阶级社会统治秩序、美国黑奴解放等问题勾连在一

① 《马克思恩格斯选集》第 1 卷,人民出版社 2012 年版,第 404 页。

② 《马克思恩格斯全集》第 10 卷,人民出版社 1998 年版,第 586—587 页。

③ 《马克思恩格斯全集》第 10 卷,人民出版社 1998 年版,第 587 页。

④ 《马克思恩格斯全集》第 10 卷,人民出版社 1998 年版,第 587 页。

起。正由于此,如果我们要研究19世纪资产阶级的统治秩序和危机、美国的黑奴解放等问题,就不能不借助马克思的历史视野。基于同一逻辑,马克思紧接着指出,“同样的,一旦欧洲的雇佣劳动不仅不再是生产的必要形式,而甚至成为生产的障碍,那时它也将会被消灭。”①现在的问题是,如果说19世纪开创了“棉花的时代”,那么在20世纪、21世纪开创的又是什么时代?或者说,是什么分别构成了20世纪、21世纪社会秩序的基础,不仅影响世界生产体系和市场体系,而且在更深层的世界历史脉络中指向主体的解放和社会的变革?对这些问题的思考和研究,还有广阔的空间可供思想的掘进。

在此前的一篇文章中,围绕美国加利福尼亚发现金矿这一事件,马克思、恩格斯还指出,“美国最大的事件,比二月革命更重要的事件,是加利福尼亚金矿的发现。仅仅过了差不多18个月,现在就可以预料到,这一发现带来的后果甚至将比美洲大陆的发现还要大得多。”②认定发现加利福尼亚金矿的意义超过了法国二月革命、发现美洲大陆等,这充分证明了马克思、恩格斯历史眼光的辽远和深刻。在他们看来,在以前的330年中,欧洲同太平洋的全部贸易都是绕道好望角或合恩角而进行的,而随着金矿的发现,美国人开始修建铁路、开凿运河,形成新的贸易通道和文明区域。马克思和恩格斯指出,“加利福尼亚的黄金流遍美洲,流遍亚洲的太平洋沿岸地区,甚至把最倔强的野蛮民族也拖进了世界贸易,拖进了文明。世界贸易第二次获得了新的发展方向。”③世界贸易中心、世界交通枢纽,都将随之发生位移。在马克思、恩格斯看来,“加利福尼亚的黄金和美国的不断努力,将使太平洋两岸很多就会同现在从波士顿到新奥尔良的海岸地区那样,人口也那样稠密、贸易也那样方便、工业也那样发达。那时,太平洋就会像大西洋在现代,地中海在古代和中世纪一样,起着伟大的世界水路交通线的作用;而大西洋的地位将要降低,而像现在的地中海那样只起一个内海的作用。”④当我们现在打开世界地图,将太平洋和大西洋做一番对比,不能不深佩马克思和恩格斯在160多年前作出的这一历史判断。马克思和恩格斯还指出,欧洲国家要想避免陷入像意大利、西班牙和葡萄牙当前在工商业和政治上的依附地位,唯一的可能就是进行社会革命,根据现代生产力所促成的生产本身的需要来变革生产方式和交换方式,从而创造出新的生产力,保证

① 《马克思恩格斯全集》第10卷,人民出版社1998年版,第587页。
② 《马克思恩格斯全集》第10卷,人民出版社1998年版,第275页。
③ 《马克思恩格斯全集》第10卷,人民出版社1998年版,第276页。
④ 《马克思恩格斯全集》第10卷,人民出版社1998年版,第276页。

欧洲工业的优势，以弥补地理上的不利条件。

时过境迁，世驶势移，但流逝的往往是历史洋流的表层，而在历史的深处还有大量不可移易的规律需要我们去探求和总结。不论是棉花还是黄金，不论是路易·波拿巴还是“流亡中的大人物”，不论是失败的欧洲革命还是日益迫近的商业危机，社会历史的发展，一方面有其自身不可移易的规律——如同马克思所揭示的那些，另一方面又是具体的、随时随地处于复杂变化中的——如同马克思在报刊文章中具体讨论的那样。马克思的哲学思想，是统一的、一致的，又是多彩的、生动的。充分掌握这两方面，对我们今天认识和分析现时代的世界历史变迁具有不可估量的意义。

早在马克思主义创立前夕，马克思就曾豪迈地宣示：“思想的闪电一旦彻底击中这块素朴的人民园地，德国人就会解放成为人。”①马克思的一生都在实践这一理论诺言。当我们今天深入研读马克思发表在各类报刊上的文章时，不是能分外感受到划破历史长空的思想闪电击中广阔的现实园地时所激起的“改变世界”的不朽光彩吗?！这也正是马克思政治哲学思想在人类发展史上闪耀出的独特理论光芒。

---

① 《马克思恩格斯全集》第1卷，人民出版社2012年版，第16页。

第五章　革命现场的哲学运用

——经典文献的互文性阅读

在一系列历史著作中，马克思提供了用唯物主义观点研究历史、分析每个阶级以至一个阶级内部各个集团或阶层所处地位的光辉而深刻的范例……

——列宁

1880 年 9 月 6 日，美国记者约翰·温斯顿在当时美国很受欢迎的大众读物《太阳报》头版刊发了一篇关于马克思的采访稿，其中写道，马克思“是当代最杰出的人物之一，他在过去 40 年中一直在革命政治中起着不可思议的然而无疑是强大的作用”，“他从容不迫，不知疲倦，具有敏锐的头脑、广博的学识和超群的智慧，他满怀深远的谋略、逻辑的方法和实际的目标。正是这位卡尔·马克思，他过去和现在促成的地震般的大动荡多于包括朱塞佩·马志尼在内的欧洲任何人。这些地震般的大动荡震撼了多少民族，摧毁了多少王座，如今又使多少帝王和官高爵显的骗子心惊胆战、变颜失色！”①这段论述不仅彰显了马克思的革命功业，而且包含着对马克思政治哲学的指向和功能的概括。

从政治哲学思想史上看，马克思政治哲学有一个突出的理论特征，这就是它的很多内容诞生于革命现场，经历了革命烽火的淬炼和检验，既是在积极回应时代问题、深刻总结实践智慧的过程中创立的，又不断引领、推动着社会实践的深入开展，从而在实践的新进展中实现理论的新发展。也正是这一突出特点，使马克思的政治哲学与其他思想家的政治哲学呈现出不同的面貌。

2023 年是《共产党宣言》（以下简称《宣言》）问世 175 周年，也是 1848 年欧洲革命爆发 175 周年。《宣言》是马克思、恩格斯创建的思想理论在世界历史上的首次公开宣示，是标志着科学社会主义诞生的经典文本，“篇幅

---

① 转引自［意］马塞罗·穆斯托：《另一个马克思——从早期手稿到国际工人协会》，孙亮译，中国人民大学出版社 2022 年版，第 12 页。

不多,价值却相当于多部巨著"①。《宣言》问世不久,波澜壮阔的欧洲革命随即爆发。《宣言》所表达的重要思想,在这场革命实践中获得了充分的检验。马克思、恩格斯亲身参加革命斗争,不断总结革命的经验教训,在《新莱茵报》上发表了一系列重要文章,进一步深化、扩充、丰富了《宣言》的理论主张。《宣言》和《新莱茵报》文章前后相系,存在着天然的理论联系。我们在本章中试图通过互文性阅读,将这两部分理论文本合而观之,使其相互印证,互为思想奥援,以便更深刻地领悟马克思政治哲学既是实践智慧的凝结,又不断在实践中淬炼发展的鲜明特征。

一、对马克思文本的互文性阅读

互文是我国一种传统的修辞格式。《辞海》释义为,"互文见义","修辞学上辞格之一。上下文各有交错省却,而又相互补足、交互见义。"②在我国传统诗词中,互文多用于对偶句式,在一定程度上是为了使语义内容服从于表达形式对偶的需要而形成的。

在当代西方语言学、符号学理论中,一些思想家提出了具有特色的互文性理论。法国学者朱莉娅·克里斯蒂娃于 1969 年出版了《符号学》一书,在这本书中首先提出了互文性这一术语。按照她的概括:"某一文本与此前文本乃至此后文本之间的关系,巴赫金对此已经有所阐述。我明确地将这种文本对话性称为'互文性'……"③叙事学家杰拉尔德·普林斯在其《叙事学词典》中将"互文性"定义为:"一个确定的文本与它所引用、改写、吸收、扩展、或在总体上加以改造的其他文本之间的关系,并且依据这种关系才可能理解这个文本。"④互文性阅读强调对文本的"整体把握":"在着手互文性分析以前,要阅读整体文本,不仅是含有分析对象的整部作品,还包括作者所写的所有文本,这样才能充分地读出其中各种多声部的意思,才能够真正进入文本的丰富的世界。"⑤互文性理论在部分西方学者对某些文本的阐释中,存在着走向相对主义甚至不可知论之嫌,但它所强调的"整体

① 《列宁选集》第 1 卷,人民出版社 2012 年版,第 93 页。

② 《辞海》,上海辞书出版社 2009 年版,第 923 页。

③ [法]克里斯蒂娃:《主体·互文·精神分析》,祝克懿、黄蓓编译,复旦大学出版社 2016 年版,第 11 页。

④ 转引自程锡麟:《互文性理论概述》,《外国文学》1996 年第 1 期。

⑤ [法]克里斯蒂娃:《主体·互文·精神分析》,祝克懿、黄蓓编译,复旦大学出版社 2016 年版,第 32 页。

阅读”却是一个有益的启示。这提示我们，不能将某一文本视为孤立的产物，而应将其视作不可割断的文本长河中的水域之一，因而应从整体的、相互补足、交互为用的角度进行解读，从而更加全面、系统、深刻地理解该理论。对马克思的理论文本，同样可以采用互文性阅读的方法，通过把握不同著作和篇章之间的联系、印证、补充、扩展、改造等理论关系，更好地把握马克思的思想及其运用。①

笔者之所以提出《宣言》与《新莱茵报》文章的互文性阅读，是因为比起其他理论著作，这两份文本之间存在着天然的、极其密切的联系。具体说来，《宣言》标志着科学共产主义的诞生，表明了马克思主义创始人对世界历史发展规律、阶级分析方法、资产阶级和无产阶级的历史命运、共产党人的职责使命等一系列重大问题的根本看法，侧重于思想的建构和理论的创制。而《新莱茵报》文章则是马克思和恩格斯在理论创制完成以后，第一次将这一理论运用于革命实践，使这一思想武器的锋芒首次展现在1848年欧洲革命的战场上，侧重于思想的运用和理论的检验。任何一种理论体系，总是包含着“体”和“用”两个层面。“体”侧重于基础理论的建构和表达，“用”则侧重于理论如何施之于实践。无“体”则思想不成其体系，无“用”则使思想沦为空想。对于以“改变世界”为己任的马克思主义哲学来说，既不能缺少思想的建构阐发，更不能缺少思想的实际运用。马克思主义的任何一门原理，总是既包含着它本身是什么，又包含着如何运用这门原理去影响现实、改变世界。从这一意义上可以说，《宣言》是标志着科学社会主义诞生、阐发共产主义原理和唯物史观的上篇，而《新莱茵报》文章则是运用、检验、发展这些原理的下篇。正由于此，笔者主张对《宣言》和《新莱茵报》文章进行互文性阅读，目的在于将思想、原理与思想的运用、原理的检验，紧密结合起来，从而在多声部的“合奏”中更好地把握马克思主义哲学。

从实际历史进程来看，《宣言》和《新莱茵报》文章的这一关系表现得非常清楚。《宣言》写于1847年12月—1848年1月底，出版于1848年2月24日②。《宣言》刚刚问世就爆发了法国二月革命，法国人民于1848年2月22—24日推翻了路易·菲力浦七月王朝的统治，建立了法兰西第二共和国。随即，激烈的革命风暴席卷了整个欧洲大陆。3月13日奥地利首都维

① 在这方面，我国学者已经推出了一些研究成果。如赵敦华：《〈资本论〉和〈逻辑学〉的互文性解读》，《哲学研究》2017年第7期；程洪宝：《重视对马克思主义经典著作的互文性解读》，《中共成都市委党校学报》2011年第5期，等等。

② 此处从高放教授的观点。参见高放：《〈共产党宣言〉是何日出版的?》，《马克思主义与现实》1997年第6期。

也纳爆发起义，推翻了梅特涅政权；3 月 18 日普鲁士首都柏林爆发起义，资产阶级反对派领袖康普豪森和汉泽曼组成了执政内阁；意大利、波兰、匈牙利等国也发动了反对殖民统治、争取民族独立的革命运动。6 月 23—26 日，巴黎无产阶级爆发六月起义，要求建立民主的社会的共和国。在 1848 年欧洲革命的硝烟战火中，马克思鲜明提出，“必须在行动中，在实践中解决问题。”①马克思和恩格斯以《新莱茵报》为阵地发表了大量文章，对《宣言》所阐发的重要思想——唯物史观、阶级斗争学说、革命理论和策略等，进行了广阔的运用、检验、丰富和发展，使《新莱茵报》所刊载的一系列理论文章成为《宣言》不可分割的姊妹篇。因而，从世界历史的实际发展进程来看，也应将《宣言》与《新莱茵报》文章合而观之。

马克思主义经典作家高度重视《宣言》与《新莱茵报》文章的这种密切联系。在恩格斯为纪念马克思逝世一周年，于 1884 年 2 月中到 3 月初撰写的《马克思和“新莱茵报”(1848—1849)》一文中，开篇就是从《宣言》写起的。恩格斯首先回顾了《宣言》中关于共产党人的策略部分，并专门回顾了共产党人在德国的策略。恩格斯指出，在 1848 年欧洲革命中，《新莱茵报》正是按照《宣言》的策略纲领来展开现实斗争的，并充分地验证了其真理性。“从来没有一个策略纲领是像这个策略纲领一样得到证实的。它在革命前夜被提出后，已经受住了这次革命的考验”。② 列宁也指出，《宣言》“这部著作以天才的透彻而鲜明的语言描述了新的世界观，即把社会生活领域也包括在内的彻底的唯物主义、作为最全面最深刻的发展学说的辩证法以及关于阶级斗争和共产主义新社会创造者无产阶级肩负的世界历史性的革命使命的理论……1848—1849 年的革命事态的发展极好地证实了新的理论，后来世界各国所有的无产阶级运动和民主运动也同样证实了这一理论。”③

实际上，除了《宣言》和《新莱茵报》文章，在马克思、恩格斯的著作中，存在这种密切联系的文本还有很多。甚至可以说，马克思主义哲学的任何文本都不能做孤立的理解。而从目前学界的研究来看，对《宣言》和《新莱茵报》文章都做了比较多的研究，但基本上是各自独立开展的。笔者力求将理论的创立与理论的运用、检验统一起来，将淬炼的思想与思想的淬炼结合起来，既通过《宣言》把握《新莱茵报》文章切中当时社会现实的理论智

① 《马克思恩格斯全集》第 5 卷，人民出版社 1958 年版，第 156 页。
② 《马克思恩格斯全集》第 21 卷，人民出版社 1965 年版，第 17—18 页。
③ 《列宁选集》第 2 卷，人民出版社 2012 年版，第 416 页。

慧,也通过生动丰富的《新莱茵报》文章更有血有肉地把握《宣言》。

二、对《共产党宣言》革命策略的直接贯彻

如果说《宣言》主要表达的是马克思、恩格斯在之前的理论和实践探索中形成的淬炼完成的思想,那么《新莱茵报》文章则是在具体的历史进程和革命实践中对这一思想进行的检验、应用和发展。《宣言》的理论主张在《新莱茵报》文章中得到了深化、细化和具体化,《新莱茵报》文章的思想锋芒则深深扎根在《宣言》所奠定的理论基础上。

《新莱茵报》的横空出世,绝不是偶然的。梅林指出,"《新莱茵报》完全根据《共产党宣言》的精神,试图按照革命运动当时的情况来推进革命运动。"①换言之,马克思、恩格斯创办《新莱茵报》的实践以及在这份报纸上刊发的文章,直接贯彻了《宣言》所表述的共产党人的革命意图和策略。马克思、恩格斯在《宣言》中除了从历史和理论的角度阐述了历史唯物主义的一系列重要原理,还在第四部分"共产党人对各种反对党派的态度"中,明确规定了共产党人在不同国家和历史阶段的革命策略。他们指出,"共产党人为工人阶级的最近的目的和利益而斗争,但是他们在当前的运动中同时代表运动的未来。"②因此,共产党人在法国同社会主义民主党联合起来反对资产阶级,并批判关于革命的空谈和幻想;在瑞士支持激进派,但不忽略其内部的矛盾性;在波兰支持革命民族主义者为民族解放而进行的斗争。尤其是,"在德国,只要资产阶级采取革命的行动,共产党就同它一起去反对专制君主制、封建土地所有制和小资产阶级。"③

与此同时,马克思、恩格斯强调,这绝不意味着共产党人可以放弃自己的革命原则和目标,自我局限于资产阶级革命的范围。"共产党一分钟也不忽略教育工人尽可能明确地意识到资产阶级和无产阶级的敌对的对立,以便德国工人能够立刻利用资产阶级统治所必然带来的社会的和政治的条件作为反对资产阶级的武器,以便在推翻德国的反动阶级之后立即开始反对资产阶级本身的斗争。"④这就意味着,共产党人一方面应同资产阶级一道去反对共同的敌人,另一方面应利用资产阶级革命创造的、优于封建专制统治的成果,去反对资产阶级本身。马克思、恩格斯还特别提出,要把"主

① [德]梅林:《马克思传》,胡晓琛、高杉译,中央编译出版社 2022 年版,第 164 页。
② 《共产党宣言》,人民出版社 2014 年版,第 64 页。
③ 《共产党宣言》,人民出版社 2014 年版,第 65 页。
④ 《共产党宣言》,人民出版社 2014 年版,第 65 页。

要注意力集中在德国”，因为德国同17世纪的英国、18世纪的法国相比，拥有发展得多的无产阶级，处于整个欧洲文明更进步的条件之下，因而更有可能将德国的资产阶级革命作为无产阶级革命的直接序幕。

正是基于这一重要的理论判断，马克思和恩格斯在欧洲革命爆发之后，很快就回到德国，以民主派机关报的名义创办《新莱茵报》。这一举动，很明显是为了执行《共产党宣言》确定的革命策略。之所以使用民主派机关报的名义，同样是基于《共产党宣言》的理论判断和战略考量。当时德国的经济在整体上仍很落后，工人的力量也很薄弱，共产党人只有分散在全国各地的二三百个共产主义者同盟成员，因而还不具备直接创建无产阶级政党的条件，也就谈不到直接创办无产阶级的机关报。“那时，德国是一个手工业和以手工劳动为基础的家庭工业国家”，“只有极少数工人认识到自己作为工人的地位和自己同资本在历史上经济上的对立”。[①] 在这种历史条件下，马克思、恩格斯主张参加民主运动的极左翼，以便动员一切民主力量去反对封建王朝的专制统治，同时不放弃对一切错误理论主张的批评和斗争，以便更好地教育工人和争取人民。

在当时的历史环境中，《新莱茵报》的办报立场和策略以及《宣言》所主张的“共产党人对各种反对党派的态度”，实际上并不能被全部工人阶级很好地理解和执行。其中，以哥特沙克和斯蒂凡·波尔恩为代表的工人阶级内部错误观点颇具有代表性。

在德国革命进程中，作为科隆支部委员的哥特沙克，不认为德国当时正处于资产阶级革命时期，反对马克思、恩格斯主张的工人参加民主革命的策略，认为这是把解放工人的任务搁置到未来，因而主张越过资产阶级革命阶段，直接进行社会主义革命，甚至提出“为建立工人共和国而斗争”的口号。[②] 这一观点显然是无视当时历史条件和革命实际的空话，充分反映出哥特沙克是“一个头脑十分空虚的人”[③]。而排字工人出身的波尔恩，同样反对参加资产阶级民主革命，他主张进行微小的改良来消灭资本主义制度，鼓吹工人争取在政府的支持下创办生产合作社，这实际上就把工人运动局限在经济斗争的范围内，甚至向反动统治乞怜。恩格斯指出，波尔恩等人“把‘共产主义宣言’的观点同行会习气和行会愿望、同路易·勃朗和蒲鲁东观点的残屑碎片、同拥护保护关税政策的立场等等混杂在一起”[④]，“他们

---

① 《马克思恩格斯全集》第21卷，人民出版社1965年版，第260页。

② 参见韩承文主编：《一八四八年欧洲革命史》，上海人民出版社1983年版，第142页。

③ 《马克思恩格斯全集》第37卷，人民出版社1971年版，第292页。

④ 《马克思恩格斯全集》第21卷，人民出版社1965年版，第255页。

特别致力于组织罢工，组织工会和生产合作社，却忘记了首要任务是通过政治上的胜利先取得一个唯一能够牢固地、可靠地实现这些东西的活动场所"①。实际上，在当时德国四分五裂、封建统治势力仍很强大的情况下，不团结一切民主力量进行斗争、取得政权，就没有任何出路。正由于此，马克思、恩格斯在批判以上错误观点的过程中，进一步阐明了《宣言》的纲领和策略，努力最大限度地团结工人参加当时的政治斗争和革命运动。

哥特沙克和波尔恩的错误观点以及马克思、恩格斯对其进行的批判表明，当时正确地传播《宣言》，使《宣言》阐述的科学社会主义原理为广大工人所准确理解，还是一项非常急迫的任务。因而，《新莱茵报》除了要及时报道和评论欧洲革命中的重大事态进展，实际上同时担负着传播《宣言》科学思想，团结引导广大工人的重要任务。

三、对不同政治人物和阶级的具体剖析

马克思、恩格斯发表在《新莱茵报》上的一系列文章，评论了德国革命和欧洲革命中一切最迫切的问题，既以巧妙手法揭发了封建反动势力和资产阶级反革命势力的倒退行径，又以精辟入微的笔调分析了政治事件背后的经济动因，发挥了组织和教育人民大众的作用。在这些文章中，最为显著的一点，是《新莱茵报》文章始终依据贯穿《共产党宣言》的阶级分析方法，对不同阶级、党派、政治人物及其背后的利益关系进行了具体剖析，进一步丰富、发展了历史唯物主义理论和阶级分析方法。

《共产党宣言》是用阶级分析方法研究人类社会历史的典范之作，但它只是从最宏观的角度对不同阶级及其特征、历史命运进行了勾勒，而不可能做到细致入微的分析。根据马克思、恩格斯的揭示：1. 资产阶级，它只不过是用"新的压迫条件"来继续奴役无产阶级，竭力维护自身"生存和统治的根本条件"，这种条件"是财富在私人手里的积累，是资本的形成和增殖"，"资本的条件是雇佣劳动"②。2. 主要由小工业家、小商人、手工业者、农民等构成的中间等级，"他们同资产阶级作斗争，都是为了维护他们这种中间等级的生存，以免于灭亡。所以，他们不是革命的，而是保守的。不仅如此，他们甚至是反动的，因为他们力图使历史的车轮倒转"③。3. 无产阶级，

① 《马克思恩格斯全集》第 21 卷，人民出版社 1965 年版，第 256 页。

② 《共产党宣言》，人民出版社 2014 年版，第 40 页。

③ 《共产党宣言》，人民出版社 2014 年版，第 38 页。

“在当前同资产阶级对立的一切阶级中,只有无产阶级是真正革命的阶级”①。4. 流氓无产阶级,这是“旧社会最下层中消极的腐化的部分”,“他们在一些地方也被无产阶级革命卷到运动里来,但是,由于他们的整个生活状况,他们更甘心于被人收买,去干反动的勾当”②。

与理论所进行的高度抽象不同,真正的历史进程总是错综复杂的。1848 年欧洲革命是一场异常激烈复杂的政治斗争史,在这场光怪陆离甚至血肉横飞的残酷博弈中,一系列政治人物、党派、阶级都在竭力维护自身的利益和诉求。马克思、恩格斯通过生动的笔触,对不同的阶级、派别进行了深入分析,以真实、丰富的史事深化了《宣言》的论断。恩格斯后来在回忆《新莱茵报》的办报风格说,“一般说来,报纸的语调完全不是庄严、严肃或激烈的。我们的敌人全是卑鄙的,我们对他们都一律采取了极端鄙视的态度。进行密谋的君主国、权奸、贵族、‘十字报’——引起庸人极大的道义愤慨的整个‘反动派’,我们只用嘲笑和讽刺来对待。但是,我们对那些由革命所创造的新偶像,如三月的大臣们、法兰克福议会和柏林议会(无论对其右派或左派),也没有采取较好的态度。”③正因如此,《新莱茵报》“对各国的封建王朝,背叛人民的大资产阶级、法兰克福和柏林议会中的‘国家栋梁’、欧洲各国的反动派——从俄国沙皇到法国资产阶级刽子手卡芬雅克,从梅特涅到康普豪森,从罗马教皇到科伦检察官,都进行了无情的揭露和批判。”④

在马克思、恩格斯如椽大笔的深刻揭露之下,路易·波拿巴不过是“专制帝王中的白痴”“小警察”;大资产阶级的代表康普豪森是维护封建统治的“王朝之盾”,是“一个受了骗的刽子手”⑤,一边给大资产阶级效劳,用欺骗的手段消灭革命的民主成果,一边同贵族政党结成联盟,同民主派进行斗争;汉泽曼的所谓办事内阁实为“警察内阁”“一个向旧贵族、旧官僚、旧普鲁士的内阁过渡的内阁”⑥,卡芬雅克、拉图尔等人则是令人唾弃的屠杀革命力量的刽子手。可以说,《新莱茵报》文章所涉及的阶级、群体、政治人物涵盖了整个 1848 年欧洲革命的历史主体。

马克思、恩格斯进一步指出,这些政治人物的立场和行为,不能用其个

① 《共产党宣言》,人民出版社 2014 年版,第 38 页。
② 《共产党宣言》,人民出版社 2014 年版,第 38 页。
③ 《马克思恩格斯全集》第 21 卷,人民出版社 1965 年版,第 21—22 页。
④ 萧灼基:《马克思传》,中国社会科学出版社 2008 年版,第 203 页。
⑤ 《马克思恩格斯全集》第 5 卷,人民出版社 1958 年版,第 113 页。
⑥ 《马克思恩格斯全集》第 5 卷,人民出版社 1958 年版,第 192 页。

人的品质、性格来解释,而应当用他们所代表的那个阶级的物质利益来解释。例如,康普豪森、汉泽曼等资产阶级代表人物在欧洲革命中体现出复杂的两面性,既向专制力量妥协、又背叛工人农民,既怯懦又狡诈,这种作为就源于德国资产阶级的本质。

在马克思、恩格斯看来,与领导发动1648年和1789年英法两国革命的资产阶级不同,"德国资产阶级发展得如此萎靡、畏缩、缓慢,以致当它同封建制度和专制制度对峙的时候,它本身已经是同无产阶级以及城市居民中所有那些在利益和思想上跟无产阶级相近的阶层相对峙的了"①。也就是说,在1848年欧洲革命时期,德国资产阶级同时面临着封建专制势力与无产阶级和中间等级对它的双重敌视。在这种态势下,德国资产阶级一方面做不到代表新生社会力量来反对旧社会的君主制和贵族,另一方面做不到充分信任和依靠人民,从而"既脱离国王又远离人民,对国王和人民双方都采取敌对态度"②,"它一开始就蓄意背叛人民,而与旧社会的戴皇冠的代表人物妥协"③,"不相信自己,不相信人民,在上层面前嘟囔,在下层面前战栗……对于保守派来说是革命的,对于革命派来说却是保守的"④。这也使得德国的三月革命远远落后于时代,好像遥远星球的光芒,在发出光芒的星球消逝了十万年之后才将其光芒投射到地球居民的眼中。总之,德国资产阶级"活像一个受诅咒的老头子,注定要糟蹋健壮人民的最初勃发的青春热情而使其服从于自己晚年的利益,没有眼睛,没有耳朵,没有牙齿,衰颓不堪"⑤。这是马克思为德国资产阶级所作的生动的肖像画。

马克思还在《资产阶级的文件》一文中通过英、德两国资产阶级的对比,进一步揭露了德国资产阶级的历史落后性。马克思指出,英国是资产阶级统治最发达的国家,英国资产阶级对工人的剥削也是最为残酷深重的。英国资产阶级为了在生产兴旺时期有现成的工人后备军可供使用,而在商业凋敝时期又可以把这些后备军变成没有意志、没有反抗力、没有要求和欲望的机器,因而设计了"习艺所"这种机构,并冠以社会慈善事业的"美名"。马克思讽刺说,"英国资产阶级的这种'残酷的善举'也丝毫不是建筑在慈善的基础上,而是建筑在非常实际的、很容易加以计算的基础上。"⑥而德国

① 《马克思恩格斯全集》第6卷,人民出版社1961年版,第126页。
② 《马克思恩格斯全集》第6卷,人民出版社1961年版,第126页。
③ 《马克思恩格斯全集》第6卷,人民出版社1961年版,第126页。
④ 《马克思恩格斯全集》第6卷,人民出版社1961年版,第127页。
⑤ 《马克思恩格斯全集》第6卷,人民出版社1961年版,第127页。
⑥ 《马克思恩格斯全集》第6卷,人民出版社1961年版,第176页。

资产阶级除了在对待工人阶级的无耻残酷方面,和英国资产阶级一样,在其他方面则完全落后。德国资产阶级“不是努力通过贸易活动去征服全球”,而是“像庸人那样缩手缩脚地拘泥于早已过时的、因循守旧的半行会制度,对工业中永无止境的伟大发明精神总想加以斥责”①。“作为一个全国性的阶级,由于缺乏勇气、智慧和毅力,它从来也没有争得过什么东西,而且以后也永远不能争得什么了不起的东西。”②马克思尖锐地指出,英国工人比起德国工人来可能有些民族自豪感,这只是因为英国资产阶级同时也在压迫着全世界,“可是德国工人的主人,即德国资产者,本身就是奴隶之一,而天下最可怕、最卑贱的事,莫过于做奴隶的奴隶”③。可见,一方面作为奴隶甘心接受英国资产阶级的管制,另一方面又扭过头来残酷地压迫本国工人,并同德国的封建专制王朝勾结牟利,这充分揭示了德国资产阶级的本质特征。

“黄金和白银在任何时候都能开启资产阶级的心扉。”④不仅德国资产阶级如此,其他欧洲国家的资产阶级也都出于本阶级利益的需要,最后走上了背叛人民、反对革命的道路。这也成为1848年欧洲革命最终失败的重要原因之一。马克思在《“模范的立项国家”》一文中,针对比利时罗日埃内阁疯狂发行国债以向全体国民敛财的现象揭露说,“像一切自由派的内阁一样,比利时自由派的内阁,即罗日埃的内阁也不外是资本家、银行家、大资产阶级的内阁”,这个内阁“不顾赤贫现象的增长和工业的衰退,仍然采取巧妙的手段来为大银行家的利益而剥削全体人民”⑤。不仅如此,资产阶级还向反动派靠拢——与封建的“天主教内阁所宠爱和保护的主要是大地主的最神圣的、物质的利益”一致,“自由派的内阁也同样无微不至地维护大地主、金融大王和宫廷奴仆的利益”,“这些所谓的党派同样贪婪地搜括国民财富”。⑥《宣言》所勾勒的资产阶级的形象,在这场欧洲革命中得到了淋漓尽致的展现。马克思、恩格斯根据欧洲各国面临的革命形势和矛盾冲突,对德国和欧洲各国资产阶级的分析,进一步丰富了《共产党宣言》对资产阶级历史作用和阶级本质的概括。

小资产阶级在欧洲革命中的表现,也验证了《共产党宣言》的理论判断。在1848年欧洲革命的整个进程中,各国小资产阶级软弱、动摇和妥协

① 《马克思恩格斯全集》第6卷,人民出版社1961年版,第177页。
② 《马克思恩格斯全集》第6卷,人民出版社1961年版,第177页。
③ 《马克思恩格斯全集》第6卷,人民出版社1961年版,第177—178页。
④ 《马克思恩格斯全集》第6卷,人民出版社1961年版,第371页。
⑤ 《马克思恩格斯全集》第5卷,人民出版社1958年版,第519页。
⑥ 《马克思恩格斯全集》第5卷,人民出版社1958年版,第520页。

的特点暴露无遗。恩格斯批评德国小资产阶级说，“小资产阶级是用漂亮的言词和吹嘘它要完成什么功绩来鼓励起义的；一当起义完全违背它的愿望而爆发起来，它就急于攫取权力；但它使用这种权力只是为了毁灭起义的成果。”①例如，德国法兰克福议会于1849年3月28日通过了一部帝国宪法，宣布取消贵族的等级特权和任何形式的农奴制，并规定了资产阶级的自由平等权利，这在当时的历史条件下具有进步意义。然而，这些条款与普鲁士政府和贵族、官僚的利益相抵牾，因而被他们拒绝承认。为了保卫和实行这个宪法，德意志各邦都展开了维护帝国宪法的运动。巴登的斗争处于整个维护宪法运动的前列，其主力军是广大工农群众，主要领导者是小资产阶级的代表人物布伦坦诺。经过激烈斗争，布伦坦诺组成了新政府，任政府首脑并兼任内政大臣和外交大臣。然而，布伦坦诺政府在初掌权柄后立即表现出妥协性质，它派特派员到各地和地方官员一起镇压农民起义，保留了一切旧官僚机构，取消了一切激进要求。这使得它与之前反动的贝克政府没有任何区别。恩格斯就此指出，“小资产阶级的统治者，尤其是在巴登（以布伦坦诺先生为首），无论如何也忘不了他们篡夺‘合法的’君主即大公的地位和特权，是一种叛逆行为。他们坐在阁员的安乐椅里深感内疚。”②恩格斯甚至指斥这些人是毫无作为的“懦夫”。恩格斯还进一步从经济层面指出，这些小资产阶级之所以“长于吹牛”，“在行动上十分无能，而且不敢作任何冒险”，这是由其经济地位所决定的，即“商业交易和信贷业务的细小规模，深深地影响到这个阶级的性格，使它缺乏魄力和进取心，所以它的政治活动也自然具有这些特点”③。

正如《共产党宣言》明确指出的，只有无产阶级才是真正革命的阶级，这一点在1848年欧洲革命尤其是巴黎工人六月起义中得到了鲜明体现。马克思、恩格斯在《六月革命》《6月23日事件的详情》《〈科伦日报〉论六月革命》等多篇文章中，高度评价了法国无产阶级对抗反动势力的英勇无畏的革命形象。恩格斯在报道的第一时间就明确指出，“起义带有真正工人起义的性质”④，“工人的怒火喷向政府和议会，因为它们辜负了工人的期望，天天采取有利于资产阶级而不利于工人的新措施”⑤。因而，“起义发展成为比以往任何一次革命都要伟大的革命，发展成为无产阶级反对资产阶

① 《马克思恩格斯全集》第8卷，人民出版社1961年版，第107页。
② 《马克思恩格斯全集》第8卷，人民出版社1961年版，第108页。
③ 《马克思恩格斯全集》第8卷，人民出版社1961年版，第107页。
④ 《马克思恩格斯全集》第5卷，人民出版社1958年版，第131页。
⑤ 《马克思恩格斯全集》第5卷，人民出版社1958年版，第131页。

级的革命”①,这就使得六月革命在世界历史上具有伟大的首创意义。恩格斯盛赞六月革命,“历史上只有两个事件可以和……巴黎进行的这个斗争相比拟,这就是古罗马的奴隶战争和1834年的里昂起义。”②在这场残酷的革命斗争中,三四万工人对付8万多士兵和10万国民自卫军,“人民以无比英勇的、视死如归的精神进行战斗”③,“工人在战斗中表现出来的那种英勇精神真是令人惊叹”④。马克思也深刻指出,这次起义的本质是“劳动与资本间的斗争”,一方是资产阶级的巴黎张灯结彩,一方是无产阶级的巴黎在燃烧、呻吟、流血。

马克思还进一步指出,巴黎六月起义提醒一切民主主义者不要步入迷途,决不能认为争取国家形式的斗争是“空洞的、幻想的和毫无意义的”⑤。“资产阶级社会条件本身所产生的冲突,必须在斗争中加以解决,靠空想是解决不了的。”⑥因此,无产阶级必须冲破资产阶级的国家形式,建立能为无产阶级革命斗争的发展创造有利条件的国家制度。在《〈科伦日报〉论选举》一文中,马克思针对工人、农民、小资产者违背了资产阶级的意愿,而主张建立民主共和国问题时指出,“小资产者和农民,尤其是无产者,是否能找到一种比民主共和国更好的国家形式来保卫自己的利益呢?全社会最激进、最民主的阶级不正是这些阶级吗?特别革命的阶级不正是无产阶级吗?”这就是说,无产阶级要通过建立民主共和国的国家形式来捍卫本阶级的利益。这些重要论断,印证了《共产党宣言》提出的“现代的国家主权不过是管理整个资产阶级的共同事务的委员会”⑦的重要结论,进一步深化了“无产阶级……如果不炸毁构成官方社会的整个上层,就不能抬起头来,挺起胸来”⑧的革命要求,是对马克思主义国家理论的重要发展,也是马克思政治哲学的重要内容。

特别要谈到的是,流氓无产阶级在欧洲革命尤其是巴黎六月革命中的表现,令人愤慨地印证了《共产党宣言》的预言。在巴黎六月革命中,除了资产阶级“像杀戮野兽一样地杀戮工人”⑨,流氓无产阶级也被反动派以低

① 《马克思恩格斯全集》第5卷,人民出版社1958年版,第135页。
② 《马克思恩格斯全集》第5卷,人民出版社1958年版,第138页。
③ 《马克思恩格斯全集》第5卷,人民出版社1958年版,第139页。
④ 《马克思恩格斯全集》第5卷,人民出版社1958年版,第151页。
⑤ 《马克思恩格斯全集》第5卷,人民出版社1958年版,第157页。
⑥ 《马克思恩格斯全集》第5卷,人民出版社1958年版,第157页。
⑦ 《共产党宣言》,人民出版社2014年版,第29页。
⑧ 《共产党宣言》,人民出版社2014年版,第39页。
⑨ 《马克思恩格斯全集》第5卷,人民出版社1958年版,第146页。

廉的价格招募，成为屠杀工人的鹰犬，发挥了极其反动的历史作用。恩格斯指出，“主要从巴黎流氓无产阶级中招募来的别动队，由于薪俸优厚，在短期内就成了每次都替当权者卖命的御用军。被组织起来的流氓无产阶级反对未组织起来的劳动无产阶级。果然不出所料，像那不勒斯的流浪汉供斐迪南驱使一样，巴黎的流氓无产阶级甘愿供资产阶级驱使。”①这些人包括乞丐、浪人、无赖、小偷等，此前被资产阶级看作为非作歹的盗贼，而出于镇压六月革命的需要，他们被资产阶级以一天 30 苏的价格收买，毫不留情地去射杀工人群众。这一群体没有任何被压迫阶级的自觉，唯利是图，是非不分，充分暴露了流氓无产阶级的阶级本质。他们以在欧洲革命中的丑陋表现，证明了自己确实是“旧社会最下层中消极的腐化的部分”，甘于被收买，甘于做出极端罪恶的勾当。恩格斯愤怒地谴责说，“赞美这些卖身的流氓吧，因为他们为了一天 30 苏的代价竟枪杀最优秀最革命的巴黎工人！”②

张光明教授在评价马克思的《1848 年至 1850 年的法兰西阶级斗争》时认为，“在这部著作里，我们看到的是一群活生生的人，而不是贴了阶级标签的抽象符号；但正是从这些人的思想、情绪和活动中，马克思让我们看到了他们背后掩藏着的阶级利益，这些利益的彼此冲突构成了一部丰富多彩但又有规律可循的法兰西 1848 年革命期间的政治斗争史。它是一幅精心构思但又不着痕迹的鲜明图画，而不是一张由公式连缀起来的机械图纸。”③这一评价，同样适用于马克思、恩格斯在《新莱茵报》上发表的关于 1848 年欧洲革命的系列文章。这些文章对不同阶级、派别和政治人物及其背后利益牵扯和阶级诉求的剖析，丰富了我们对《宣言》阐发的历史唯物主义原理的理解，也丰富了马克思政治哲学的理论宝库。

四、更好把握马克思主义哲学的真义

通过对《共产党宣言》和《新莱茵报》文章的互文性阅读，我们可以得到一个重要的思想启示，这就是在马克思政治哲学研究中，既需关注淬炼的思想，也需关注思想的淬炼，要将政治哲学思想本身与思想的实际运用紧密结合起来。

庄福龄、孙伯鍨等先生在他们的著作中曾谈到，“在 1848 年革命以前，

① 《马克思恩格斯全集》第 5 卷，人民出版社 1958 年版，第 151 页。

② 《马克思恩格斯全集》第 5 卷，人民出版社 1958 年版，第 151 页。

③ 张光明、罗晋芳：《马克思传》，天地出版社 2018 年版，第 155 页。

马克思、恩格斯主要致力于创立马克思主义哲学。正是由于实现了哲学上的伟大变革,马克思、恩格斯才在革命理论的研究中取得了突破性的成就”;同时,他们进一步指出,“应当看到,马克思、恩格斯在1848年革命以前依据历史唯物主义创立的革命理论,只是对革命的社会原因和基本规律的最一般的说明,尚有待于在革命实践中接受检验并获得发展。”①正由于此,“1848年欧洲革命在马克思主义哲学史上具有特殊的意义,这是马克思主义哲学从理论走向实践的一个重要阶段。一方面,马克思主义哲学在这次革命中深刻地影响了无产阶级运动的进程,指导了无产阶级革命的基本纲领和策略;同时,马克思主义哲学也在这次革命中得到了检验,唯物史观的一系列基本原理被革命实践证明为是唯一科学的理论。”②这些论断准确说明了《共产党宣言》时期侧重于理论创制和《新莱茵报》时期侧重于理论检验的关系。换言之,《共产党宣言》更加彰显的是淬炼的思想,而《新莱茵报》文章更加偏重的是思想的进一步淬炼和实际运用。

列宁曾经指出,“在一系列历史著作中,马克思提供了用唯物主义观点研究历史、分析每个阶级以至一个阶级内部各个集团或阶层所处地位的光辉而深刻的范例,透彻地指明为什么和怎么说‘一切阶级斗争都是政治斗争’”③。马克思、恩格斯发表在《新莱茵报》上的文章,无疑属于这一文本行列。恰如恩格斯所说,在1848年欧洲革命时期,“许多重大事件为我们提供了十分丰富的材料”④。

如果将《共产党宣言》和《新莱茵报》文章一道放在案头进行阅读,就很容易让人产生这样一种印象:

《共产党宣言》如同大笔勾勒,一支史笔烛照千秋,囊括了人类有文字记载以来的全部历史,纵横西方与东方、城市与乡村、大陆与海洋,揭示出包括资产者和无产者在内的一切阶级的历史命运;它是宣言,又是格言;是思想的珍宝,又是语言的奇观;是战斗的檄文,又是壮丽的史诗。而《新莱茵报》所刊发的马克思、恩格斯系列文章则如工笔细描,以惊人的历史眼光和深邃的理论视角,对1848年欧洲革命的不同阶段、进程、事件进行了准确的预测或判定,对不同阶级、派别和历史人物在革命中的表现、倾向、心态做了

① 黄楠森、庄福龄、林利主编:《马克思主义哲学史》第2卷(本卷主编庄福龄、孙伯鍨),北京出版社1991年版,第5—6页。

② 黄楠森、庄福龄、林利主编:《马克思主义哲学史》第2卷(本卷主编庄福龄、孙伯鍨),北京出版社1991年版,第6页。

③ 《列宁选集》第2卷,人民出版社2012年版,第427页。

④ 《马克思恩格斯全集》第6卷,人民出版社1961年版,第372页。

细致入微的刻画，对革命的胜利与失败、前进与动摇、后果与未来进行了生动具体的描述，堪称一幅 1848 年欧洲革命版的“清明上河图”。《共产党宣言》与《新莱茵报》文章两相印证，适可看到，淬炼的思想与思想的淬炼相互助益、相得益彰。

马克思创建的哲学不是立志于“解释世界”，而是以“改变世界”为己任。马克思主义经典作家不仅创制了新思想，而且将新思想运用于改造世界的伟大实践进程。正由于此，格外注重理论与实践的关系、思想与时代的关系，就成为马克思政治哲学区别于其他任何哲学流派的鲜明特征。要准确把握这一特征，就不能满足于仅仅关注“定型”的、建构规整的马克思主义哲学著作，如《哲学的贫困》《反杜林论》《路德维希·费尔巴哈与德国古典哲学的终结》等，而需要同时关注马克思主义经典作家那些倾力在现实的实践运动中运用、发挥和进一步淬炼、凝练自身哲学思想的著作。只有把这两方面紧密结合起来，才能更好地把握马克思政治哲学和全部马克思主义哲学的真义和价值。

第　二　篇

正义的论争

第六章　三大层面的正义话语

——马克思文本中的正义论述

> 认识到产品是劳动能力自己的产品，并断定劳动同自己的实现条件的分离是不公平的、强制的，这是了不起的觉悟，这种觉悟是以资本为基础的生产方式的产物，而且也正是为这种生产方式送葬的丧钟，就象当奴隶觉悟到他不能作第三者的财产，觉悟到他是一个人的时候，奴隶制度就只能人为地苟延残喘，而不能继续作为生产的基础一样。
>
> ——马克思

1848 年欧洲革命失败之后，马克思到伦敦重新开始政治经济学研究，留下了一生中最伟大的著作《资本论》和《1857—1858 年经济学手稿》等大量的手稿。这些著述成为研究马克思政治哲学的重要文本群。这一文本群也为著名的“马克思与正义”论争提供了大量论据和文本支撑。

对马克思与正义问题的关注，其来有自。从 20 世纪 70 年代开始，在英美等国众多左翼学者中产生了一场长达 30 多年的“马克思与正义之争”。美国学者罗伯特·塔克、艾伦·伍德还提出了一种被命名为“塔克—伍德命题”的观点，即认为马克思并不以不正义来谴责资本主义。而胡萨米、尼尔森等学者则反对这一见解，认为马克思基于正义来谴责资本主义。可以说，塔克、伍德、胡萨米、尼尔森等学者在“马克思与正义之争”这一问题上，均有相应文本支撑而又观点截然对立，这种多元解读进一步增加了马克思与正义这一问题的难度。① 马克思究竟赞成正义还是反对正义？马克思是否认为资本主义社会是非正义的？马克思批判资本主义、吁求共产主义是否有基于正义的成分？这一系列问题仍未有定论。

美国学者格伦·廷德在其著作《政治思考：一些永久性的问题》一书中写道：“认为正义对于时间和地点都是相对的这种流行观点的一个很好的例证是马克思。马克思著作的绝大部分力量来自他有力的论证：许多被看

① 参见艾伦·伍德：《马克思对正义的批判》《马克思论权利和正义：对胡萨米的回复》；齐雅德·胡萨米：《马克思论分配正义》；凯·尼尔森：《马克思论正义：对塔克—伍德命题的重新审视》《正义之争：马克思主义的非道德主义与道德主义》等文章，载李惠斌、李义天编：《马克思与正义理论》，中国人民大学出版社 2010 年版。

作是大自然中不可改变的一部分的现实和标准,如,利润的动机、私有财产和议会政府,实际上只是一个特殊历史时期的信仰和习惯,必定会消失。作为一个人,马克思不是没有绝对的道德标准,这可以从他对无情的雇主的痛斥中可以很清楚地看到。但是,作为一个思想家,他没有这种标准:他的目的不是要揭露资本主义的文明是邪恶的,而是要说明它是暂时的。他的革命力量来自于他将他攻击过的文明的各个方面统统清扫到历史洪流中去的技巧和彻底性。"①廷德对马克思正义观念的这一理解,一方面有其合理之处——的确,依据马克思历史唯物主义的基本思想,任何观念、范畴在不同的历史时期和不同的区域,往往具有极不相同的内涵。然而,另一方面,这一理解又以"作为一个思想家"的名义将马克思的正义观念虚无化了,从而也就彻底取消了马克思对正义的理解。那么,马克思关于正义问题的真实看法到底如何?在马克思的文本中,又是如何体现的?

笔者认为,要准确解答马克思与正义问题,最根本的依托是要"以马克思解读马克思",基于马克思(包括恩格斯)的真实文本,对他在这一问题上的各种论述进行清理、分类和概括。目前,中文世界最为齐备的马克思著作仍是《马克思恩格斯全集》②,笔者对马克思"正义"文本的研究以此为基础并参照其他选本。通观马克思以及恩格斯的全部文本,与正义有关的内容,主要是"正义""公平""公正"等范畴。以往学界普遍认为,马克思很少留下关于正义问题的论述和文本,以至于美国学者威廉·麦克布莱德写到,"一定要付出很多努力才能占有马克思如此稀少的论及正义的材料"③。但这更多的是因为以往学者研究马克思与正义问题,主要是释读他关于分配正义的文本,而事实上,马克思在正义问题上的论述有着更为广阔的论域、更加广泛的内容。

经过仔细清理分梳,笔者认为,马克思实际上是在三个不同的层面上谈论正义问题的。这三个层面是:

1. 日常社会交往层面,在这一层面,正义被马克思视为一种表达不偏不倚之义的"简单的道德";

2. 无产阶级利益层面,在这一层面,马克思站在无产阶级的立场,以强烈的理论激情和革命义愤批判资本主义社会及其不公正不合理的分配制

① [美]格伦·廷德:《政治思考:一些永久性的问题》,王宁坤译,北京联合出版公司2016年版,第237页。

② 《马克思恩格斯全集》第一版50卷,第二版截止到笔者写作时出版了22卷。

③ [美]威廉·麦克布莱德:《马克思、恩格斯和其他人论正义》,林进平译,载李惠斌、李义天编:《马克思与正义理论》,中国人民大学出版社2010年版,第327页。

度，表达无产阶级的利益诉求；

3. 经济科学研究层面，在这一层面，正义被马克思视为试图在现代化学研究中保留“燃素说”，会导致不可救药的混乱。

这三个层面的划分，有助于我们更清晰地把握马克思在正义问题上的论述，同时更好地破解“塔克—伍德命题”。

一、日常社会交往层面：简单的道德

正义作为一种表示不偏不倚、公道正直之义的道德范畴，无论在西方还是在东方，都有极为悠久的历史和重要的内涵。章海山教授认为，在西方伦理思想史的源头，“公正就是不偏不倚”，“公正（或译为正义、公道）观念，在希腊原始公有制社会中，产生于共同生产和平均分配之中。”①在我国的春秋战国时期，对公道正直等道德规范就有了较为明确的认肯和表述。孔子主张“中”“中庸”，就包含着不偏不倚、公道正直的含义。他曾说：“中庸之为德也，其至矣乎。”（《论语·雍也》）也就是说，孔子认为中庸是至高无上的道德规范，并强调“过犹不及”皆非“中”，“中”显然是指“无过也无不及”。宋代的大儒朱熹就此解释说：“中者，无过不及之名也。”（《论语集注》）又说：“不偏之谓中。”（《中庸集注》）《荀子·正论》中提出：“上者”为“下之仪”“下之本”，“上公正，则下易直矣。”《吕氏春秋》则强调：“天无私覆也，地无私载也，日月无私烛也，四时无私行也，其德而万物得遂长焉。”可见，正义作为一种表示不偏不倚、公道中正的道德规范，源远流长，在社会生活中发挥着重要的调节作用。

马克思主义从未脱离人类文明大道，而是致力于为人类文明提供新内容。在正义问题上，同样如此。阅读马克思和恩格斯的著作尤其是书信，其中有很多在日常生活和社会交往中使用“公平”“公正”的表述，其含义就是不偏不倚、公正无私。例如，马克思在1860年2月21日给《总汇报》编辑部的信中说，“我在这种情形下特意期待的是什么呢——最低限度是 common fairness〔一般的公正〕（除非特别说明，本书引文中的黑体字都系引者所加），即任何一家英国报纸（无论它的派系如何）都不敢违背的这种公正。”②恩格斯在1861年3月写作的《志愿兵将军》一文中写道：“志愿兵运动缺少一样东西：内行的局外人公平合理的、同时又坦率而真诚的批评。”

① 章海山：《西方伦理思想史》，辽宁人民出版社1984年版，第29页。

② 《马克思恩格斯全集》第14卷，人民出版社1964年版，第768页。

恩格斯在这里赞成的是“不偏不倚的意见”“公正的意见”。[①] 在《步枪和步枪射击》一文中他还谈道，用“工兵部队装备的价值约 4 英镑的朗卡斯特 677 式椭圆形枪膛的普通军用马枪”，“同制造精良，价值约 25 英镑的惠特沃思式步枪比赛，显然是不公平的”。[②] 再如，法国社会主义者保·拉维涅在 1885 年 8 月 8 日的信中请恩格斯校阅他翻译的马克思《路易·波拿巴的雾月十八日》一书译稿，而恩格斯由于已经答应了另一位译者福尔坦同样的请求，并且已经校阅了一部分，因而在 12 月 1 日的回信(草稿)中说，“在这种情况下，我不认为自己有权以任何方式利用您的译作；我一页也不容许自己看您的译稿，因为，如果它比福尔坦的译稿好，我难免不把您的某些句子用到他的稿子上，而这对您是不公正的，就是对福尔坦，看来也是不公正的，因为您跟他不和。所以，非常遗憾，为了保持公正，我不能看您的译稿。”[③]显然，马克思、恩格斯在这些场合下所使用的“公平”“公正”等范畴，指的就是一种在日常生活和社会交往中公道、不偏私的简单的道德品质。

这种日常社会交往中的道德品质，被马克思、恩格斯做了进一步的发挥和引申，用来评价历史事件、历史人物。马克思在 1862 年 1 月 11 日撰写了《英国的舆论》一文，当时英美之间发生了“特伦特号事件”，两国关系紧张、战争一触即发，英国工人阶级在这种情况下承受着巨大的苦难而坚决反对战争，“美国永远不应忘记：从这次冲突的开始直到终了，至少英国的工人阶级从来没有背弃过它”，马克思就此指出，“在这种情况下，仅仅出于公正，也必须赞扬英国工人阶级的正确立场”。[④] 而恩格斯在 1885 年 10 月 28 日给倍倍尔的信中，从历史和理论上对英国工人、法国工人和德国工人的优点和不足进行了分析，指出，“英国人和法国人早已把他们革命前的童贞遗忘了，而我们德国人却仍然拖着这种有时是十分累赘的装饰物，因为我们还从未完成过一次独立的革命。彼此各有自己的优点和缺点。但是如果把三个国家的工人的不同态度用同一种片面的尺度去衡量，这是十分不公正的。”[⑤]在上述语境下，“公正”范畴作为一种道德评价尺度，被马克思、恩格斯运用于具体社会历史事件或现象的评判，但仍然使用的是其公平正直的本义。

从上述引证可以看出，马克思、恩格斯对于表示不偏不倚的道德评价之

① 《马克思恩格斯全集》第 15 卷，人民出版社 1963 年版，第 274 页。
② 《马克思恩格斯全集》第 15 卷，人民出版社 1963 年版，第 293 页。
③ 《马克思恩格斯全集》第 36 卷，人民出版社 1975 年版，第 386—387 页。
④ 《马克思恩格斯全集》第 15 卷，人民出版社 1963 年版，第 464 页。
⑤ 《马克思恩格斯全集》第 36 卷，人民出版社 1975 年版，第 370—371 页。

义的“正义”,不但赞成,而且经常使用。学界以往对马克思在这一方面的正义论述极少关注,也许是觉得太“简单”、太“日常”了。然而事实并非如此,马克思还将这种日常社会交往中简单的道德评判,巧妙地运用于国际共产主义运动实践,尤其是在第一国际的一系列宣言、章程等中多次使用“正义”这一范畴。主要有:马克思在1864年10月撰写的《国际工人协会成立宣言》中提出,“努力做到使私人关系间应该遵循的那种简单的道德和正义的准则,成为国际关系中的至高无上的准则。”①在《协会临时章程》中,马克思还写到,“这个国际协会以及加入协会的一切团体和个人,承认真理、正义和道德是他们彼此间和对一切人的关系的基础,而不分肤色、信仰或民族。”②在1870年7月起草的《国际工人协会总委员会关于普法战争的第一篇宣言》中,马克思再次重述了“国际所要求的对外政策”,即“……努力做到使私人关系间应该遵循的那种简单的道德和正义的准则,成为各民族之间的关系中的至高无上的准则。”③在1871年11—12月印成的《国际工人协会共同章程》中,马克思采用了同样的表述。④

对于这里的“正义”范畴,一些研究作了过度的解读,抬高了这里的“正义”在马克思思想中所占的分量。而笔者认为,马克思在这里使用的“正义”,其内涵并不复杂,也不深奥,就是他在日常社会交往中所使用的正直无私等义。马克思在这里明确将“正义的准则”与“简单的道德”相提并论,以之作为共产国际之间、各民族之间的交往规范。在这一层面上,马克思无疑认可正义,但对正义范畴并无过多的推崇。这从马克思1864年11月4日致恩格斯的信中也可以看出:“不过我必须在《章程》(协会临时章程)引言中采纳‘义务’和‘权利’这两个词,以及‘真理、道德和正义’等词,但是,这些字眼已经妥为安排,使它们不可能为害。”⑤在同一封信中马克思还指出:“要把我们的观点用目前水平的工人运动所能接受的形式表达出来,那是很困难的事情。……这就必须内容上坚决,形式上温和。”⑥从马克思的表述可以看出,他之所以采用“正义”等范畴,更多的是出于一种策略上的需要。

恩格斯曾明确写道:“在日常生活中,需要加以判断的各种情况很简

① 《马克思恩格斯全集》第16卷,人民出版社1964年版,第14页。
② 《马克思恩格斯全集》第16卷,人民出版社1964年版,第16页。
③ 《马克思恩格斯全集》第17卷,人民出版社1964年版,第3页。
④ 《马克思恩格斯全集》第17卷,人民出版社1964年版,第475—478页。
⑤ 《马克思恩格斯全集》第31卷,人民出版社1972年版,第17页。
⑥ 《马克思恩格斯全集》第31卷,人民出版社1972年版,第17页。

单,公正、不公正、公平、法理感这一类说法甚至应用于社会事物也不致引起什么误会……”①正是在这一层面,马克思、恩格斯认可正义范畴并经常使用,以表达不偏不倚、公道正直的含义。这说明在真正的社会领域(例如非私有制社会),在一种具有共通规范的共同体生活中,在正义作为一种道德范畴能够真正发挥其评价功能和调节作用时,马克思是看重正义范畴的。而随着现代社会各种不确定性和风险日渐增加,在日常生活中判断各种情况也变得越来越不简单,道德世界和日常生活中充满了冲突的抉择。这就如同桑德尔所揭示的那样,“公正——该如何做是好”②等问题愈益变得复杂多变,这恰恰给当代伦理学和道德哲学的正义建构留下了广阔的探索空间。

二、无产阶级利益层面:革命的义愤

自从人类社会进入阶级社会以来,就没有哪个阶级可以生活在本阶级独存的真空中。“私有制社会以来,公正作为一个道德规范是与财产密切联系在一起的,一切损害私有财产的行为被看作最不道德、最不公正。”③马克思主义揭示出,任何一个阶级都有自己的正义观,正义的阶级性是其重要属性。④ 正是也仅仅是在这一意义上,笔者同意美国学者胡萨米关于马克思与正义问题的一个观点:“被剥削阶级,如无产阶级,就形成了一种不同于资产阶级标准的正义概念,并对现行的生产资料分配和收入分配予以否定性评价。”毫无疑问,无产阶级肯定拥有自身的、与资产阶级迥异的正义观。但是,胡萨米由此推论出,“在马克思的表述中,无产阶级及其代言人运用无产阶级的正义标准批判资本主义的分配活动,这是有效的。”⑤这一推论就显得过于武断了。

如果说马克思在暂时剥离了阶级关系的日常社会交往层面将正义视为一种“简单的道德”,那么一当问题涉及资本主义制度,尤其是资本主义分配制度层面,马克思就立即将正义视为表达无产阶级利益诉求的一种价值评判,在笔端充分倾泻出他对资本主义制度的强烈义愤。恩格斯曾经写到,

---

① 《马克思恩格斯文集》第3卷,人民出版社2009年版,第323页。

② 参见[美]迈克尔·桑德尔:《公正——该如何做是好?》,朱慧玲译,中信出版社2012年版。

③ 章海山:《西方伦理思想史》,辽宁人民出版社1984年版,第29页。

④ 参见拙著:《正义之后:马克思恩格斯正义观研究》,江苏人民出版社2010年版,第五章。

⑤ [美]齐雅德·胡萨米:《马克思论分配正义》,载李惠斌、李义天编:《马克思与正义理论》,中国人民大学出版社2010年版,第47页。

如果工人面对资产阶级的“凌辱、蹂躏、肉体摧残和精神折磨”而“毫不气愤”，那么工人阶级就是命该如此，“没有这种激情、革命义愤，无产阶级的解放是没有希望的”。[1] 通过阅读马克思和恩格斯的著作，我们完全可以感受到，他们绝不是冷冰冰的、不带任何感情色彩的研究机器，相反，他们的笔锋是常带感情的。对于资本主义制度造成的苦难、对于资本主义不公正不合理的分配制度、对于无产阶级和劳动人民在资本主义制度下受到的残酷剥削，马克思和恩格斯站在无产阶级的立场，进行了感同身受的描绘和义愤填膺的表达。

在《资本论》中，马克思以强烈的讽刺性口吻写道：

> 让我们来赞美资本主义的公正吧！土地所有者、房主、实业家，在他们的财产由于进行‘改良’，如修铁路、修新街道等等而被征用时，不仅可以得到充分的赔偿，而且按照上帝的意旨和人间的法律，他们还要得到一大笔利润，作为对他们迫不得已实行‘禁欲’的安慰。而工人及其妻子儿女连同全部家当却被抛到大街上来，如果他们过于大量地拥到那些市政当局要维持市容的市区，他们还要遭到卫生警察的起诉！[2]

在《国际工人协会成立宣言》中，马克思援引各种资料，揭示了工人在资本主义制度下悲惨的生活状况，愤怒地谴责资本主义制度“使工人阶级健康损坏、道德堕落和智力衰退”[3]。恩格斯在《英国无产阶级状况》等著作中，以悲愤的笔触描写了无产者的悲惨境遇。他将以往不同时期的剥削制度称为“吸血的制度”，将资本主义制度称为“丑恶的制度”[4]，“只要还有一块肉、一条筋、一滴血可供榨取，厂主就不会放松剥削……这种剥削践踏了文明社会的一切要求。”[5]类似的表述，在马克思、恩格斯的著作中还有很多，从这些描写中我们不难感受到这是一种充满了“激情、革命义愤”的写作。真正深入地阅读马克思的著作，往往一方面被他的思想论辩所折服，另一方面被他的理论激情所感染。世界上劳苦大众的心都是相通的，能够唤醒亿万计劳动人民发挥改天换地磅礴力量的，一定是劳苦大众自己的理论

---

① 《马克思恩格斯全集》第 10 卷，人民出版社 1998 年版，第 282 页。
② 《马克思恩格斯全集》第 23 卷，人民出版社 1972 年版，第 725 页。
③ 《马克思恩格斯选集》第 2 卷，人民出版社 1995 年版，第 601 页。
④ 《马克思恩格斯全集》第 10 卷，人民出版社 1998 年版，第 283 页。
⑤ 《马克思恩格斯全集》第 10 卷，人民出版社 1998 年版，第 299—300 页。

家。在马克思、恩格斯的笔下,始终激荡着一颗无产阶级的心脏。

马克思恩格斯不仅一般地、宏观地批判资本主义制度,而且深入到税收等具体的分配领域来表达无产阶级所受的不公正待遇。早在 1845 年 2 月 8 日在爱北菲特的演说中,恩格斯就提出了“三个必然会促使共产主义实现的措施”,即国家对一切儿童实行普遍教育、全面改组济贫所、实行资本累进税制。按照恩格斯的阐述,第一个和第三个措施带有明显的提高社会公平感的色彩。第一个措施“对我们的穷弟兄来说,只是一件公平的事情,因为每一个人都无可争辩地有权全面发展自己的才能,而且当社会使愚昧成为贫穷的必然结果的时候,它就对人犯下了双重的罪过。”①他指出,要贯彻前两个原则就需要钱,“为了取得这些钱,同时为了改变到现在为止一切分担得不公平的赋税,在现在提出的改革计划中就应该建议采取普遍的资本累进税,其税率随资本额的增大而递增。这样,每一个人就按照自己的能力来负担社会的管理费用,这些费用的重担就不会像一切国家中以往的情形那样,主要落在那些最没有力量负担的人们的肩上。”②在 2 月 15 日的演说中,恩格斯再次提到:“总有一天无产阶级的力量会强大起来,觉悟会提高起来,他们再也不愿载负着一直压在他们肩上的整个社会大厦的重担,他们会要求更公平地分配社会的负担和权利。”③恩格斯在这里表明,资本主义社会的税赋制度对无产阶级来讲是极为不公平的,必须通过革命手段改变这一不公平的税赋制度。

在《革命的西班牙》一文中,马克思批判了西班牙在专制时期由卖国政府实行的“人人皆知的不公平、不合理、负担沉重的财政制度”④。1850 年春,马克思和恩格斯撰文评论过埃米尔·德·日拉丹的《社会主义和捐税》一书。日拉丹在其著作中,对当时法国的土地税、私人动产税、门窗税、特许税、注册税和印花税、酒税、关税、入市税等做了评论,其观点可以归纳为三点:1. 从来没有一种税是按照它的制订者的意图由应当负担的那个阶级去负担的,而总是转嫁到另一个阶级的身上;2. 所有的临时税都会固定下来成为永久税;3. 任何一种税都不是根据财产多少按比例征收的,都不是公平的、平等的、合理的。⑤ 日拉丹为了改变这种不公平不合理的捐税制度,

① 《马克思恩格斯全集》第 2 卷,人民出版社 1957 年版,第 614 页。
② 《马克思恩格斯全集》第 2 卷,人民出版社 1957 年版,第 615 页。
③ 《马克思恩格斯全集》第 2 卷,人民出版社 1957 年版,第 618—619 页。
④ 《马克思恩格斯全集》第 10 卷,人民出版社 1962 年版,第 477 页。
⑤ 参见《马克思恩格斯全集》第 10 卷,人民出版社 1998 年版,第 345 页。

提出了取消捐税、把它变成保险金的观点。① 对于这样一种纯粹的空想，马克思、恩格斯指出，“税制改革是一切激进资产者的拿手好戏，是一切资产阶级经济改革的特殊要素。……捐税改革的目的不是废除妨碍工业发展的旧传统税和缩减国家预算，就是比较平等地分摊捐税。资产者对平等分摊捐税的幻想追求得越顽强，实际上这种幻想就越不能实现。捐税最多只能在一些次要方面改变直接以资产阶级生产为基础的分配关系，如工资和利润的关系、利润和利息的关系、地租和利润的关系，但是它从来动摇不了这些关系的基础。所有关于捐税的探讨和争论都以肯定这些资产阶级的关系万世长存为前提。”②这就是说，资产阶级的捐税改革，丝毫不能改变其私有制的前提，不会有利于无产阶级，最多只能在一些次要方面触及资本主义的分配关系。这样的捐税改革，对于无产阶级来讲，是没有根本帮助的。因此，“读者在日拉丹的整本书里唯一没有读到的就是工人”，“资产阶级的社会主义总是设定社会只是资本家构成的”。③ 与日拉丹不同，马克思、恩格斯是鲜明地站在无产阶级的立场上来看待资产阶级的捐税制的，对这种分配制度，无产阶级的回答不是改革，而是消灭其私有制前提，对全部生产关系进行社会主义的改造。

在 1853 年 4 月 20 日前后撰写的《英镑、先令、便士，或阶级的预算和这个预算为谁减轻负担》④一文中，威廉·皮佩尔还利用马克思提供的资料和观点，尖锐抨击了以格莱斯顿为财政大臣的辉格党剥夺穷苦大众的财政方案。当时英国财政大臣格莱斯顿制定的有利于资产阶级的财政预算方案，实质上是把负担转嫁到不富裕阶层身上。格莱斯顿保证说，这“不会触及

① 按照日拉丹的设计，每一年由前任收税官发给被保险人一个保险证，上面列明其姓名、编号、财产总额以及法国的国家预算和总收支平衡表等，社会成员自己估价自己的财产以确定保险金额度，这样，社会成员支付一定的保险金就可以彼此保证笔记的财产不因火灾、旱灾、雹灾和破产等受到损失，资产阶级社会具有瘟疫性质的一切变动和兴衰由此消失，普遍的安全和普遍的保险由此实现。

② 《马克思恩格斯全集》第 10 卷，人民出版社 1998 年版，第 347—348 页。

③ 《马克思恩格斯全集》第 10 卷，人民出版社 1998 年版，第 354 页。

④ 《英镑、先令、便士，或阶级的预算和此预算为谁减轻负担》这篇文章，在《马克思恩格斯全集》中文第一版中是作为马克思的著作收入全集的。（见 1961 年第一版第 9 卷，第 72—76 页。）而《马克思恩格斯全集》中文第二版认为，这篇文章很可能是威廉·皮佩尔受马克思的委托写的，故将其收入了附录部分。（见 1998 年第二版第 12 卷，第 656—660 页、813 页）但是，这篇文章与马克思 4 月 19 日写给《纽约每日论坛报》的通讯《菲格斯·奥康瑙尔。——内阁的失败。——预算》谈的是同一个问题，文中不仅使用了相同的资料，而且对所得税、遗产税和取消其他税收的看法都是一致的。因此，我们援引该文作为论据在理论上是成立的，它能够代表马克思的观点。

劳工阶层”。对此，马克思和皮佩尔指出，采取这一方案的效果只能是：“减轻富有者的负担，而把富有者得到的轻松化为重负压到较不富者的头上。富商将交纳得少一些，而为了加以弥补，不富裕的商人要交纳由过去不由他们直接交纳的税。这真是奇怪的公平！”①对此，他们提出，在征税问题上应当倾向于累进税制，使税额的百分率随收入数额而提高，因为5万便士对年收入1万英镑的人说来比500便士对年收入100英镑的人说来要少。② 从这里可以看出，在尚不具备直接消灭资本主义制度的情况下，马克思主张分配制度的制定和调整，一定要充分考虑到无产阶级的利益，最大限度地向无产阶级倾斜。然而事实上，在资本主义制度的总体框架下，资产阶级的财政政策不会对工人阶级有好处，因为这个社会制度“处处都精心划定了限度，超出限度工人就会得益，贵族和中等阶级就要受损；所以竭力避免超过这个限度”③。

正是由于资本主义制度不公平、不合理的非正义本质，马克思、恩格斯虽然从无产阶级的正义观出发，充分揭露了资本主义分配制度给无产阶级造成的苦难和伤害——这既是对资本主义分配制度的事实描述，也是对它的价值评判，但绝不意味着要求通过变革分配制度而实现无产阶级的根本利益，也不意味着他们同意基于正义或非正义的原则来谴责资本主义。

事实上，马克思、恩格斯在这些问题上的主张，始终是消灭私有制、消灭雇佣劳动制度。马克思认为，在所谓分配问题上大做文章并把重点放在它上面，那是根本错误的。④ 马克思有一段著名的表述：

> 什么是“公平的”分配呢？难道资产者不是断言今天的分配是“公平的”吗？难道它事实上不是在现今的生产方式基础上唯一“公平的”分配吗？难道经济关系是由法的关系来调节，而不是相反，从经济关系中产生出法的关系吗？难道各种社会主义宗派分子关于“公平的”分配不是也有各种极不相同的观念吗？⑤

对这段话学界有多种解释，但核心要义恰恰在于：生产方式是分配方式的基础，如何生产决定着如何分配，因而要改变资本主义不合理的分配制

① 《马克思恩格斯全集》第12卷，人民出版社1998年版，第657页。

② 参见《马克思恩格斯全集》第12卷，人民出版社1998年版，第657页。

③ 《马克思恩格斯全集》第12卷，人民出版社1998年版，第659页。

④ 参见《马克思恩格斯选集》第3卷，人民出版社1995年版，第306页。

⑤ 《马克思恩格斯选集》第3卷，人民出版社1995年版，第302页。

度，只能通过变革其生产方式来实现，而不是在分配领域中兜圈子。这就将我们对马克思关于正义问题的论述，提升到了经济科学研究的层面。

三、经济科学研究层面：社会“征兆”

列宁曾经指出，“使马克思的理论得到最深刻、最全面、最详尽的证明和运用的是他的经济学说。”①在经济科学研究层面，马克思没有将所谓正义、公平等范畴包括在内，而是仅仅将其视为“社会燃素”，看作一种“征兆”。马克思、恩格斯之所以将自己创造的思想体系称为科学社会主义，最根本的原因是这一体系建立在物质生产实践的现实基础之上，是可以用自然科学的精密性加以验证的。

马克思指出，“社会——不管其形式如何——究竟是什么呢？是人们交互作用的产物。人们能否自由选择某一社会形式呢？决不能。在人们的生产力发展的一定状况下，就会有一定的交换〔commerce〕和消费形式。在生产、交换和消费发展的一定阶段上，就会有一定的社会制度、一定的家庭、等级或阶级组织，一句话，就会有一定的市民社会。”②而按照马克思在《〈政治经济学批判〉序言》中的经典表述，“对市民社会的解剖应该到政治经济学中去寻求”③。正是通过艰苦的政治经济学批判和探索，马克思深刻探讨了资本主义生产、交换、分配、消费等的全过程，揭橥了剩余价值的秘密，“发现了现代资本主义生产方式和它所产生的资产阶级社会的特殊的运行规律”④，从而使无产阶级的彻底解放和资本主义私有制的消亡奠定在科学的基础之上。

马克思明确指出：“对现存经济制度完全无知的人，当然更不能理解工人为什么要否定这种制度。他们当然不能理解，工人阶级企图实现的社会变革正是目前制度本身的必然的、历史的、不可避免的产物。”⑤正是由于此，马克思斥责那些“想用关于正义、自由、平等和博爱的女神的现代神话来代替它的唯物主义的基础”的人，把正义斥为“陈词滥调”⑥，批判《未来

① 《列宁选集》第2卷，人民出版社2012年版，第428页。
② 《马克思恩格斯全集》第27卷，人民出版社1972年版，第477页。
③ 《马克思恩格斯全集》第31卷，人民出版社1998年版，第412页。
④ 《马克思恩格斯文集》第3卷，人民出版社2009年版，第601页。
⑤ 《马克思恩格斯选集》第3卷，人民出版社1995年版，第113页。
⑥ 《马克思恩格斯选集》第4卷，人民出版社1995年版，第627页。

杂志》“主要意图就是用关于‘正义’等等的虚妄词句来代替唯物主义的认识”①,认为这种正义“只能是愚蠢的——愚蠢的、无聊的和根本反动的……”②正是在这一意义上,伍德的下述主张是有充分理据的,“马克思所发出的革命推翻资本主义生产关系的号召,不是也不可能是建立在‘资本主义是不正义的’这种断言的基础上。事实上,马克思认为,所有想把革命实践建立在法权观念基础上的企图都是意识形态的胡言乱语……”③

从马克思完成思想转变,一直到生命晚期,始终在着力批判那种将正义范畴引入严肃的政治经济学研究的企图。④ 这也是马克思不同于历史上一切正义理论家、政治哲学家的卓越之处。马克思在《资本论》的一个注中写道,蒲鲁东先从与商品生产相适应的法权关系中提取他的公平理想,然后反过来按照这种理想来改造现实的商品生产和与之相适应的现实的法权。马克思认为这完全是非科学、反科学的做法,他以生动的笔触写道:

> 如果一个化学家不去研究物质变换的现实规律,并根据这些规律解决一定的问题,却要按照“自然性”和“亲合性”这些“永恒观念”来改造物质变换,那末对于这样的化学家人们该怎样想呢?如果有人说,“高利贷”违背“永恒公平”、“永恒公道”、“永恒互助”以及其他种种“永恒真理”,那末这个人对高利贷的了解比那些说高利贷违背“永恒恩典”、“永恒信仰”和“永恒神意”的教父的了解又高明多少呢?⑤

马克思在这里将自己对政治经济学的探索等同于化学家研究物质变换的现实规律,充分表明了政治经济学研究的科学属性,而将蒲鲁东“公平的理想”视为脱离实际、头足倒立的幻想。无独有偶,恩格斯也是用化学来做对比,如前所引,他虽然承认“公正”“公平”等范畴在日常生活中的用途,认为其不会引起误解,但紧接着就指出,“……可是在经济关系方面的科学研究中,如我们所看到的,这些说法却会造成一种不可救药的混乱,就好像在现代化学中试图保留燃素说的术语会引起混乱一样。”⑥

---

① 《马克思恩格斯选集》第 34 卷,人民出版社 1972 年版,第 283 页。

② 《马克思恩格斯选集》第 4 卷,人民出版社 1995 年版,第 627—628 页。

③ [美]艾伦·伍德:《马克思对正义的批判》,林进平译,载李惠斌、李义天编:《马克思与正义理论》,中国人民大学出版社 2010 年版,第 28 页。

④ 参见拙著:《正义之后:马克思恩格斯正义观研究》,江苏人民出版社 2010 年版。

⑤ 马克思:《资本论》第 1 卷,人民出版社 2004 年版,第 103—104 页,注(38)。

⑥ 《马克思恩格斯文集》第 3 卷,人民出版社 2009 年版,第 323 页。

在《反杜林论》中，恩格斯更加明确地论述了这一问题。恩格斯这段论述比较长，为了清楚地说明问题，我们全文引用如下。恩格斯指出：

> 在剩余价值理论方面，马克思与他的前人的关系，正如拉瓦锡与普利斯特列和舍勒的关系一样。在马克思以前很久，人们就已经确定我们现在称为剩余价值的那部分产品价值的存在；同样也有人已经多少明确地说过，这部分价值是由什么构成的，也就是说，是由占有者不付等价物的那种劳动的产品构成的。但是到这里人们就止步不前了。其中有些人，即资产阶级古典经济学家，至多只研究了劳动产品在工人和生产资料所有者之间分配的数量比例。另一些人，即社会主义者，则发现这种分配不公平，并寻求乌托邦的手段来消除这种不公平现象。这两种人都为既有的经济范畴所束缚。于是，马克思发表意见了，他的意见是和所有他的前人直接对立的。在前人认为已有答案的地方，他却认为只是问题所在。他认为，这里摆在他面前的不是无燃素气体，也不是火气，而是氧气；这里的问题不是在于要简单地确认一种经济事实，也不是在于这种事实与永恒公平和真正道德相冲突，而是在于这样一种事实，这种事实必定要使全部经济学发生革命，并且把理解全部资本主义生产的钥匙交给那个知道怎样使用它的人。根据这种事实，他研究了全部既有的经济范畴……"①

恩格斯在这里表明，在马克思之前，人们就已觉察到无产阶级生产的产品被资本家无偿占有了很大部分，但资产阶级经济学家出于维护资本主义制度的需要，至多研究其分配比例问题。而空想社会主义者则认为这不公平，因而要按照公平原则重新进行分配。也就是说，资产阶级经济学家充当了资本主义制度的辩护士，而空想社会主义者指出了这个制度的弊病，即资产阶级"不付等价物"而占有了工人"劳动的产品"，但他们并没有从科学上破解资产阶级剥削工人阶级的秘密，更没有给出解决问题的现实路径。只有马克思在这个问题上进行了科学探索，破解了剩余价值的秘密，进而发现了资本主义制度运行和消亡的规律。

将马克思的科学研究置于社会主义思想史的长河中进行考察，可以更深刻地理解他为什么在政治经济学的科学研究中不同意使用正义范畴。实际上，从最早的空想社会主义者一直到马克思的同时期，都有大量的社会主

① 《资本论》第2卷"序言"，人民出版社2004年版，第21页。

义思想家对资本主义制度的罪恶及其造成的严重后果进行过充分的揭露和批判。除了三大空想社会主义者,在威廉·汤普逊、约翰·格雷、约翰·勃雷、托马斯·霍奇斯金等社会主义思想家的著作中,到处都可以发现大量的对资本主义制度的批判。

恩格斯记述道,马克思1847年在写作《哲学的贫困》时就引用过埃德蒙兹、汤普森、霍吉斯金等人的著作。恩格斯还谈到汤普森的著作《最能促进人类幸福的财富分配原理的研究》,认为“在这本书里也到处都指出,非生产阶级所占有的财富,是对工人产品的扣除,而且措辞相当激烈”。[①] 此外,格雷在《人类幸福论》一书中认为,劳动是财富的基础,而地主和资本家却把劳动产品据为己有,“富人实际上什么都没有付出,而得到了一切;穷人实际上付出了一切,却什么也没有得到”[②],“这就是极大的不公平”[③]。这种状况的起因就在于资本主义制度,因此“我们要谴责制度,并且指出:‘不公平是这种制度的主要基础。’”所以,“我们恳切地征求每一个正直的人的意见,请他们说一说,这样的社会状态该不该继续存在下去?它与一切基本的公平原则有没有矛盾?”[④]约翰·勃雷则愤慨地写道:“……专靠两手谋生的人,哪里会感觉到他所忍受的迫害与损害都是不应该的并且都是可避免的呢?这些迫害和损害难道不是好像用铁笔铭刻在人的心上了么?难道每一个国家的劳动阶级不是像牛马一样,非但是没有心脏,并且是没有灵魂,只是听天由命一直工作到死为止么?难道由于没有脑筋的骄傲而想起来的一切对人污蔑和厌恶的话语,不是堆积如山似的了么?难道劳动的外衣不是愚昧、耻辱,或没有政治权利的象征么?倘使要收税了,一定是工人们来缴纳的;倘使要开战了,一定是工人们去打仗的;倘使所颁布的法律是不公正的,他们也必须唯命是听;倘使他们对暴政略有怨言并且是敢抵抗,他们就会像猪狗一样遭到屠杀!他们的骨髓和他们的孩子的生命的血都是为过分的劳役所耗尽了!”[⑤]可以说,对于资本主义不公正、非正义的揭露与批判,空想社会主义与马克思、恩格斯并没有本质性的不同。

然而,根本的区别,在于从这里走出的下一步。如何对待和解决资本主义制度的这种不平等、不公正、非正义,才是空想社会主义与科学社会主义

---

① 马克思:《资本论》第2卷“序言”,人民出版社2004年版,第18页。

② [英]约翰·格雷:《人类幸福论》,张草纫译,商务印书馆1984年版,第30页。

③ [英]约翰·格雷:《人类幸福论》,张草纫译,商务印书馆1984年版,第35页。

④ [英]约翰·格雷:《人类幸福论》,张草纫译,商务印书馆1984年版,第30页。

⑤ [英]约翰·勃雷:《对劳动的迫害及其救治方案》,袁贤能译,商务印书馆2009年版,第15页。

的根本区别。

对于空想社会主义者来说,“社会主义是绝对真理、理性和正义的表现,只要把它发现出来,它就能用自己的力量征服世界。”①他们给资本主义制度开出的药方,就是公平、正义等原则,要求资本主义制度重回正义的轨道。勃雷就认为,一切罪恶的根源“产生于现仍存在的私有制度。所以立即永远消灭现有的不公平和罪恶,必须彻底摧毁现时的社会制度,而代之以更符合于公平和人类理性原则的制度。”②“对付资本家”和“铲除他的暴戾毒根的可能方法”,只能是“将普及劳动和平等交换的伟大原则都树立起来”。③“只有走这一条道路,就是将我们所考虑的那些公正原则和平等原则,一一付诸实践。”④通过以上摘引可以看出,空想社会主义与马克思主义两种思想体系的对比是这样鲜明——“马克思从来不把他的共产主义要求建立在这样的基础上(即不公平,引者注),而是建立在资本主义生产方式的必然的、我们眼见一天甚于一天的崩溃上”。⑤列宁同样认为,“资本主义社会必然要转变为社会主义社会这个结论,马克思完全是从现代社会的经济的运动规律得出的。”⑥如果说在无产阶级利益层面上,在以理论激情与革命义愤批判资本主义制度方面,马克思与空想社会主义者是一脉相承的;那么,恰恰在经济科学研究层面,在探索资本主义社会运行和消亡的客观规律方面,在指明实现共产主义的路径方面,马克思彻底超越了空想社会主义者,实现了社会主义从空想到科学的转变。问题至此变得很清楚,如果非要在马克思的经济科学研究层面,楔入正义等范畴,只能说这是一种违背马克思原意的做法。总之,综观马克思、恩格斯在经济科学层面关于正义问题的论述,可以得出这样一个结论:在马克思亲手建构的政治经济学理论大厦中,没有给正义预留房间。

既然马克思的政治经济学研究将正义视为社会“燃素”,是否意味着正义毫无用处呢?马克思、恩格斯认为,问题并不如此简单。他们将正义视为一种“征兆”和“觉悟”,认为在正义的背后隐藏着真实的经济事实,表明现

---

① 《马克思恩格斯选集》第4卷,人民出版社1995年版,第195页。
② [英]约翰·勃雷:《对劳动的迫害及其救治方案》,袁贤能译,商务印书馆2009年版,第17页。
③ [英]约翰·勃雷:《对劳动的迫害及其救治方案》,袁贤能译,商务印书馆2009年版,第86页。
④ [英]约翰·勃雷:《对劳动的迫害及其救治方案》,袁贤能译,商务印书馆2009年版,第17页。
⑤ 《马克思恩格斯全集》第21卷,人民出版社1965年版,第209页。
⑥ 《列宁选集》第2卷,人民出版社2012年版,第439页。

存的分配方式、生产方式等已经不能再原样继续下去了。

在《1857—1858年经济学手稿》中，马克思写下了这样一段话：

> 认识到产品是劳动能力自己的产品，并断定劳动同自己的实现条件的分离是不公平的、强制的，这是了不起的觉悟，这种觉悟是以资本为基础的生产方式的产物，而且也正是为这种生产方式送葬的丧钟，就象当奴隶觉悟到他不能作第三者的财产，觉悟到他是一个人的时候，奴隶制度就只能人为地苟延残喘，而不能继续作为生产的基础一样。①

这就是说，工人阶级生产的产品被资本家无偿占有了绝大部分，之所以如此，就在于资产阶级牢牢掌控着生产资料，而工人阶级只有自身的劳动力可供出卖。工人阶级如果意识到生产资料和劳动力的这种被迫分离是不公平的和非正义的，那么这就意味着这种生产方式要面临工人阶级的斗争，就要退出历史舞台了。旧的生产方式的丧钟就要敲响了。因而，正义的呼声和诉求，是一种社会的"征兆"。在《1861—1863年经济学手稿》中，马克思几乎一字不易地写下了这段话。② 恩格斯在1884年10月为马克思《哲学的贫困》所作的德文版序言中也写道："就经济形式说是错误的东西，在世界历史意义上却可以是正确的。如果群众的道德感宣布某一经济事实为不公平，如当年对于奴隶制或农奴制那样，这就证明这个事实本身已经过时，而另一些经济事实已经出现了，由于这种情况，那原来的事实已经变成不能忍受和不能维持的了。因此，在表面的经济不公平之后，可以藏着一个非常实在的经济内容。"③从这些论述都可以看出，马克思恩格斯都将正义看作一种"征兆"，它是一个预言，是实际上巨大得多的冰山在海面上显露出来的尖尖的锥体。在正义呼声的背后，是亟待变革的物质生产方式和经济事实。

以上我们将马克思关于正义问题的文本划分为三个层面，分别探讨了他在不同层面上对正义的不同态度。笔者认为，这种划分对于我们当前相

---

① 《马克思恩格斯全集》第30卷，人民出版社1995年版，第455页。

② 在《1861—1863年经济学手稿》中，马克思是这样写的："[工人]认识到劳动产品是劳动能力自己的产品，并断定[劳动]同自己的实现条件的分离是不公平的，是强制的关系，这是了不起的觉悟，这种觉悟同样是资本主义生产方式的产物，而且也正是为这种生产方式送葬的丧钟，就象当奴隶觉悟到他不能成为他人财产的时候，奴隶制度就只能人为地苟延残喘，而不能继续作为生产的基础一样。"参见《马克思恩格斯全集》第48卷，人民出版社1985年版，第100页。

③ 《马克思恩格斯全集》第21卷，人民出版社2003年版，第209页。

关领域的研究,至少有这样几点启示:

第一,既然马克思在日常社会交往层面经常使用不偏不倚内涵的正义这一道德规范——这一层面很明显是不以阶级冲突和私有制为前提的,那么我们就有可能在社会主义社会条件下,以"正义的原则"和"简单的道德"为基本规范,去发展更多的生产和生活的共同体,使正义在其间发挥重要的调节作用,甚至以此为基底去建构具有鲜明社会主义属性和特色的正义理论。

第二,既然马克思在无产阶级利益层面,为着无产阶级利益鲜明地表达着正义的激情和革命义愤,那么我们当前就有必要找准研究的利益主体,这在我国的现实语境中,理所当然地是人民。人民的利益,人民的正义①,是马克思与正义问题研究的题中应有之义,是正义理论研究者义不容辞的学术使命。这是正义问题研究的道义所在,尊严所在,价值所在,也是其力量所在。离开了对人民利益和人民正义之追求的研究,要么只能被动地咀嚼西方政治哲学的牙慧,要么只能在纯粹思维和思辨的领域高蹈骋思,而难以真正理解和接续马克思那闪耀着内在激情和强烈正义感的思想理论话语。

第三,既然马克思在经济科学研究层面,将正义视为社会"燃素"和"征兆",我们没有必要主观地将正义范畴硬塞入马克思主义政治经济学的科学体系和理论大厦,而应当积极探寻正义呼声背后的经济事实,探寻在生产方式、分配方式等领域亟待进行的变革,并像马克思那样进行科学的研究。这种研究,无疑将引领我们突破政治哲学的学科界限,跨越那种以合规范性和合法性为鹄的、以思维推演和逻辑论辩为研究路径的理论藩篱,而深入到社会物质生产和社会形态跃迁的现实运动中去。

① 高兆明教授在国内学术界较早地提出了"人民正义"论题。参见高兆明:《人民的正义——正义理论的中国问题意识》,《南京师范大学学报》(社会科学版)2012年第2期。

第七章　科学的本质与规范的形塑

——马克思正义观的双重维度及其限度

> 整个资本主义生产体系的中心问题就在于：用延长劳动日的办法，或者用提高生产率、从而使劳动力更加紧张的办法等等，来增加这个无偿劳动；因此，雇佣劳动制度是奴隶制度，而且社会劳动生产力愈发展，这种奴隶制度就愈残酷，不管工人得到的报酬较好或是较坏。
>
> ——马克思

如上所述，我们在上一章对马克思有关正义问题的文本和论述作了一个较为系统的梳理。按照笔者的分梳，马克思实际上是在三个层面上谈论正义问题的：第一是日常社会交往层面，正义被马克思视为一种表达不偏不倚、公平正直之义的“简单的道德”；第二是无产阶级利益层面，马克思站在无产阶级立场批判资本主义社会及其不公正不合理的分配制度，以表达无产阶级的利益诉求；第三是经济科学研究层面，正义被马克思视为一种“征兆”，其后隐藏着真实的经济内容。

如果我们进一步概括这三个层面的论述，那么可以将其概括为马克思正义观的规范维度和科学维度。下面，我们从规范维度和科学维度的双重角度，来进一步谈谈“塔克—伍德命题”以及伍德和胡萨米的争论。

一、科学性与规范性的双重维度

如何理解马克思思想的规范维度和科学维度？以往的研究，普遍认可马克思主义的科学维度，但对马克思主义的规范维度则研究得不多。王新生教授曾经从建构马克思主义政治哲学的角度谈到，作为科学的政治学或认知理论寻求“是”，而作为规范理论的政治哲学寻求“应是”。“是”的问题建基于理性认知，而“应是”的问题则建基于价值判断。他基于这一判断提出，“作为一种阐释人类理想的规范理论，马克思主义政治哲学的独特贡献就在于，他通过‘应是’与‘是’、规范理论与科学认知的统一，为西方思想背景下长期存在的理想与现实、自由与必然的对立，指明了一条理论出路。"①从现有文本来看,马克思主义经典作家当然凸显了自身理论的科学维度,但对规范维度也是认同的。

恩格斯曾经这样写道,如果工人面对资产阶级的"凌辱、蹂躏、肉体摧残和精神折磨"而"毫不气愤",那么工人阶级就是命该如此,"没有这种激情、革命义愤,无产阶级的解放是没有希望的"。同时,恩格斯紧接着就指出,"但是,支持工人中的英勇反抗精神是一回事,在公开的争论中对抗他们的敌人是另外一回事。在这方面,单凭愤慨,单凭冲天大怒,不管多么正义都毫无用处,这里需要的是论据。"②以往我们在研究中,一般都是用这段论述来强调马克思、恩格斯只注重研究的科学性,认为正义"毫无用处",但实际上这样的理解失之偏颇。

恩格斯在这里要表明的是,工人阶级的解放"单凭"或"仅靠"激情、革命义愤、正义感等是不够的,这些革命情感和规范性要求还必须加上论据,必须以科学的研究作为支撑,否则就不能根本说明无产阶级受奴役受压迫的秘密,从而无法真正使无产阶级获得解放。在这里,"不够"并不是"不要",革命义愤亟须"加上"科学研究并不意味着干脆"舍弃"革命义愤。也就是说,恩格斯实际上是强调,要把革命的激情、义愤、正义感等置于科学的研究基础之上,做到有"情"有"理",寓"情"于"理","情""理"交融,而不是只要"理"而摒弃"情"。这实质上就是要求将理论的规范维度和科学维度统一起来。

在恩格斯晚年为出版马克思《雇佣劳动与资本》一书而写的导言中同样体现了这一点。恩格斯写道,在资本主义制度下,一方面是不可计量的财富和购买者无法对付的产品过剩,另一方面是社会上绝大多数人口无产阶级化,变成雇佣工人,因而无力获得这些过剩的产品。这样,社会就分裂为人数很少的过分富有的阶级和人数众多的无产的雇佣工人阶级,这就使得这个社会被自己的富有所窒息,而同时社会的绝大多数成员却几乎没有或完全没有免除极度贫困的任何保障。恩格斯就此尖锐地指出,"社会的这种状况日益显得荒谬,日益显得没有存在的必要。这种状况应当被消除,而且能够被消除。"③这里,"荒谬""没有存在的必要"等判断,一方面是价值判断,另一方面也是事实描述,具有规范维度和科学维度的双重意味。而"应当被消除"很明显是在规范的意义、规范层面上讲的,"能够被消除"则

① 王新生:《作为规范理论的马克思主义政治哲学》,《求是学刊》2006年第3期。

② 《马克思恩格斯全集》第10卷,人民出版社1998年版,第282页。

③ 《马克思恩格斯选集》第1卷,人民出版社2012年版,第326页。

是在科学的意义、科学层面上讲的，规范维度与科学维度依然是高度统一在一起的。

就正义问题而言，马克思思想的规范维度主要体现在他始终站在无产阶级的立场上，谴责资本主义制度对无产阶级的不合理、不公平、非正义，激愤地表达无产阶级的利益诉求和正义要求。也就是说，马克思并不是基于抽象的正义原则、正义理论批判资本主义制度不正义，而是从资本主义制度损害了无产阶级的利益、从捍卫无产阶级正义观的角度批判、谴责资本主义制度的。如前所引，马克思曾在《资本论》中，针对土地所有者、房主、实业家在财产被征用时不仅可以得到充分赔偿，还要得到一大笔利润，而工人及其妻子儿女连同全部家当却被抛到大街上，甚至遭到卫生警察起诉等不公正现象，讽刺性地写道："让我们来赞美资本主义的公正吧！"①在这里，马克思很明显地表达了对资本主义制度不公正地对待工人阶级的愤慨。马克思主义经典作家经常将资本主义剥削制度称为"吸血的制度""丑恶的制度"②，认为这种制度"践踏了文明社会的一切要求"③。

从这些论述可以感受到，无产阶级的正义感和正义要求，常常内化为马克思和恩格斯理论写作的力量，从而愤慨地谴责资本主义制度。正是看到了这些，胡萨米写道："……资本主义社会也是受马克思谴责最为激烈、指控最为严厉、斥责最为深广的社会。"④在这样一种社会形态中，人支配人、物支配人、非人的力量支配人，与私有财产权相联系的剥削的生产方式使社会陷于阶级对抗之中，社会化大生产与生产资料私人占有之间充满严重对立，人们所赖以委身的社会关系和国家只是虚假的共同体，资本主义代言人鼓吹的自由、平等、博爱、代议制政府和最大多数人的最大幸福成为欺人的空谈。"资本主义所造就的，却是奴役、不平等、社会对抗、缺乏代表性的政府，'专制的统治'以及车间里的'苛刻制度'。它给最大多数人带来了最大痛苦。"⑤

迄至当代，资本主义已经由自由竞争阶段、国家垄断阶段发展到国际垄断阶段，它虽然不再像其始祖时期那样明目张胆、肆无忌惮地剥削和奴役工

① 《马克思恩格斯全集》第23卷，人民出版社1972年版，第725页。
② 《马克思恩格斯全集》第10卷，人民出版社1998年版，第283页。
③ 《马克思恩格斯全集》第10卷，人民出版社1998年版，第299—300页。
④ ［美］齐雅德·胡萨米：《马克思论分配正义》，林进平译，载李惠斌、李义天编：《马克思与正义理论》，中国人民大学出版社2010年版，第40页。
⑤ ［美］齐雅德·胡萨米：《马克思论分配正义》，林进平译，载李惠斌、李义天编：《马克思与正义理论》，中国人民大学出版社2010年版，第41页。

人阶级，但事情的本质并没有发生任何变化。英国著名马克思主义学者大卫·哈维在《资本的限度》等著作中深刻地揭示了这一点。“从20世纪70年代的乱局中兴起的资本家阶级精英分子恢复、巩固，并在一些情形下重构了他们在全世界的权力。”①根据哈维的论述，在资本主义的新自由主义政策支撑下，收入和财富在少数人手中快速而超量地积累，到20世纪90年代中期，世界上最富有的358个人的资产净值等于世界上最贫困的45%的人口（共23亿人）的总和，世界上前三名亿万富豪的资产超过了所有最不发达国家及其6亿人的国民生产总值的总和。这些趋势一直在加速，而且并不局限于美国。同时，全球的劳工力量遭遇了严峻的压力，大量工人陷入绝望处境。以至于哈维不无愤怒地写道：“主流媒体大量记录的劳动条件和用工方式可以毫无破绽地插进马克思的《资本论》关于‘工作日’的一章。据说有10亿左右的人依靠每天不到一美元的收入来挣扎求生，还有20亿人是每天两美元，而富人正以令人震惊的速度在全球四处累积财富。”②大量类似研究表明，人类生存的这个世界仍然处在马克思所说的“人类社会的史前时期”③，无产阶级正义的地火依然在资本主义制度的地表下运行奔突。

愤怒出诗人，但愤怒不能说明事物的本质。正义唤起人、激发人，但仅凭正义这一维度不能揭示社会不公背后的真相和变革的途径。

马克思如果仅仅站在无产阶级正义观的角度，一味地谴责、批判、咒骂资本主义制度不正义、不公平，那他就和空想社会主义者没有本质的区别。因为“诉诸道德和法的做法，在科学上丝毫不能把我们推向前进；道义上的愤怒，无论多么入情入理，经济科学总不能把它看作证据，而只能看作象征”④。马克思正是通过长期、艰苦、科学的政治经济学研究，钻探到真实的物质生产和社会历史深处，在科学维度上揭示了“现代资本主义生产方式和它所产生的资产阶级社会的特殊的运行规律”⑤，从而为实现生产资料的社会占有和无产阶级的彻底解放奠定了现实基础。

正如英国学者亚当·斯威夫特所言：“马克思肯定资本主义取决于因果机制，依赖于权力和剥削的不变的社会关系，这种关系抵制道德谴责的影

① ［英］大卫·哈维：《资本的限度》，张寅译，中信出版社2017年版，第6页。
② ［英］大卫·哈维：《资本的限度》，张寅译，中信出版社2017年版，第8—9页。
③ 《马克思恩格斯选集》第2卷，人民出版社1995年版，第33页。
④ 《马克思恩格斯选集》第3卷，人民出版社1995年版，第491—492页。
⑤ 《马克思恩格斯文集》第3卷，人民出版社2009年版，第601页。

响力。资本主义不会在道德义愤的号角吹响时就崩溃得烟消云散。"①马克思在政治经济学研究中申明,在他的研究中"涉及的人,只是经济范畴的人格化,是一定的阶级关系和利益的承担者",马克思指出,"我的观点是把经济的社会形态的发展理解为一种自然史的过程。不管个人在主观上怎样超脱各种关系,他在社会意义上总是这些关系的产物。"②这样,马克思就不是在个人情感或革命义愤等方面来理解无产阶级、资产阶级及其各自的历史命运,而是将它们都视作经济范畴,探究其发生、运动和消亡的客观规律。正由于此,马克思强调,"问题本身不在于资本主义生产的自然规律所引起的社会对抗的发展程度的高低。问题在于这些规律本身,在于这些以铁的必然性发生作用并且正在实现的趋势。"③

正是立足于理论整体的科学维度,马克思在经济科学研究中对正义范畴从来是采取拒斥和批判态度,更不是依据所谓正义原则谴责资本主义。他毫不留情地斥责那些"想用关于正义、自由、平等和博爱的女神的现代神话来代替它的唯物主义的基础"的人,把正义斥为"陈词滥调"④。针对赫希柏格等人妄图将正义作为社会主义基础的做法,马克思尖锐地指出:

> 这些人想使社会主义有一个"更高的、理想的"转变,就是说,想用关于正义、自由、平等和博爱的女神的现代神话来代替它的唯物主义的基础(这种基础要求一个人在运用它以前认真地、客观地研究它)。……几十年来我们做了许多工作和花了许多精力才把空想社会主义,把对未来社会结构的一整套构想从德国工人的头脑中清洗出去,从而使他们在理论上(因而也在实践上)比法国人和英国人更优越,但是,现在这些东西又流行起来,而且其形式之空虚,不仅更甚于伟大的法国和英国空想主义者,也更甚于魏特林。当然,在唯物主义的批判的社会主义时代以前,空想主义本身包含着这种社会主义的萌芽,可是现在,在这个时代以后它又出现,就只能是愚蠢的——愚蠢的、无聊的和根本反动的……⑤

在 1879 年 9 月 17—18 日给倍倍尔等人的通告信中,马克思和恩格斯

① [英]亚当·斯威夫特:《政治哲学导论》,肖韶译,江苏人民出版社 2006 年版,第 330 页。
② 《资本论》第 1 卷,"第一版序言",人民出版社 2004 年版,第 10 页。
③ 《资本论》第 1 卷,"第一版序言",人民出版社 2004 年版,第 8 页。
④ 《马克思恩格斯选集》第 4 卷,人民出版社 1995 年版,第 627 页。
⑤ 《马克思恩格斯选集》第 4 卷,人民出版社 1995 年版,第 627—628 页。

再次指出："在阶级斗争被当作一种'粗野的'事情放到一边去的地方，当做社会主义的基础留下来的就只是'真正的博爱'和关于'正义'的空话。"①

从以上分析可以看出，马克思谈论正义问题有其具体的历史语境、价值关涉和针对性：站在无产阶级利益层面和规范维度，马克思对资本主义制度进行了谴责和批判，目的在于表达无产阶级的正义观和利益诉求；站在经济科学研究层面和科学维度，马克思排斥正义范畴，反对将其作为无产阶级改变世界的任何理论依据。这就是说，马克思虽然认为从无产阶级利益受损这一角度来看，可以认为资本主义制度是非正义的；但绝不是要诉诸正义，使资本主义制度变得符合正义，在出路问题上，只能是诉诸现实的物质生产和经济事实——而这需要科学的研究。

规范维度需要科学维度的内在支撑，而科学维度需要规范维度的伦理认同。马克思思想的规范维度是在科学维度范导下的"规范"，而不是脱离科学原则或者背离科学研究的所谓规范的任意翱翔，马克思从来不会为了"规范"而牺牲"科学"；另一方面，马克思思想的科学维度也不是价值无涉、毫无情感、冷冰冰的科学，而是有明确的价值主体——无产阶级，有明确的价值诉求——无产阶级的彻底解放。马克思的研究既有科学的本质，又有规范的形塑，既是清醒的，又是火热的，有情怀、有道义、有担当，更有温度。

二、争论双方学者各执单一向度

根据对马克思在正义问题论述上双重维度的理解，我们重新回到"塔克—伍德命题"以及伍德和胡萨米的争论。从这一视角出发，笔者认为，塔克、伍德和胡萨米分别强调了马克思的科学维度和规范维度，而忽视了对方所据以立论的规范维度和科学维度，因而各执一端，争执不下。更进一步的是，塔克、伍德和胡萨米还分别在自己所坚持的科学维度和规范维度上走得太远，以至于超出了马克思关于正义问题论述的边界，从而走到了真理的对立面。我们先看塔克和伍德的观点。

塔克在其著作《马克思的革命理论》中首次明确提出，马克思并不以公平、正义范畴来批判资本主义制度。塔克列举了当时一些学者对马克思主张分配公平的看法。例如，哈罗德·J.拉斯基这样阐释马克思和马克思主义："实际上，马克思的主要热情是对公平的热情。"A.D.林赛在谈到马克思时，对拉斯基进行了回应："马克思的基本热情是对公平的热情。"E.H.卡尔

① 《马克思恩格斯全集》第34卷，人民出版社1972年版，第382页。

则提出，公平是马克思主要著作的道德主题："在《共产党宣言》发表20年后的《资本论》中，马克思第一次论证了无产阶级的胜利不仅是蛮力的胜利，而且也是抽象公平的胜利。"西德尼·胡克进行了类似的阐述："马克思的道德观不仅仅表达了对社会公平的需要，而且表达了对一种具体公平的需要。这种具体公平依赖于资本主义创造的客观可能性。"①按照这些学者的认识，马克思之所以谴责、批判资本主义，实际上表达了对资本主义固有的不公平的反对，因而"公平"或"正义"就成为马克思主义的道德关键点。

与上述观点相反，塔克明确提出，这些学者的理解都是站不住脚的，马克思、恩格斯的著作也没有提供进行这种理解的根据。他认为，"马克思主义创立者的主要热情不是对公平的热情。马克思、恩格斯对资本主义的谴责不是基于反对不公平，他们没有把未来共产主义社会想象成公平王国。总的看来，马克思和恩格斯反对社会主义或者说共产主义主要指向分配问题这种观念。"②塔克解释说，这并不意味着马克思和恩格斯不关心工人阶级的贫困和财富的巨大不平等，他只是要说明，马克思是社会公平的宣扬者这一形象是一个假象，主张分配公平是马克思主义的主要道德问题的那些人也是错误的。塔克是从三个方面展开自己的论证的。

首先，塔克通过援引马克思《哥达纲领批判》和恩格斯《论住宅问题》等著作中对分配正义观，尤其是对蒲鲁东主义和拉萨尔主义要求工人得到"不折不扣的劳动所得""公平分配劳动所得"等错误观点的批判，证明马克思、恩格斯反对在公平、正义原则的基础上批判资本主义社会。在蒲鲁东看来，置身于资本主义制度下的雇佣工人，其所生产的劳动成果应当属于工人所有，但它们被资产者不公正地剥夺了，因而这是一种盗窃。或者说，利润实质上就是合法化的盗窃。这一思想转化为社会主义者的纲领，就是要求工人得到"不折不扣的劳动所得"。在德国，拉萨尔和他的追随者接受了公平分配的口号，并将其运用到1875年为全德工人联合会起草的哥达纲领之中。然而，这些观点无一例外地受到了马克思和恩格斯的尖锐批判。塔克说，"马克思和恩格斯对试图在公平原则基础上批判资本主义社会的社会主义者表示了轻视。"③"马克思和恩格斯50余年的著作构成了证明分配公

① 转引自[美]罗伯特·查尔斯·塔克:《马克思主义革命观》,高岸起译,人民出版社2012年版,第58页。

② [美]罗伯特·查尔斯·塔克:《马克思主义革命观》,高岸起译,人民出版社2012年版,第59—60页。

③ [美]罗伯特·查尔斯·塔克:《马克思主义革命观》,高岸起译,人民出版社2012年版,第63页。

平原则违反了马克思主义精神世界的洪流。”①

其次，塔克认为，根据马克思的剩余价值理论，马克思并不会认为资本主义社会是不公平的。塔克指出，“马克思在具体分析资本主义社会时，把剥削理论较具体的阐述为剩余价值理论。”根据这一理论，劳动是交换价值的唯一创造力，而劳动体现为工人身上一种活的能力，在资本主义生产方式下，劳动力被商品化了。劳动力作为商品的交换价值，等于生产、发展、维持和延续劳动力所必需的生活资料需要的劳动量，而资本家购买劳动力之后会想方设法要求工人创造出比劳动力价值更大的价值量。这一差额即剩余价值，也就是资本家能够发财致富、使价值保值、增殖的秘密所在。塔克在此基础上进一步提出，公平或正义能否成为判断上述剥削过程的价值判断的基础。塔克明确回答：“马克思和恩格斯在这一点上的解释为：不能把为了资本积累而剥削雇佣劳动描述为不公平。恰恰相反，按照在现存的生产方式和交换方式中起作用的唯一适用的公平标准来说，这完全是公平的或者说完全是公正的。”②也就是说，在塔克看来，只要工人得到了符合其劳动力商品价值的报酬，那么不管他为资本家创造了多大的剩余价值，他都没有被骗取，或者说没有被不公平地对待。塔克引用了马克思这样一个论述来对此进行说明：“权力决不能超出社会的经济结构以及由经济结构制约的社会的文化发展。”

因而，塔克认为，按照马克思的这一论述，每一种现存的经济制度都有与之相匹配的何为公平、正义的唯一适用的标准，或者说，每一种生产方式都有与之相适应的分配方式和公平方式，从其他观点对其作出评价是毫无意义的。由此，塔克得出结论：“马克思和恩格斯认为，资本主义是罪恶的，但却不是不公平的。马克思和恩格斯不接受蒲鲁东对剥削的解释。马克思和恩格斯不承认在资本主义制度下，从雇佣劳动得到的利润就是‘盗窃’。我们因此可以推断出：马克思主义对资本主义的谴责不是基于资本主义的分配方式是不公平的这样一条信念。”③

第三，塔克认为，马克思、恩格斯在思考社会主义或共产主义时从未表现出重视分配问题的倾向，也从未把未来共产主义社会设想为分配公平的

① [美]罗伯特·查尔斯·塔克：《马克思主义革命观》，高岸起译，人民出版社2012年版，第64页。

② [美]罗伯特·查尔斯·塔克：《马克思主义革命观》，高岸起译，人民出版社2012年版，第64页。

③ [美]罗伯特·查尔斯·塔克：《马克思主义革命观》，高岸起译，人民出版社2012年版，第69页。

王国。他援引了马克思在《哥达纲领批判》一书中的一系列论述，力图说明：“马克思不把共产主义想象成分配公平王国；尽管马克思这一场合确是谈到了著名的按需分配的准则，但是在马克思的共产主义观中，共产主义主要不是围绕着分配兜圈子。”①

关于马克思对公平观抱有反感的原因，塔克是这样论述的：“公平观内含着公正地平衡冲突中的两党或多党，或者说公正地平衡冲突中的两项原则或多项原则。这典型的包含了调整相互权利的界定，或者说解决相互权利的界定问题。现在，社会主义者根据资本主义社会的经济关系提出公平要求，就是暗示可以公正地平衡劳资之间的斗争，可以调整劳资之间的斗争。这提出了议和劳资之间的斗争或至少停战的可能性。这是马克思所强烈谴责的。正如马克思所理解的，这不可能解决劳资之间的斗争，这不可能解决劳资这两个对抗者之间的相互权利的界定问题。现代社会的内战是一场战斗到底的战斗。对和平的唯一可能的阐述是：劳动的总胜利和资本作为一种社会力量的总灭亡。因此，马克思认为，像蒲鲁东这样鼓吹社会公平的社会主义者是误入歧途的人和危险的人。他们之所以误入歧途是因为他们没有看到，公平观是社会枝节问题，如果没有生产方式的革命，就不可能调整权利和解决现代社会的斗争问题。他们之所以是危险的，是因为这使他们想要在阶级斗争中，追求无胜政策，而不是期待在没有阶级的社会确立总和平的胜利政策。”②由此出发，塔克认为：“马克思和恩格斯从道义上谴责资本主义，不是因为资本主义的分配方式是不公平的(确实，马克思和恩格斯认为，根据唯一可行的判断标准，资本主义的分配方式是唯一公平的分配方式)，而是因为资本主义的生产方式是无人性的，是人进行其生产活动的不合人情的方式。”③那么，是什么导致了这种无人性的生产方式呢？按照塔克对马克思、恩格斯的解读，这根本上是因为资本主义生产方式把分工发展到了骇人听闻的极端程度。而要打碎这种狭隘而残酷的分工，拯救工人，实现人的自由发展，就必须推翻资本主义生产方式。

艾伦·伍德与塔克的根本主张是一致的，但提出了与之不同的论证思路。他认为，正义概念在传统上对于理性评价一种社会制度占有重要地位，

① [美]罗伯特·查尔斯·塔克：《马克思主义革命观》，高岸起译，人民出版社2012年版，第71页。

② [美]罗伯特·查尔斯·塔克：《马克思主义革命观》，高岸起译，人民出版社2012年版，第74—75页。

③ [美]罗伯特·查尔斯·塔克：《马克思主义革命观》，高岸起译，人民出版社2012年版，第45页。

而根据马克思、恩格斯的观点，正义只是一个法权概念或法定概念。“马克思对于正义进行批判的根源，及其社会思想的根本原创性，就在于他拒绝接受这种政治的或法权的社会概念。”①这一认识的确揭示了马克思在正义问题上的独到之处，马克思从来不会把正义乃至自由、平等、权利等范畴当做高踞于社会之上的实体，恰好相反，是通过解剖社会来还原这些范畴被抽象概括出来并成为统治人们的观念之衍化理路和思辨逻辑。从这一意义上说，或许可以将马克思的工作称为“观念”考古学。

伍德还强调，“马克思所发出的革命推翻资本主义生产关系的号召，不是也不可能是建立在‘资本主义是不正义的’这种断言的基础上。事实上，马克思认为，所有想把革命实践建立在法权观念基础上的企图都是意识形态的胡言乱语，他反对在工人运动中使用诸如‘平等的权利’和‘公平的分配’等‘陈词滥调’。”②这种理解从一定程度上强调了马克思研究资本主义制度的科学维度，也比较准确地回绝了工人运动要立足于某种正义原则的误解，应当说是符合马克思原意的。正由于此，伍德断言：“在马克思看来，如果有人以‘不正义’为由要求终止资本家的剥削行为，他就是在用一种缺乏理性说服力的论证，竭力要求人们从事某种既缺乏实践基础，其目标也缺乏历史内容的行动”③

整体而言，塔克、伍德强调的是马克思在政治经济学研究中有关正义论述的科学维度。在这一意义上，他们提供了一些对马克思的准确解读——当然，他们同时还有很多误读，尤其是伍德的误读更多。他们正确地注意到，马克思并不以资本主义不正义为根据来主张推翻资本主义制度，然而，这并不等于马克思不认为资本主义是不正义的，更不等于马克思认为资本主义是正义的。关于这一方面，我们在后面将会详细谈到。

而与塔克、伍德相对，胡萨米更多强调的则是马克思关于正义论述的规范维度。胡萨米提出的问题是：“马克思认为资本主义是正义的吗？马克思对资本主义社会的谴责，是否（至少有一部分）建立在资本主义不正义的基础上？”胡萨米对此给出了肯定的回答，并从马克思的著作中提出了“一些例证”，共有 6 条。我们具体分析一下：

---

① ［美］艾伦·伍德：《马克思对正义的批判》，林进平译，载李惠斌、李义天编：《马克思与正义理论》，中国人民大学出版社 2010 年版，第 5 页。

② ［美］艾伦·伍德：《马克思对正义的批判》，林进平译，载李惠斌、李义天编：《马克思与正义理论》，中国人民大学出版社 2010 年版，第 28 页。

③ ［美］艾伦·伍德：《马克思对正义的批判》，林进平译，载李惠斌、李义天编：《马克思与正义理论》，中国人民大学出版社 2010 年版，第 27 页。

1.《共产党宣言》在指出西斯蒙第所代表的小资产阶级社会主义的缺陷时，也赞扬了这个理论，因为该理论“很会揭示现代生产关系中的矛盾。它揭穿了……资本和地产的集中……无产阶级的贫困……财富分配的极不平等”。

2.《神圣家族》指出无产者被剥夺了人性。它的“生活状况”是对他的“人性”的剥夺。无产阶级被强迫“替别人生产财富，替自己生产贫困”。

3. 在《哲学的贫困》中，马克思告诉我们，资产阶级对“他们赖以取得财富的无产者的疾苦漠不关心”。

4. 在《德意志意识形态》中，马克思指出无产者“必须承担社会的一切重负，而不能享受社会的福利”。

5. 在《资本论》第1卷中，马克思又说道：“此外，资本家财富的增长，不像货币贮藏者那样同自己的个人劳动和个人消费的节约成比例，而是同他榨取别人的劳动力的多少和强使工人放弃一切生活享受的程度成比例的。”

6.《资本论》第3卷则提到“社会上的一部分人靠牺牲另一部分人来强制和垄断社会发展（包括这种发展的物质方面和精神方面的利益）的现象”。①

胡萨米在这里使用以上六条例证来说明，马克思谴责了资本主义，认为资本主义是不正义的。其实，仔细阅读这些例证就会发现它们有一个共同之处，即，它们的出发点和所要维护的利益主体，都是无产阶级或者工人。其中，有的例证是直接谈到“无产阶级”“工人”“无产者”，有的例证则用“他们”“另一部分人”等语词来指代无产阶级。胡萨米据此提出：“被剥削阶级，如无产阶级，就形成了一种不同于资产阶级标准的正义概念，并对现行的生产资料分配和收入分配予以否定性评价。”②这是毫无疑问的，无产阶级的确有属于本阶级的正义观，而且必然与资产阶级的正义观相反对。也就是说，无产阶级确实有自身的正义观，但这不等于无产阶级基于这种正义观而反对资产阶级。因而，胡萨米进一步推论出马克思也是基于这种无产阶级的正义观以批判资本主义，就显得武断和论据不足了。从胡萨米所举出的马克思的文本依据，只能说明马克思的确是站在无产阶级立场上，维

① ［美］齐雅德·胡萨米：《马克思论分配正义》，林进平译，载李惠斌、李义天编：《马克思与正义理论》，中国人民大学出版社2010年版，第41—42页。

② ［美］齐雅德·胡萨米：《马克思论分配正义》，林进平译，载李惠斌、李义天编：《马克思与正义理论》，中国人民大学出版社2010年版，第47页。

护无产阶级的利益诉求,但这并不意味着马克思要基于某种正义观来批判资本主义制度。

三、两方学者都走到了真理反面

通过上述分析,笔者认为,塔克、伍德和胡萨米实质上是分别固守在马克思的正义论述的科学维度和规范维度的两端,而没有看到硬币的另一面。问题还不止于此,更大的问题在于他们分别在各自坚持的维度上走得太远,最后超出了马克思正义论述的边界,因而最终得出了错误的结论。

具体说来,塔克、伍德是单向度地强调马克思正义论述的科学维度而放弃了其规范维度,胡萨米则恰恰相反,只选择了马克思正义论述的规范维度而以此淹没了其科学维度。这就导致,塔克、伍德得出了马克思"坚持认为资本主义是正义的","马克思会坚持主张资本主义不是一个不正义的社会"等结论。伍德甚至还提出,资本主义之所以成为可能,就是因为劳动力能够作为商品而存在,能够通过把劳动力当成商品使用而创造剩余价值和扩张资本。"假如没有剩余价值,假如工人没有进行无偿劳动,没有受到剥削,那么资本主义的生产方式也就没有可能。在资本主义条件下,对剩余价值的占有不仅是正义的,而且,任何阻止资本占有剩余价值的尝试都是绝对不正义的。"①这就不可避免地招致了胡萨米的指责:"塔克和伍德的阐释让被压迫者无法批评其生存状况的不正义"②,甚至讽刺说,"看出剥削中存在正义的,是资本家而不是马克思或有阶级意识的无产者。"③其所以如此,其中一个重要的认识上的根源恰如胡萨米所言:"伍德和塔克由于未能注意上层建筑的要素(比如正义概念)具有两个决定层次,因此他们曲解了马克思的道德社会学。由于只看到规范的社会决定因素,而忽略了规范的阶级决定因素,结果他们认为,对马克思来说,当规范与生产方式相适应时就是正义的,当它与生产方式不相适应时就是不正义的。他们忽视了马克思关于在同一生产方式内的道德观念与被压迫民族之间关系的看法。"④

---

① [美]艾伦·伍德:《马克思对正义的批判》,林进平译,载李惠斌、李义天编:《马克思与正义理论》,中国人民大学出版社2010年版,第23页。

② [美]齐雅德·胡萨米:《马克思论分配正义》,林进平译,载李惠斌、李义天编:《马克思与正义理论》,中国人民大学出版社2010年版,第50页。

③ [美]齐雅德·胡萨米:《马克思论分配正义》,林进平译,载李惠斌、李义天编:《马克思与正义理论》,中国人民大学出版社2010年版,第51页。

④ [美]齐雅德·胡萨米:《马克思论分配正义》,林进平译,载李惠斌、李义天编:《马克思与正义理论》,中国人民大学出版社2010年版,第49页。

与此相对,胡萨米的理论失误以及伍德的有关批评,则构成了事情的另一方面。按照胡萨米的总结,"马克思之所以认为资本主义不正义,这主要是因为,作为一种剥削制度,资本主义没有按劳分配,而且因为它没有在生产的可能性范围内满足人类的需要,更不用说满足生产者的所有需要"①,"资本主义的分配安排……对利益和负担的分配方式是该遭到谴责的。"②胡萨米就这样将正义问题局限到了分配领域,并据此分析了按劳分配、按需分配、分配正义原则和再分配原则以及这些原则与资本主义、社会主义的关系,而这种做法恰如马克思所批评的,在所谓分配问题上大做文章并把重点放在它上面是根本错误的③,甚至"把分配看成并解释成一种不依赖于生产方式的东西,从而把社会主义描写为主要是围绕着分配兜圈子。"④也正由于此,伍德批评这种胡萨米式的理解把马克思降低到了空想社会主义者的水平,"那些坚持要在马克思批判资本主义的话语中寻找一些类似于劳动所有权理论等'正义原则'的人们,无非是把马克思的批判倒退至当时社会主义学者的水平上,而这样的水平却是马克思要尽力摆脱的。"⑤可见,伍德对胡萨米的批判亦有其合理之处。

塔克、伍德和胡萨米的理论事物,实际上就意味着马克思的正义论述以及他对资本主义的态度,既有规范和科学两种维度,每种维度又都有其自身的限度,固守其一而忽视其他维度或者超越某一维度的限度,都会使自己的研究走向理论的深渊。

由于历史的境况与认识上的原因,马克思对待正义问题是复杂的,这就意味着我们对马克思正义观的理解同样不能简单化、单一化、片面化,而要照顾到马克思在不同语境、不同层次、不同问题、不同研究中对正义问题的具体论述。追求一种简单化理解的执念,也许更多地满足了阐释者闭合一个理论圆环的追求,但未必符合历史的真实和思想的真义。

---

① [美]艾伦·伍德:《马克思对正义的批判》,林进平译,载李惠斌、李义天编:《马克思与正义理论》,中国人民大学出版社 2010 年版,第 76—77 页。

② [美]艾伦·伍德:《马克思对正义的批判》,林进平译,载李惠斌、李义天编:《马克思与正义理论》,中国人民大学出版社 2010 年版,第 77 页。

③ 参见《马克思恩格斯选集》第 3 卷,人民出版社 1995 年版,第 306 页。

④ 《马克思恩格斯选集》第 3 卷,人民出版社 1995 年版,第 306 页。

⑤ [美]艾伦·伍德:《马克思对正义的批判》,林进平译,载李惠斌、李义天编:《马克思与正义理论》,中国人民大学出版社 2010 年版,第 24 页。

第八章　经济学语境中的正义揭示

——艾伦·伍德对马克思文本的误读

> 社会的这种状况日益显得荒谬，日益显得没有存在的必要。这种状况应当被消除，而且能够被消除。一个新的社会制度是可能实现的，在这个制度之下，当代的阶级差别将消失；而且在这个制度之下……通过有计划地利用和进一步发展一切社会成员的现有的巨大生产力，在人人都必须劳动的条件下，人人也都将同等地、愈益丰富地得到生活资料、享受资料、发展和表现一切体力和智力所需的资料。
>
> ——恩格斯

如上所述，在“马克思与正义”这场学术争论中，艾伦·伍德以较早提出并始终主张“马克思并不认为资本主义是不正义的”这一观点而闻名。伍德之所以坚持这一观点，其中一个重要理由是他认为，依靠资本占有剩余价值对马克思来说并不是不正义的。伍德甚至由此进一步提出：“在资本主义条件下，对剩余价值的占有不仅是正义的，而且，任何阻止资本占有剩余价值的尝试都是绝对不正义的。”①伍德的观点在学者中引起了极大争议，迄今未有定论。2017—2018 年，段忠桥教授还和伍德就此问题展开了一场学术争论。②

笔者认为，伍德的上述观点，是由于误读马克思的经济学文献、并窄化了马克思对资本主义生产关系的整体理解而得出的。在本文中，笔者试图通过对马克思《资本论》及经济学手稿等著作的解读，围绕伍德的观点，辨析和澄明他的误读，进一步说明马克思在资本主义与正义问题上所持的观点。

---

① [美]艾伦·伍德：《马克思对正义的批判》，林进平译，载李惠斌、李义天编：《马克思与正义理论》，中国人民大学出版社 2010 年版，第 23 页。

② 段忠桥：《对“伍德命题”文本依据的辨析与回应》，《中国社会科学》2017 年第 9 期；艾伦·伍德：《马克思反对从正义出发批判资本主义——对段忠桥教授的回应》，李义天译，《中国社会科学》2018 年第 6 期。

一、重读艾伦·伍德的论证

伍德的观点及其论证，主要体现在他 1972 年发表的《马克思对正义的批判》、1979 年发表的《马克思论权利和正义：对胡萨米的回复》，以及 2018 年发表的《马克思反对从正义出发批判资本主义——对段忠桥教授的回应》这三篇文章中。根据段忠桥教授的概括，伍德之所以主张"马克思并不认为资本主义是不正义的"，是基于三个理由：1. 在马克思的论述中，正义概念是从司法角度对社会事实的合理性的最高表示；2. 对马克思来说，一种经济交易或社会制度如果与生产方式相适应就是正义的，否则就是不正义的；3. 根据马克思的说法，资本占有剩余价值不包含不平等或不正义的交换。[①] 伍德认可这种概括，并一一作了回应。限于篇幅和主题，本文只集中分析伍德的第三个理由。

伍德写到，与马克思同时代的许多李嘉图式的社会主义者认为，劳动是交换价值的唯一源泉，工人在生产中创造的商品价值大于支付给他的工资，这部分差额被资本家无偿占有了，这就意味着，资本主义涉及工人和资本家之间商品交换的不平等，因而是不正义的。但显然，马克思并不这样看问题。伍德说，"马克思指出，资本家所支付的并不是劳动所创造的价值。资本家并不是要从工人那里购买现成的商品，毋宁说，他是要通过商品的形式而购买到能为他生产商品的工人的劳动能力。"[②]即资本家从工人那里购买的不是其劳动或劳动所要创造的价值，而是其劳动力。劳动力的价值像任何其他商品一样，取决于生产劳动力的必要劳动量或平均社会必要劳动时间，这部分价值已经由资本家所支付的工资偿付了。这样，在工人与资本家的交换中就不存在不平等的交换，也就不是不正义的；或者说，"马克思……坚持认为资本主义是正义的"[③]。可以看出，伍德之所以主张"马克思并不认为资本主义是不正义的"，是因为在他看来，资本家和工人的交换是一种平等交换、等价交换。

伍德对第三个理由的论证，集中体现在《马克思对正义的批判》一文的这段话中："根据马克思的观点，支付给工薪工人的一般是其劳动力的全部

① 段忠桥：《对"伍德命题"文本依据的辨析与回应》，《中国社会科学》2017 年第 9 期。

② ［美］艾伦·伍德：《马克思对正义的批判》，林进平译，载李惠斌、李义天编：《马克思与正义理论》，中国人民大学出版社 2010 年版，第 19 页。

③ ［美］艾伦·伍德：《马克思对正义的批判》，林进平译，载李惠斌、李义天编：《马克思与正义理论》，中国人民大学出版社 2010 年版，第 29 页。

价值。换言之,支付给工人的,乃是用于他作为工人而进行生命活动再生产的社会必需品。依据李嘉图的公式和商品交换的最严格规则,这是一种正义的交换,即'用等价物交换等价物'。剩余价值确实被资本家以不平等的方式占有。但是,在要求他以等价物交换等价物的交易中,却并不存在剩余价值。用工资来交换劳动力,这是发生在资本家和工人之间的唯一交换。这是正义的交换,它早在出售生产商品并实现其剩余价值的问题产生之前就已完成。资本家购买了一个商品(劳动力)并支付了它的全部价值;通过使用和剥削这一商品,他现在创造出一种比原先支付的价值还要大的价值。这个剩余价值就是他的,而从来不是属于任何人的,他不欠任何人一分钱。马克思说:'这种情况对买者是一种特别的幸运,对卖者也绝不是不公平。'因此,资本占有剩余价值就没有包含不平等或不正义的交换。"①

仔细梳理上述引文,伍德的论证实际上包含这样几层含义:(1)资本家用工资来购买工人的劳动力,这是发生在两者之间的"唯一交换";(2)在这种"唯一交换"中,资本家付出的工资和工人的劳动力是"用等价物交换等价物";(3)这种"唯一交换"符合等价交换原则,因而是一种平等的交换和"正义的交换"。正是由于这些原因,伍德坚持,虽然剩余价值的确是通过剥削工人而创造出来的,但这种剥削发生在工资和劳动力的"唯一交换"——即"正义的交换"之外,因此,这些剩余价值就和工人没有任何关系,理应归资本家所有。用伍德的原话说就是,"资本占有剩余价值就没有包含不平等或不正义的交换"。可以看出,伍德是将劳资交换看成一种发生在资本家和工人之间的"用等价物交换等价物"的简单交换,只要这一交换行为符合等价交换原则,就没有不平等或不正义,或者说就是正义的。

在回应胡萨米的文章中,伍德同样基于上述理由,认为"马克思拒绝接受某些李嘉图式的社会主义者的观点,他们认为资本家与工人之间的交换是因为不等价而是不正义的"②。在伍德看来,"马克思的剩余价值理论已然假定劳资双方的交易是平等交易,并且以不违反该假定便能成功解释剩余价值的起源而自豪"③,正由于此,伍德重申:"通过资本剥削工人的交易

① [美]艾伦·伍德:《马克思对正义的批判》,林进平译,载李惠斌、李义天编:《马克思与正义理论》,中国人民大学出版社2010年版,第20页。

② [美]艾伦·伍德:《马克思论权利和正义:对胡萨米的回复》,林进平译,载李惠斌、李义天编:《马克思与正义理论》,中国人民大学出版社2010年版,第83页。

③ [美]艾伦·伍德:《马克思论权利和正义:对胡萨米的回复》,林进平译,载李惠斌、李义天编:《马克思与正义理论》,中国人民大学出版社2010年版,第83页。

没有什么不正义的”,“资本主义剥削是正义的”①。

那么,伍德的论证是否符合马克思的真实思想?伍德对马克思的理解是否存在误读?下面我们通过马克思的著作文本进行剖辨。

二、马克思经济学文献中的反驳

马克思在《1857—1958 年经济学手稿》《1861—1963 年经济学手稿》以及《资本论》等著作中,明确提出了与伍德的论证迥然不同的观点。笔者将其概括为以下三个方面。

1. 马克思明确指出,资本与劳动的交换实际上包含两个性质完全不同的行为,而伍德忽视了马克思的这些分析。

伍德在论证中,将资本家用货币购买工人的劳动力看成“发生在资本家和工人之间的唯一交换”,看成简单交换。与此不同,马克思明确地将劳资交换划分为两个完全不同的过程。在《1857—1958 年经济学手稿》中,马克思用了较大的篇幅来论述“资本和劳动的交换”,他毫不含糊地指出:

> 当我们考察资本和劳动的交换时,我们看到,这种交换分解为两个不仅在形式上而且在质上不同的、甚至是互相对立的过程:1. 工人拿自己的商品,劳动②,即作为商品同其他一切商品一样也有价格的使用价值,同资本出让给他的一定数额的交换价值,即一定数额的货币相交换。2. 资本家换来劳动本身,这种劳动是创造价值的活动,是生产劳动;也就是说,资本家换来这样一种生产力,这种生产力使资本得以保存和倍增,从而变成了资本的生产力和再生产力,一种属于资本本身的力。③

可以看出,在马克思的理解中,看似简单的资本家用货币购买工人的劳

① [美]艾伦·伍德:《马克思论权利和正义:对胡萨米的回复》,林进平译,载李惠斌、李义天编:《马克思与正义理论》,中国人民大学出版社 2010 年版,第 80 页。

② 马克思在这里所说的“劳动”实即“劳动力”。马克思在这部手稿中多次指出,工人出卖给资本家的是他的“生产活动”“生命活动”“创造力量”“再生产力量”“生产力”等,这就已经大体上确定了工人出卖给资本家的商品是“劳动能力”或“劳动力”,但尚未最终确定“劳动力”商品这个科学概念。直到 1865 年的《工资、价格和利润》中,马克思才明确指出,“工人所出卖的不直接是他的劳动,而是他暂时转让给资本家支配的劳动力。”在《资本论》第 1 卷中,进一步明确了这一重要思想。

③ 《马克思恩格斯全集》第 30 卷,人民出版社 1995 年版,第 232 页。

动力，被严格区分为两个不同的过程。① 一个是工人出卖劳动力，得到一定数额的货币；另一个是资本家换来工人的劳动力。为什么要将其划分为两个过程？是因为它们之间存在着重大的、本质性的区别，马克思就此指出，“在资本和劳动的交换中第一个行为是交换，它完全属于普通的流通范畴；第二个行为是在质上与交换不同的过程，只是由于滥用字眼，它才会被称为某种交换。这个过程是直接同交换对立的；它本质上是另一种范畴。”②换言之，工人出卖自己的劳动力而得到工资，这属于“普通的流通范畴”，即简单交换；而资本家付给工人工资以得到后者的劳动力，这根本不属于交换范畴，它在性质上跟交换恰恰是相对立的。马克思从形式和内容两个方面对这种区分作了详细说明。

第一，从形式上来看，上述 1. 和 2. 这两个过程在时间上是分离的，不必同时发生。也就是说，工人拿到自身劳动力的报酬，和资本家使用这种劳动力，可以是两个不同时间段的行为。只要资本家付给工人报酬或工资，第一个行为就宣告完成了；而第二个行为的完成，则要以产品的完成为前提，它可以发生在第一个行为结束很久以后。工资不能等到产品完成以后再支付给工人，这一点完全不同于简单交换。马克思明确指出，“在简单交换中，在流通中，不发生这种二重的过程。”③“相反，在这里，用货币交换来的东西的使用价值表现为特殊的经济关系，用货币交换来的东西的一定用途构成两个过程的最终目的。因此，这一点已经在形式上把资本和劳动的交换同简单交换区别开了，这是两个不同的过程。”④也就是说，在简单交换中，双方之所以发生交换行为，是彼此需要对方产品的交换价值；资本家用货币购买劳动力，看中的则不是劳动力的交换价值，而是劳动力的使用价值——这才是“两个过程的最终目的”，这一点就使得资本和劳动的交换不同于简单交换。

第二，从内容上来看，两个过程的本质完全不同。马克思对此有清晰、明确的论述，他指出：

> 如果我们考察资本和劳动间的交换同简单交换（流通）在内容上

① 段忠桥教授在《对“伍德命题”文本依据的辨析与回应》（《中国社会科学》2017 年第 5 期）一文中，已经从马克思所指出的劳资交换包含两个行为、劳资交换是资本主义生产的中介形式等角度，指出了伍德论证中存在的问题，对伍德的观点进行了分析和反驳。

② 《马克思恩格斯全集》第 30 卷，人民出版社 1995 年版，第 233 页。

③ 《马克思恩格斯全集》第 30 卷，人民出版社 1995 年版，第 233 页。

④ 《马克思恩格斯全集》第 30 卷，人民出版社 1995 年版，第 233 页。

> 的区别,那么我们会发现,这种区别不是通过外表上的关联或比较而产生的,而是在资本和劳动相交换的过程的总体中,第二个形式本身就使自己同第一个形式区别开了,这种比较本身已经包含在过程中。第二个行为——资本占有劳动的特殊过程就是第二个行为——同第一个行为的区别,恰恰是资本和劳动间的交换同以货币为中介的商品交换的区别。①

这就是说,资本和劳动的交换与简单流通的区别,不光是通过形式上的不同——例如在时间上可以分离——而体现出来的,二者真正的区别体现在这两个行为完全不同的实际内容上:在第一个行为中,是工人出卖劳动力而得到工资的简单流通,交换双方各自得到一个等价的商品,工人得到体现自身劳动力价值的货币量即工资,资本家得到与付出的工资等价的劳动力商品;在第二个行为中,资本家换来了劳动力商品,这种商品是一种能够创造价值的活动能力、活的生产力,它不但保存而且增殖资本。正是两个行为在内容上的不同,这种质上的差异将两个行为严格区分开了。也正是在这一意义上,马克思强调,第二个行为"本质上是另一种范畴",根本不属于交换范畴,"只是由于滥用字眼,它才会被称为某种交换"。

从以上分析可以看出,在马克思那里,劳资交换被严格区分为两个完全不同的行为,第一个行为属于简单交换,第二个行为根本不是交换。伍德从未提及马克思对此进行的区分,而只是笼统地谈论劳资交换,将其认为是劳资双方的唯一交换。伍德对劳资交换的这种理解,不仅简单化、表面化,而且不符合马克思本人的思想。因为如果不对劳资交换做这种细致的区分,只是将其理解为单纯的简单交换,那资本主义生产关系就完全等同于人们在简单商品流通中确立的关系,也就永远无法揭示资本剥削的秘密。与伍德主要从交换的角度来评价资本家与工人的关系不同,马克思主要是从生产的角度来研究问题。在《1857—1958 年经济学手稿》的"导言"中,马克思开篇即指出,"摆在面前的对象,首先是物质生产。"②在由生产、分配、交换、消费等环节构成的总体经济关系中,生产是"起支配作用的东西","过程总是从生产重新开始"③。而"说到生产,总是指在一定社会发展阶段上的生产",马克思明确指出,"现代资产阶级生产——这种生产事实上是我

① 《马克思恩格斯全集》第 30 卷,人民出版社 1995 年版,第 233 页。
② 《马克思恩格斯全集》第 30 卷,人民出版社 1995 年版,第 22 页。
③ 《马克思恩格斯全集》第 30 卷,人民出版社 1995 年版,第 40 页。

们研究的母题"①。他进而谈到,"资产阶级社会的基本前提是,劳动直接生产交换价值,从而生产货币;而货币也直接购买劳动,从而购买工人,只要后者在交换中让渡自己的活动。"②也就是说,资产阶级社会是建立在资本家用货币购买工人、工人从事劳动这一基础之上的。无论从实际生产过程还是从逻辑上看,资本家用货币"购买劳动,从而购买工人"——即资本和劳动的交换,都是所谓现代资产阶级生产的第一个环节和前提。马克思正是从"引起生产"这一高度来理解劳资交换的,而不是将其视为简单的交换过程。伍德的看法,实质上是将劳资交换从资本主义生产关系的整体链条上切割下来,加以片面化地理解。

在《1863—1865 年经济学手稿》中,马克思进一步将"劳动能力的买和卖"称为"在流通中发生的引导过程"③,即资本主义生产过程的引导过程。这种引导过程,是使工人受资本支配的中介形式,由于它在外观上体现为单纯的货币关系,这就使其"具有一种骗人的假象","似乎它是平等的、彼此同样自由的各个商品占有者之间的交易和契约"④。马克思还由此批评了在这一问题上的两种错误看法:第一,"有些人把雇佣劳动,把劳动向资本的出售,从而把雇佣劳动的形式看做是外在于资本主义生产的东西",马克思就此指出,"这种形式(即劳动能力的买和卖——引者注)是本质的、由资本主义生产关系本身不断重新生产出来的这种生产关系的中介形式";第二,"还有些人把这种表面关系,把这种质的形式化,把资本关系的假象看作是资本关系的本质本身,因而试图把工人与资本家之间的关系说成是商品占有者之间的一般关系,以此为这种关系辩护并抹杀这种关系的特征。"⑤伍德正是将劳资交换看成"发生在资本家和工人之间的唯一交换"、看成一种简单交换,这实际上就是马克思所批评的"试图把工人与资本家之间的关系说成是商品占有者之间的一般关系",而这种看法只不过是从简单交换的意义上来理解资本主义生产的引导过程和中介形式,是把"质的形式化"当成了"本质本身"。

2. 根据马克思的论证,无论"从工人方面来看"还是"从资本方面来看",劳资交换都不是伍德所谓"用等价物交换等价物"的平等交换。

在从形式上和内容上对资本和劳动间的交换做了明确区分之后,马克

① 《马克思恩格斯全集》第 30 卷,人民出版社 1995 年版,第 26 页。

② 《马克思恩格斯全集》第 30 卷,人民出版社 1995 年版,第 178 页。

③ 《马克思恩格斯文集》第 8 卷,人民出版社 2009 年版,第 545 页。

④ 《马克思恩格斯文集》第 8 卷,人民出版社 2009 年版,第 546 页。

⑤ 《马克思恩格斯文集》第 8 卷,人民出版社 2009 年版,第 546 页。

思还分别从工人方面、从资本方面着手，对劳资之间的交换过程做了深入剖析。根据马克思的分析，我们透过劳资交换的表面而把握其实质，就会发现，资本家用工资购买工人的劳动力决不是伍德所谓“用等价物交换等价物”的平等交换。

马克思指出，从工人方面来看，“工人和资本家的交换是简单交换；双方都得到一个等价物，一方得到的是货币，另一方得到的是商品，这个商品的价格正好等于为它支付的货币；资本家在这个简单交换中得到的是使用价值：对他人劳动的支配权。”①因此，“简单交换——工人和资本家就是处于这种关系中——的实质恰恰在于，任何人投入流通的并不比他取出的多，而他从流通中取出的也只能和他投入的一样多。”②从这一意义上讲，工人和资本家似乎处于一种平等的关系之中。马克思也就此指出，“由于工人以货币形式，以一般财富形式得到了等价物，他在这个交换中就是作为平等者与资本家相对立，像任何其他交换者一样；至少从外表上看是如此。”③

但是，这种平等仅仅是“从外表上看是如此”，问题的实质则并非如此，“事实上这种平等已经被破坏了，因为这种表面上的简单交换是以如下事实为前提的：他是作为工人同资本家发生关系，是作为处在与交换价值不同的独特形式中的使用价值，是同作为价值而设定的价值相对立；也就是说，他已经处在某种另外的在经济上具有不同规定的关系中了——在使用价值的性质，商品的特殊使用价值本身都是无关紧要的那种交换关系之外。”④在资本家购买工人的劳动力这一环节，即上述“第一个行为”中，由于工人应当获得的货币量是由把工人生产出来的那个对象化劳动的量所决定的，而资本家付出了相应的货币量，因此，这看起来和其他简单交换一样，工人也是作为平等的交换者而与作为购买者的资本家发生交换关系的，但这只是“外表”；事实上，双方的平等已经遭到破坏，已经化为了不平等。因为双方已经不再是简单的交换者，而是处在“工人—资本家”这样的“在经济上具有不同规定的关系”之中，所从事的是劳动与资本的交换。正由于此，马克思在不同的段落多次指出，“工人在这种交换中得到的实际上只是作为铸币的货币，也就是说，他得到的只是他交换来的生活资料的转瞬即逝的形式。对工人来说，交换的目的是生活资料，而不是财富。”⑤这些论述均表

① 《马克思恩格斯全集》第 30 卷，人民出版社 1995 年版，第 241 页。
② 《马克思恩格斯全集》第 30 卷，人民出版社 1995 年版，第 246 页。
③ 《马克思恩格斯全集》第 30 卷，人民出版社 1995 年版，第 243 页。
④ 《马克思恩格斯全集》第 30 卷，人民出版社 1995 年版，第 243 页。
⑤ 《马克思恩格斯全集》第 30 卷，人民出版社 1995 年版，第 250 页。

明,从工人方面来考察,工人与资本家的交换在“表面”上看似等价的简单交换,但实质上并不是平等交换。

从资本家方面来看,这种看起来符合等价原则的平等交换,更是被破坏无遗。马克思指出,“资本和劳动之间的交换——其结果是劳动价格——尽管从工人方面来说是简单交换,但从资本家方面来说,必须是非交换。资本家得到的价值必须大于他付出的价值。从资本方面来看,交换必须只是一种表面的交换,这就是说,必须属于与交换的形式规定不同的另一种经济形式规定,否则,资本就不可能作为资本,劳动就不可能作为与资本相对立的劳动。资本和劳动就只是作为在不同的物质存在方式上存在的相等的交换价值来互相交换。”①马克思在这里明确指出,从资本家的角度来说,资本与劳动的交换非但不是等价交换,而且必须是非等价交换,资本家得到的必须比他付出的多。这里所说的“交换的形式规定”即等价交换原则;而与此不同的“另一种经济形式规定”即资本与劳动的交换,它根本不可能符合等价交换原则,否则,资本就不成其为资本。马克思在《资本论》中再次提到,“假如互相交换的是交换价值相等的商品,或交换价值相等的商品和货币,就是说,是等价物,那么很明显,任何人从流通中取出的价值,都不会大于他投入流通的价值。在这种情形下,就不会有剩余价值形成。”②因此,在资本和劳动的交换中,从来就不可能真正符合等价交换原则,也绝不是伍德所说的“用等价物交换等价物”。

在阐述资本周转理论,研究资本周转的总过程时,马克思还专门把资本和劳动力之间的交换单独提出来加以论述,命名为“小流通”。马克思指出,“这是作为工资支付的、同劳动能力进行交换的那一部分资本”,“这种资本流通过程,这种从形式上看被设定的等价物交换,但事实上是把等价物交换扬弃了的、只是在形式上确立的等价物交换(价值过渡到资本时,等价物的交换转化为它的对立物,在交换的基础上交换变成纯粹的形式,而相互性完全成了单方面的了)……”③也就是说,在资本和劳动力之间进行的这种“小流通”,只是从形式上、表面上来看具有流通的外观,看起来是等价物的交换,仅仅在这一意义上,马克思认为,“资本家和工人之间所进行的交换,完全符合交换规律,不仅符合,而且是交换的最高发展。”④之所以说是“交换的最高发展”,是因为在这里交换的不再是普通的产品、不是交换价

① 《马克思恩格斯全集》第30卷,人民出版社1995年版,第282页。

② 《资本论》第1卷,人民出版社2004年版,第186页。

③ 《马克思恩格斯全集》第31卷,人民出版社1998年版,第68页。

④ 《马克思恩格斯全集》第31卷,人民出版社1998年版,第69页。

值，而是劳动能力、是劳动力商品。正如马克思所说，“自由交换的最高阶段是劳动能力作为商品，作为价值来同商品，同价值相交换；劳动能力是作为对象化劳动购得的，而劳动能力的使用价值却在于活劳动，即在于创造交换价值。”①正是在这一过程中，简单交换实际上已转化为自己的对立物，即根本不是等价交换。马克思还从劳动时间的角度明确指出，“由于资本同作为等价物的劳动能力相交换，资本就不付等价物而获得了劳动时间——因为这个时间超过了包含在劳动能力中的时间——；资本借助交换的形式，不经交换就占有了他人的劳动时间。所以，交换只是变成一种形式……”②这一论述表明，与体现为工资形式的资本相等价的只是包含、耗费在工人的活劳动能力中的时间，而不是工人的劳动时间，资本是通过交换的外在形式，未付等价物而占有了工人的劳动时间。正由于此，马克思指出，“现今财富的基础是盗窃他人的劳动时间”③。这里的“他人”，毫无疑问，指的是工人而非资产者。而资产者得以实施“盗窃”的环节，显然正是这种貌似平等实则不平等的劳资交换。马克思这些论述表明，对资本家来说，劳资交换并不是伍德所说的“用等价物交换等价物”。

3. 马克思认为，只有在简单交换中才有所谓平等交换，而劳资交换作为“交换价值的进一步的发展”，并不存在伍德所谓的平等交换或“正义的交换”。

除了上述两点，伍德在论证中还反复强调，资本家用工资购买劳动力，“这是正义的交换”，不包含任何不平等，因而“资本占有剩余价值就没有包含不平等或不正义的交换”。那么，在马克思看来，到底有没有这种平等的交换、正义的交换呢？如果有，它是伍德所理解的那样吗？仔细研读马克思的文本，可以发现，马克思确实承认在简单交换（或简单流通）中存在着平等、自由的交换，但在交换价值进一步的发展——即资本与劳动的交换中，这种平等、自由就走向了自己的反面，从而不存在什么平等的交换、自由的交换，或者是伍德所说的“正义的交换”。

马克思在《1857—1958 年经济学手稿》中指出，“属于流通的本质的东西是：交换表现为一个过程，表现为买卖的流动的总体。流通的第一个前提是商品本身的流通，是不断从许多方面出发的商品流通。”④这是从高度抽象和概括的意义上指出，在交换的过程中，买卖双方不断买进卖出的流动的

① 《马克思恩格斯全集》第 31 卷，人民出版社 1998 年版，第 69 页。

② 《马克思恩格斯全集》第 31 卷，人民出版社 1998 年版，第 69 页。

③ 《马克思恩格斯全集》第 31 卷，人民出版社 1998 年版，第 101 页。

④ 《马克思恩格斯全集》第 30 卷，人民出版社 1995 年版，第 147 页。

总体，构成了流通的本质。他进而指出，“商品流通的条件是：商品作为交换价值来生产，即不是作为直接的使用价值，而是作为以交换价值为中介的使用价值来生产。通过转让和让渡并以它们为中介而实行占有，是基本的前提。”①也就是说，一件商品之所以被生产出来，不是因为人们需要它的使用价值，而是要以其交换价值参与商品流通，从而占有其他商品。由此出发，马克思将在流通中即交换价值的实现过程中包含着的要素概括为四点：“(1)我的产品只有对别人成为产品，才是产品；也就是说，只有成为被扬弃的个别，成为一般，才是产品；(2)我的产品只有转让，对别人成为产品，对我才是产品；(3)别人只有把他自己的产品转让，我的产品对他才是产品；由此得出(4)生产对于我不是表现为目的本身，而是表现为手段。”②也就是说，每个主体的产品只有在能转让给别人的情况下才成其为产品，而能否转让给别人，取决于别人的需要。这样，人们关心的就不是生产本身，而是生产能否满足别人的需要，从而每种生产都被手段化，每个人的命运都同等地被别人所掌握。

马克思进一步指出，在简单交换中，或者在不管交换的内容而只做“纯粹形式上的分析中”，简单交换的过程只是由三种形式上不同的要素构成：一是交换的主体，即交换者，他们都处在同一规定中；二是双方交换的对象，交换价值，等价物，它们不仅相等，而且确实必须相等，还要被承认为相等；三是交换行为本身，这是一种中介作用，通过这种中介作用，主体才表现为交换者、相等的人，而他们的客体则表现为等价物、相等的东西。③ 这就是说，简单交换的主体、对象、行为，在本质上都是相等的，只不过体现为不同的外在形式。

马克思由此谈到，在这种对简单交换的形式分析中，交换者之间就相互表现为平等、自由的关系。首先，交换者之间是平等的关系。“每一个主体都是交换者，也就是说，每一个主体和另一个主体发生的社会关系就是后者和前者发生的社会关系。因此，作为交换的主体，他们的关系是平等的关系。在他们之间看不出任何差别，更看不出对立，甚至连丝毫的差异也没有。”④其次，交换者之间是自由的关系。“尽管个人 A 需要个人 B 的商品，但他并不是用暴力去占有这个商品，反过来也一样，相反地他们互相承认对方是所有者，是把自己的意志渗透到商品中去的人格。因此，在这里第一次

① 《马克思恩格斯全集》第 30 卷，人民出版社 1995 年版，第 147 页。
② 《马克思恩格斯全集》第 30 卷，人民出版社 1995 年版，第 147 页。
③ 参见《马克思恩格斯全集》第 30 卷，人民出版社 1995 年版，第 196 页。
④ 《马克思恩格斯全集》第 30 卷，人民出版社 1995 年版，第 195 页。

出现了人格这一法的因素以及其中包含的自由的因素。谁都不用暴力占有他人的财产。每个人都是自愿地转让财产。”①可见,马克思明确认为,在简单交换的经济关系中所确立的是各个主体之间平等、自由的关系。他强调,“如果说经济形式,交换,在所有方面确立了主体之间的平等,那么内容,即促使人们去进行交换的个人和物质材料,则确立了自由。可见,平等和自由不仅在以交换价值为基础的交换中受到尊敬,而且交换价值的交换是一切平等和自由的生产的、现实的基础。”②质言之,简单交换这种经济形式、经济关系,在主体之间确立了平等关系,而主体通过这种交换可以自由地换来自己需要的商品,这就在所有主体之间形成平等、自由的关系。这种关系还进一步成为人们产生、形成平等观念、自由观念的现实基础,“作为纯粹观念,平等和自由仅仅是交换价值的交换的一种理想化的表现;作为在法律的、政治的、社会的关系上发展了的东西,平等和自由不过是另一次方上的这种基础而已。”③马克思在这里实际上区分了平等、自由的三个层次:一是人们在简单交换中确立的平等、自由关系,二是人们在此基础上抽象出的、作为“理想化的表现”的平等、自由观念,三是在法律、政治、社会等领域进一步确立的平等、自由的观念上层建筑。在这三个层次中,毫无疑问第一个层次是最根本的,是诸种观念生发的现实基础。

可见,在这种简单交换中,交换的各个主体确实处于平等、自由的关系之中,或者借用伍德的话来说,“这是正义的交换”。但是,在这种简单交换进一步的发展中,也就是说,在资本与劳动的交换中,这种关系就完全被破坏了。马克思指出,“在简单流通本身中(即处于运动中的交换价值中),个人相互间的行为,按其内容来说,只是彼此关心满足自身的需要,按其形式来说,只是交换,设定为等同物(等价物),所以在这里,所有权还只是表现为通过劳动占有劳动产品,以及通过自己的劳动占有他人劳动的产品,只要自己劳动的产品被他人的劳动购买便是如此。对他人劳动的所有权是以自己劳动的等价物为中介而取得的。所有权的这种形式——正像自由和平等一样——就是建立在这种简单关系上的。在交换价值进一步的发展中,这种情况就会发生变化,并且最终表明,对自己劳动产品的私人所有权也就是劳动和所有权的分离;而这样一来,劳动=创造他人的所有权,所有权将支配他人的劳动。”④马克思的意思是,在简单交换中,每个人都是通过自己的

① 《马克思恩格斯全集》第30卷,人民出版社1995年版,第198页。
② 《马克思恩格斯全集》第30卷,人民出版社1995年版,第199页。
③ 《马克思恩格斯全集》第30卷,人民出版社1995年版,第199页。
④ 《马克思恩格斯全集》第30卷,人民出版社1995年版,第192页。

劳动占有自己的产品，并且通过将自己的劳动互相交换而占有他人的产品。因此，个人能够对他人的劳动拥有所有权，这是用自己劳动的等价物交换来的。马克思继而指出，这只是一种“简单关系”，而在“交换价值进一步的发展”——即不是简单交换，而是资本与劳动的交换——之中，这种情况就改变了，劳动和所有权将发生分离，工人的劳动就等于创造资本家的所有权，而资本家的所有权将支配工人的劳动。这样一来，简单交换或商品流通，就只是成为“资产阶级社会表面上的东西”①，“流通是在流通背后进行的一种过程的表面现象”②。

伍德论证中的问题在于，他把劳资交换只是看做简单交换、“简单关系”，而不是看成“交换价值进一步的发展”。也就是说，伍德不是从劳资交换的意义上来理解劳资交换，而是从简单交换的意义上来理解劳资交换，这就造成了认识上的本质偏差。再说明白一点就是，伍德不是从资本的意义上来看待资本、从劳动力的意义上来看待劳动力，而是将资本、劳动力都视为普通的交换价值。正如马克思所指出的，“只要把商品或劳动还只是看作交换价值，只要把不同商品互相之间发生的关系看作这些交换价值彼此之间的交换，看作它们之间的等同，那就是把进行这一过程的个人即主体只是单纯地看作交换者。”③伍德正是如此，他在论证中只是把工资和劳动力简单地看做交换价值，那么资本家和工人也就只能被他理解成“同等的交换者”。在和段忠桥教授的争论中，伍德举了一个例子进行反驳，但这个例子本身恰好暴露了伍德的思想误区。伍德认为，“‘段文’声称，劳动过程本身也是发生在资本家和劳动者之间的一种交换。然而，在这里‘段文’误解了马克思理论中所设定的交换概念。”④伍德对此解释说，“交换是一种市场关系，它意味着价值与使用价值的交换转移。工资交换劳动力，是一种交换行为。可是，资本家消费他通过工资交换而购买的使用价值，却不是一种交换；这就好比‘我买了面包，回到家，坐在桌子旁边吃掉它’不是市场交换一样。”⑤很明显，在这里不是段忠桥教授误解了马克思，而是伍德误读了马克思。伍德是将劳资交换看作简单交换，将“劳动力”视为与“面包”一样的一

① 《资本论》第1卷，人民出版社2004年版，第210页。

② 《资本论》第1卷，人民出版社2004年版，第211页。

③ 《马克思恩格斯全集》第30卷，人民出版社1995年版，第195页。

④ [美]艾伦·伍德：《马克思反对从正义出发批判资本主义——对段忠桥教授的回应》，李义天译，《中国社会科学》2018年第6期。

⑤ [美]艾伦·伍德：《马克思反对从正义出发批判资本主义——对段忠桥教授的回应》，李义天译，《中国社会科学》2018年第6期。

般商品，将资本家获得工人的劳动所有权、驱使工人进行劳动，等同于消费者吃掉自己买来的面包。这种理解完全是对马克思思想的误读。

马克思在他的经济学手稿中，反复强调要从资本和劳动交换的本质与深层来理解问题，否则就只能得到一种表面的、贫乏的看法。针对这种将发达的经济关系等同于简单交换的观点，马克思有一大段论述加以分析，他明确指出：

> 如果这种看法不是从它的历史意义上提出，而是被利用来反驳比较发达的经济关系，——在这种发达的关系中，个人不再仅仅表现为交换者即买者和卖者，而是出现在一定的相互关系中，不再是所有的人都处于同一的规定性之中，——那么，这就等于断言，自然物之间不存在任何差别，更不用说对立和矛盾了，因为它们，例如从重量这个规定来看，都有重量，因此都是等同的；或者说，它们是等同的，因为它们都存在于三维空间。在这里，同样也是抓住交换价值本身的简单规定性，来反对交换价值的比较发达的对抗形式。从科学的进程来考察，这些抽象规定恰恰是最早的和最贫乏的规定；它们部分地在历史上也是这样出现过的；比较发达的规定是较晚出现的规定。在现存的资产阶级社会的总体上，商品表现为价格以及商品的流通等等，只是表面的过程，而在这一过程的背后，在深处，进行的完全是不同的另一些过程，在这些过程中个人之见这种表面上的平等和自由就消失了。①

马克思在这里的论述非常清楚：资本主义生产关系是一种“发达的关系”“发达的经济关系”，在这种关系中，个人已经不再是简单交换中的买者或卖者，而是资本的人格化或人格化的资本以及劳动力商品的人格化或人格化的劳动力商品，这是一种与简单交换完全不同的“相互关系”，从而使得所有的社会主体都不再“处于同一的规定性之中”。如果无视这一质性不同，还将劳资交换理解为简单交换，那就是“抓住交换价值本身的简单规定性”，“来反对交换价值的比较发达的对抗形式”。这种看法不仅是历史的错位，而且表明了研究者理论思维的简单和贫乏。

在资本主义社会的表层，充斥着庞大的简单交换，在这些交换中通行着等价交换原则，但这显然不是体现资本主义本质规定的层面。马克思指出，“在所谓的零售商业中，在生产者和消费者之间直接进行的资产阶级的日

① 《马克思恩格斯全集》第30卷，人民出版社1995年版，第202页。

常交易中,在一方的目的是以商品换货币,另一方的目的是以货币换商品以满足个人需要的小额贸易中,即在资产阶级世界的表面上发生的这种运动中,交换价值的运动,交换价值的流通才以纯粹的形式进行。一个购买面包的工人和一个购买面包的百万富翁,在这一行为中都只是单纯的买者,而零售商对他们来说只是卖者。其他一切规定在这里都消失了。他们购买的内容以及购买的数量,对这种形式规定来说是无关紧要的。"①也就是说,只有在并不涉及劳资交换的"日常交易"场合,发生在生产者和消费者之间的才是纯粹意义上的简单交换,资本和劳动力的特殊规定性才不再发生作用。但是,这种"日常交易"并不是资本主义社会的本质规定,它只是发生在"资产阶级世界的表面上"。正如马克思深刻指出的,在总体意义上的资产阶级社会中,随着劳动力成为商品,由此所决定,一切商品的交换、流通等就都体现为一种表面过程,它们只是表面上看起来是等价交换,交换者也只是表面上看起来是平等、自由的;而在其"背后""在深处",进行的是完全不同的过程,在这些过程中,所谓的平等、自由就消失不见了。因此,如果完整准确地把握马克思的论述,就不可能像伍德那样,认为资本家用工资购买劳动力是平等交换或"正义的交换"。

三、马克思对正义:"揭示"而非止于评判

通过以上分析,可以看到,伍德对马克思的误读集中体现在三个方面:一是伍德将资本家用工资购买劳动力这一行为看成发生在双方之间的唯一交换,而马克思将其明确规定为两个在本质上绝不相同的行为;二是伍德认为劳资交换是一种等价交换,而马克思从工人方面、资本方面分别指出,等价交换只是外在的表象,劳资之间实质上是不等价交换;三是伍德认为劳资交换是一种平等交换、"正义的交换",而马克思对此同样持反对意见,认为劳资交换是一种不平等交换,因而也就不可能是伍德所说的"正义的交换"。

由于以上,我们可以得到马克思对正义的三个看法:

第一,马克思不认为资本主义是正义的。如上所述,马克思的大量论述表面,他并不像伍德所说的那样,认为"在资本主义条件下,对剩余价值的占有不仅是正义的,而且,任何阻止资本占有剩余价值的尝试都是绝对不正义的",更不会认为"通过资本剥削工人的交易没有什么不正义的","资本

① 《马克思恩格斯全集》第30卷,人民出版社1995年版,第206—207页。

主义剥削是正义的”。通过分析伍德的三个误读，可以很清楚地看到，伍德无非是试图通过变换各种说法将劳资交换理解为简单交换、等价物交换、平等交换、正义交换，等等，如此而已；而马克思则透过资本主义制度这种表面的平等、正义，揭示了其内蕴的、本质的、真正的不平等。因此，无论从何种意义上来理解正义，马克思都不可能认为“资本主义剥削是正义的”，也不会同意资本主义制度是正义的。否则，那就是马克思所坚决反对的——用“玫瑰色”来描绘资本家的面貌。①

第二，马克思不止于以不正义之名谴责资本主义。回顾社会主义思想史可以看到，在马克思之前的空想社会主义者，包括与他同时代的蒲鲁东、魏特林、格雷、伯雷、霍吉斯金等人，都在其著作中从不同角度揭露了资本主义制度的不公平、不平等、不正义，进行了大量的谴责和评判。马克思并未否定这一点，而是在此基础上从政治经济学的科学路径进一步掘进。按照马克思思想的真实逻辑，他是要揭示深藏在资本主义社会深处的客观历史规律，而不满足于仅仅用不公平、不平等、不正义来谴责资本主义。正由于此，马克思在《资本论》中讽刺蒲鲁东说，“蒲鲁东先从与商品生产相适应的法权关系中提取他的公平的理想，永恒公平的理想。顺便说一下，这就给一切庸人提供了一个使他们感到宽慰的论据，说商品生产形式像公平一样也是永恒的。然后，他反过来又想按照这种理想来改造现实的商品生产和与之相适应的现实的法权。如果一个化学家不去研究物质变换的现实规律，并根据这些规律解决一定的问题，却要按照‘自然性’和‘亲和性’这些‘永恒观念’来改造物质变换，那么对于这样的化学家人们该怎么想呢？如果有人说，‘高利贷’违背‘永恒公平’、‘永恒公道’、‘永恒互助’以及其他种种‘永恒真理’，那么这个人对高利贷的了解比那些说高利贷违背‘永恒恩典’、‘永恒信仰’和‘永恒神意’的教父的了解又高明多少呢?”②这一论述说明，马克思是要像化学家研究“物质变换的现实规律”一样，揭示资本主义社会的客观规律，并根据对这种规律的认识和把握去现实地开展革命实践运动，而不是简单地宣布资本主义社会不符合公平、正义、公道等原则。如果马克思止步于后者，那他与空想社会主义者就没有本质区别。

在笔者看来，伍德的理论失误主要在于两个方面：(1)他论证“马克思并不认为资本主义是不正义的”这一主张的理由和根据，无法获得马克思文本的充分支撑。在伍德看来，马克思是将劳资交换看成简单交换、等价交

① 参见《资本论》第1卷，人民出版社2004年版，第10页。

② 《资本论》，人民出版社2004年版，注(38)，第103—104页。

换,因而认为这是一种正义的交换,从而“并不认为资本主义是不正义的”;根据马克思的文本,马克思完全不认可这些理由和根据,他认为劳资交换在本质上、实质上是不平等的,因而就不能推导出资本主义不是不正义的结论,而且更重要的是,马克思要从经济科学的路径和历史规律的层面去探究资本主义生产关系的本质,从而不满足于、不止步于正义与否的争论。(2)伍德在他的观点上又往前推了一步,荒唐地认为“马克思主张资本主义是正义的”“资本主义剥削是正义的”。伍德援引马克思在《资本论》中的说法,认为:“对于通过工人的劳动产生但却被资本家占有的那种剩余价值,马克思说,这对买者是一种特别的幸运,对卖者也绝不是不正义。我的解读没有任何问题。这里每一言每一语都是马克思的说法。”①的确,马克思确实认为资本家占有剩余价值“决不是不正义”,但问题在于,“决不是不正义”不等于“一定是正义”。马克思的本意是,资本家能够买到劳动力,这是“一种特别的幸运”,而对工人来说,工人被迫出卖劳动力,这是一个经济事实,是人类社会生产力和生产关系长期发展的产物,也是人类摆脱物的束缚、实现更高社会形态的“必经之点”,因而决不是正义与否所能够概括的。马克思在《资本论》中问道,“为什么这个自由工人在流通领域中同货币占有者相遇”,他的回答是:“自然界不是一方面造成货币占有者或商品占有者,而另一方面造成只是自己劳动力的占有者。这种关系既不是自然史上的关系,也不是一切历史时期所共有的社会关系。它本身显然是以往历史发展的结果,是许多次经济变革的产物,是一系列陈旧的社会生产形态灭亡的产物。”②很显然,这里涉及的一系列问题绝不是用正义、不正义所能涵盖的,它需要历史的探求和科学的研究,这也就引出了马克思对正义的第三个看法——

第三,马克思要“揭示”正义背后的资本主义历史规律。在对观念与现实的关系问题上,马克思主义唯物史观始终坚持,“人们按照自己的物质生产的发展建立相应的社会关系,正是这些人又按照自己的社会关系创造了相应的原理、观念和范畴”。③“观念的东西不外是移入人的头脑并在人的头脑中改造过的物质的东西而已。”④在自由、平等、正义等问题上,莫不如此。这可以用马克思论述自由竞争和自由观念的一段话来做说明。马克思

① [美]艾伦·伍德:《马克思反对从正义出发批判资本主义——对段忠桥教授的回应》,李义天译,《中国社会科学》2018年第6期。

② 《资本论》,人民出版社2004年版,第197页。

③ 《马克思恩格斯全集》第4卷,人民出版社1958年版,第143—144页。

④ 《资本论》,人民出版社2004年版,第22页。

指出，从历史上看，竞争在一国内部表现为把行会强制、政府调节、国内关税等束缚和限制取消，在世界市场上则表现为把闭关自守、禁止性关税或保护关税废除，即否定前资本主义社会的各种界限和限制，重农学派将这种竞争表述为自由放任并加以提倡，因此，人们对竞争往往就从这种单纯否定的方面、单纯历史的方面来考察。与此同时，人们得出一种错误的看法，“就是把竞争看成是摆脱了束缚的、仅仅受自身利益制约的个人之间的冲突，看成是自由的个人之间的相互排斥和吸引，从而看成是自由的个性在生产和交换领域内的绝对存在形式。”①马克思指出，“再没有比这种看法更错误的了”，在消除了种种封建束缚的资本主义社会中，“在自由竞争中自由的并不是个人，而是资本”②，“资本的统治是自由竞争的前提”③。因此，“把自由竞争看成是人类自由的终极发展，认为否定自由竞争就等于否定个人自由，等于否定以个人自由为基础的社会生产”等看法，究其实质，“不过是在有局限性的基础上，即在资本统治的基础上的自由发展。”④马克思由此总结认为，“**揭示什么是自由竞争，这是对于资产阶级先知们赞美自由竞争或对于社会主义者们诅咒自由竞争所作的唯一合理的回答**。”⑤可以看出，马克思并不是简单地否定或肯定自由竞争及其观念表达，而是透过历史的真实进程和观念的生成逻辑，科学揭示自由竞争的意义、价值和局限。

在正义问题上同样如此，不管在马克思所生活的年代，还是在全球金融资本逻辑盛行的现今世界，我们往往面临两方面的争论，一方是资产阶级思想家和辩护士以资本主义是正义的、剥削是正义的等理由，祝祷资本主义制度的万世长存；另一方是纯然的规范研究，以不正义、不公平为名谴责资本主义制度，但无法打开通往规范世界的现实道路。与这二者都不同，马克思之所以为马克思，马克思主义之所以为科学社会主义，就在于既不认同资本主义制度和资本剥削是正义的，也不止于谴责资本主义制度和资本剥削是非正义的，而是要科学揭示正义之争背后的资本剥削的秘密和资本主义制度产生、发展、消亡的历史规律，用科学的理论引领实践的开展。

恩格斯曾经比较过科学社会主义与蒲鲁东主义之间的本质性的不同，前者强调基于客观事实的研究和“描述”，而后者所寻求的是从主观愿望出发而提出的“要求”。恩格斯意味深长地指出：

---

① 《马克思恩格斯全集》第 31 卷，人民出版社 1998 年版，第 41 页。
② 《马克思恩格斯全集》第 31 卷，人民出版社 1998 年版，第 41 页。
③ 《马克思恩格斯全集》第 31 卷，人民出版社 1998 年版，第 43 页。
④ 《马克思恩格斯全集》第 31 卷，人民出版社 1998 年版，第 43 页。
⑤ 《马克思恩格斯全集》第 31 卷，人民出版社 1998 年版，第 43 页。黑体字为引者所标。

> 描述是一回事,要求则是另一回事。德国科学社会主义与蒲鲁东之间的本质区别正好就在这里。我们描述……经济状况,描述经济状况的现状和发展,并且严格地从经济学上来证明经济状况的这种发展同时就是社会革命各种因素的发展:一方面是被本身的生活状况必然引向社会革命的那个阶级即无产阶级的发展,另一方面是生产力的发展……相反,蒲鲁东则要求现代社会不是依照本身经济发展的规律,而是依照公平的规范来改造自己。①

恩格斯的这一论述,也是马克思关于正义问题真实看法的极佳说明。一言以蔽之,既非"赞美",也非"诅咒",而是"揭示",这一运思路径是对马克思与正义之争——"唯一合理的回答"。

① 《马克思恩格斯选集》第3卷,人民出版社1995年版,第207页。

第九章　等价交换与正义标准

——马克思同意等价交换就是正义的吗

> 尽管这个过程这样简单，但到目前为止还是不能被人理解。经济学家从来不可能把剩余价值同他们自己提出的等价交换规律一致起来。社会主义者总是停留在这个矛盾上，反复谈论这个矛盾，但他们不理解劳动能力这种商品的特殊性质，不理解这种商品的使用价值本身就是创造交换价值的活动。
>
> ——马克思

在“马克思与正义”之争中，还有一个重要问题并未引起学界充分关注，这就是塔克、伍德与胡萨米等论辩双方争论的主要问题是劳资交换是否符合等价交换原则。因而，如何认识马克思对劳资交换和等价交换的分析，就成为解决争论的关键。通观马克思的文本著作，他将劳资交换区分为两个过程分别加以考察，其中第一个过程是简单交换和等价物交换，第二个过程则根本不属于交换范畴。这就是劳资交换的二重性，其根源则在于劳动力商品的特殊性。全面把握劳资交换的二重性，对于解决“马克思和正义”之争具有重要的启发意义。

一、劳资交换是等价的吗？

从20世纪70年代开始，肇始于国外马克思主义研究者的“马克思和正义”之争——即“马克思是否使用正义原则对资本主义予以谴责”，一直是马克思政治哲学讨论的重要论题。在涉及这一问题的讨论中，以对这一问题做出否定回答或肯定回答为界，参与讨论的国外学者大体上划分为两个阵营。而不管哪个阵营的学者，都或隐或显地以劳资交换是否是等价交换为判断标准或支援背景来回答马克思对资本主义的态度。因此，如何认识马克思对劳资交换的分析，如何认识马克思对劳资交换是否是等价交换的分析，就成为解决“马克思和正义”问题的关键锁钥。

在国外学者的争论中，以罗伯特·塔克、艾伦·伍德等为代表的部分学者，主张马克思并不认为资本主义是不正义的，因而并未以正义原则谴责资本主义。在他们看来,评价资本主义正义与否,要看劳动者在其中是否得到了平等的对待。发生在劳动者与资本家之间的劳资交换是一种等价交换,劳动者付出劳动力商品以便从资本家那里得到工资,这是一种平等的、正义的交换,正由于此,资本主义就不是非正义的。正如伍德所说,"资本家购买了一个商品(劳动力)并支付了它的全部价值;通过使用和剥削这一商品,他现在创造出一种比原先支付的价值还要大的价值。这个剩余价值就是他的,而从来不是属于任何人的,他不欠任何人一分钱。马克思说:'这种情况对买者是一种特别的幸运,对卖者也绝不是不公平。'因此,资本占有剩余价值就没有包含不平等或不正义的交换。"①也就是说,伍德认为劳资交换是等价交换,因而就是平等和正义的。认为马克思并不基于正义原则谴责资本主义的观点,亦多立足于此种理解。

以齐雅德·胡萨米、加里·杨等为代表的另一部分学者,则主张马克思认为资本主义是非正义的,因而基于正义原则对资本主义进行谴责和批判。他们的主要依据是,劳动者得到的工资仅仅是劳动力的价格,并不能偿付自身在生产过程中的劳动付出,因而劳动者在实质上遭到了不平等的、非正义的对待,于是资本主义就不能被视作正义的。这一方面恰如胡萨米所说,"根据马克思的观点,劳动者即使得到了他们劳动力的全部价值,也仍然遭受了不公正的对待,因为劳动力所创造的价值要比劳动力自身的价值多得多。劳动力商品的价值总是体现了一定数量的劳动,而这一劳动量往往少于他被强迫劳动的劳动量。劳动者被人夺走了这部分差额的劳动,也就被夺走了由他的剩余劳动所创造的价值。资本家的不正义就在于贡献与报酬之间的不等价,就在于针对劳动力的掠夺或剥削。"②胡萨米的论述表明,劳动者即使得到了劳动力本身的价值,但这一价值少于劳动者在劳动过程中创造的价值,因而劳资交换实际上并不符合等价交换原则,是非正义的交换。

在这场"马克思和正义"之争中,"双方观点都有相关文本和严谨推理作支撑,要想完全驳倒任何一方都并不轻松。"③而仔细梳理这两部分学者的文本依据和推理过程,可以看到,双方实际上都运用了等价交换原则来解

① [美]艾伦·伍德:《马克思对正义的批判》,林进平译,载李惠斌、李义天编:《马克思与正义理论》,中国人民大学出版社 2010 年版,第 20 页。

② [美]齐雅德·胡萨米:《马克思论分配正义》,林进平译,载李惠斌、李义天编:《马克思与正义理论》,中国人民大学出版社 2010 年版,第 59—60 页。

③ 李义天:《正义之争与马克思的道德哲学》,林进平译,载李惠斌、李义天编:《马克思与正义理论》,中国人民大学出版社 2010 年版,第 446 页。

读马克思对资本主义正义性的理解。也就是说,双方学者在争论中都认同,资本主义是否是正义的,要看资本家和劳动者是否按照等价原则来进行交换。如果劳资交换符合等价交换原则,就可以认为资本主义是正义的;反之,则可以认为资本主义是不正义的。

李义天教授对这一问题进行了细致的梳理,他将两个阵营的观点概括为控辩双方。在他看来,控方(即认为马克思使用正义原则谴责资本主义的一方)认为,劳动者付出的是自己的劳动,但付出的东西(劳动)没有得到等价交换,因而资本主义是不正义的;而辩方(即认为马克思不认为资本主义不正义的一方)则认为,劳动者付出的是自己的劳动力,付出的东西(劳动力)已经得到等价交换,因而资本主义是正义的。在控辩双方的争论中,是因为小前提不同——控方认为劳动者付出的是劳动,辩方认为劳动者付出的是劳动力,而导致了结论的不同;但是,不论控方还是辩方,都将劳资交换是否符合等价交换原则当作马克思用来评判资本主义的正义标准。①

在这里,值得进一步深入思考的问题是:马克思究竟如何看待劳资交换?他认为劳资交换是等价交换吗?为什么围绕着劳资交换问题产生了如此截然不同的理解?要对这些问题做出更为深入的回答,恰如李义天教授所言,需要我们"跟马克思一样,从单纯的道德哲学讨论深入到政治经济学的分析中","不能停留在他关于道德问题的直接断言上,而必须进入马克思关于经济关系和分配方式的论述中"②。笔者在本文中试图基于马克思的《1857—1858 年经济学手稿》、《1861—1863 年经济学手稿》和《资本论》等著作,在政治经济学与政治哲学的交互视野中对上述问题做些初步分析。

二、"两个过程":劳资交换的二重性

谈及劳资交换与正义之争,在现有学者的讨论中,无论西方学者还是国内学界,主要关注的问题基本上都集中于资本家付给工人的工资是否能偿付工人的劳动力价值或劳动付出。如果以工人的劳动力价值为标准,那么工资当然是其等价物,它等于工人维持自身以及后代生存的生活资料的价值;如果以工人在生产过程中的实际劳动付出为标准,那么工资当然小于生产过程中新创造出来的商品价值,资本家无偿占有的剩余价值即来源于此。

---

① 李义天:《正义之争与马克思的道德哲学》,林进平译,载李惠斌、李义天编:《马克思与正义理论》,中国人民大学出版社 2010 年版,第 446—448 页。

② 李义天:《正义之争与马克思的道德哲学》,林进平译,载李惠斌、李义天编:《马克思与正义理论》,中国人民大学出版社 2010 年版,第 451 页。

这两种理解都可以在马克思的论述中找到文本依据，上述“马克思和正义”之争中的控辩双方即是聚讼于此。

然而，以上两种理解都集中于劳资交换的“结果”，而并未深入分析劳资交换这一过程“本身”。实际上，通观马克思的经济学手稿和著作，他更多的是对劳资交换过程“本身”进行分析。正是通过对劳资交换过程的深入分析，马克思揭示了劳资交换的本质，并判明了其价值属性。笔者将马克思的这一分析概括为“劳资交换的二重性”。深入研究马克思对劳资交换的分析过程，我们才能更好地把握马克思对劳资交换，以及劳资交换是否是等价交换等问题的真实思想。

从本质上看，无论资本主义制度的大厦多么高耸入云，都是建立在资本购买劳动力从而剥削劳动者的基础之上的。马克思就此指出，“资产阶级社会的基本前提是，劳动直接生产交换价值，从而生产货币；而货币也直接购买劳动，从而购买工人，只要后者在交换中让渡自己的活动。”①正是通过资本与劳动或者说它们各自的人格化代表的不停息地交换，资本主义制度才获得了根本的驱动。马克思甚至明确宣布，“如果货币不同工人自己所出卖的商品劳动能力相交换，也就是说，如果在市场上找不到这种特殊的商品，货币就不能成为资本。”②正是在这一意义上，马克思高度重视劳资交换问题。在《1857—1858 年经济学手稿》中，马克思在“资本章”中分析了货币向资本的转化之后，随即就展开了对“资本和劳动的交换”的研究。马克思在分析之初就明确指出：“当我们考察资本和劳动的交换时，我们看到，这种交换分解为两个不仅在形式上而且在质上不同的、甚至是互相对立的过程：(1)工人拿自己的商品，劳动③，即作为商品同其他一切商品一样也有价格的使用价值，同资本出让给他的一定数额的交换价值，即一定数额的货币相交换。(2)资本家换来劳动本身，这种劳动是创造价值的活动，是生产劳动；也就是说，资本家换来这样一种生产力，这种生产力使资本得以保存和倍增，从而变成了资本的生产力和再生产力，一种属于资本本身的力。”④

马克思在这里的意思非常清楚，他对于劳资交换这一行为，并不是笼统地、粗略地作为一个过程进行解析，而是细致地分为了两个过程——“两个不仅在形式上而且在质上不同的、甚至是互相对立的过程”。第一个过程，

---

① 《马克思恩格斯全集》第 30 卷，人民出版社 1995 年版，第 178 页。

② 《马克思恩格斯全集》第 32 卷，人民出版社 1998 年版，第 126 页。

③ 马克思在《1857—1858 年经济学手稿》中，尚未直接使用“劳动力”这一概念，他在这里所说的“劳动”实即劳动力。

④ 《马克思恩格斯全集》第 30 卷，人民出版社 1995 年版，第 232 页。

是工人用自身的劳动力商品，同资本出让给自己的一定数额的货币相交换；第二个过程，是资本家换来劳动力商品，这种商品是一种能够创造价值、使资本得以保存和增殖的力，通过资本家付给劳动者工资，劳动力就从劳动者身上转换到资本身上，成为属于资本本身的力。

在《1861—1863 年经济学手稿》中，马克思再次将上述劳资交换的两个过程，称为货币转化为资本过程的“两个组成部分”或“两个过程”。他清楚地写道，“货币转化为资本所经历的全部运动可以分为两个完全不同的过程：第一个过程是简单流通行为，一方是买，另一方是卖；第二个过程是买者消费买来的商品，这是在流通范围以外、在流通背后发生的行为。”①在这部手稿“货币转化为资本”一节的［增补］部分，马克思再次引用了《1857—1858 年经济学手稿》中对资本和劳动相交换的这种分析，他在这里指出：“在资本和劳动相交换时，应该把两个行为区别开来：(1)劳动能力的出卖。……(2)资本通过交换而得到的商品(劳动能力)的消费。”②

也就是说，马克思在《1857—1858 年经济学手稿》和《1861—1863 年经济学手稿》中几次强调，要将劳资交换分为“两个过程”来理解。为什么要进行这样的区分，不做这种区分是否可以？答案是否定的。这是因为这两个过程是性质完全不同的两个行为，只有将它们区分开来加以对比并分别深入解析，才能认识资本主义生产方式的本质和特点。那么，这两个过程有哪些不同呢？马克思从以下几个方面作了分析：

第一，从形式上说，两个过程在时间上可以分开。马克思指出，“这两个过程的分离是一目了然的，它们可以在时间上分开，完全不必同时发生。第一个过程可以在第二个过程刚开始以前就已完成，或者在一定程度上已大部分完成。第二个行为的完成以产品的完成为前提。”③也就是说，第一个过程——工人用自身的劳动力换得工资，先于第二个过程的完成。只要工人得到了工资或者签订了劳动合同、以协议的方式得到了一定量工资的许诺，第一个过程就可以宣告完成。而第二个过程——资本家通过付给工人工资或者通过劳动合同的方式得到了工人劳动力的使用权，这并不意味着第二个过程的完成，他还要将劳动力投入实际的生产过程，直到产品生产出来才意味着第二个过程的完成。这一特点与简单流通完全不同。马克思指出，“在简单交换中，在流通中，不发生这种二重的过程。”④可见，这种二

① 《马克思恩格斯全集》第 32 卷，人民出版社 1998 年版，第 116 页。
② 《马克思恩格斯全集》第 32 卷，人民出版社 1998 年版，第 188 页。
③ 《马克思恩格斯全集》第 30 卷，人民出版社 1995 年版，第 232 页。
④ 《马克思恩格斯全集》第 30 卷，人民出版社 1995 年版，第 232 页。

重性是劳资交换的一个重要特点。

发生这种"二重的过程"的实质在于,资本家在第二个过程中对交换来的商品——劳动力——的使用方式,是与简单交换完全不同的。在简单交换中,发生的是你买我卖或者你卖我买的关系,双方无论是以物易物,还是以货币作为交换的中介,都只不过是从不同主体来看的同一个过程。质言之,简单交换中的我买=你卖、我卖=你买,只要商品交换完成,就意味着交换过程的彻底结束。双方对交换来的商品如何使用,完全是在流通过程以外的事,与交换本身无关。马克思举例说,如果 A 用商品 a 换得货币 b,又用货币 b 换得商品 c,那么商品 c 的使用或消费完全是在流通的彼岸进行的,同流通本身毫不相干。但在劳资交换中,问题截然不同,"在这里,用货币交换来的东西的使用价值表现为特殊的经济关系,用货币交换来的东西的一定用途构成两个过程的最终目的。因此,这一点已经在形式上把资本和劳动间的交换同简单交换区别开了,这是两个不同的过程。"①用货币交换来的东西即劳动力,它的使用价值要体现在实际的商品生产过程中,因此,劳动力商品的使用就不是纯然地处在流通的彼岸,而是内在地包含在劳资交换的整个过程之内,并由此标示出劳资交换与简单交换的质性不同。

第二,从内容上说,两个过程在本质上完全不同。如果说第一点区别是从交换时间、消费方式等外在的表现来区分劳资交换的两个过程,那么关于它们的本质区别,马克思指出,"如果我们考察资本和劳动间的交换同简单交换(流通)在内容上的区别,那么我们会发现,这种区别不是通过外表上的关联或比较而产生的,而是在资本和劳动相交换的过程的总体中,第二个形式本身就使自己同第一个形式区别开了,这种比较本身已经包含在过程中。"②也就是说,从劳资交换的实际内容来看,第二个过程本身的性质就使它与第一个过程区别开了。具体说来,"第二个行为——资本占有劳动的特殊过程就是第二个行为——同第一个行为的区别,恰恰是资本和劳动间的交换同以货币为中介的商品交换的区别。在资本和劳动的交换中第一个行为是交换,它完全属于普通的流通范畴;第二个行为是在质上与交换不同的过程,只是由于滥用字眼,它才会被称为某种交换。这个过程是直接同交换对立的;它本质上是另一种范畴。"③可以看出,马克思明确规定,第一个

① 《马克思恩格斯全集》第 30 卷,人民出版社 1995 年版,第 233 页。
② 《马克思恩格斯全集》第 30 卷,人民出版社 1995 年版,第 233 页。
③ 《马克思恩格斯全集》第 30 卷,人民出版社 1995 年版,第 233 页。

过程是“交换”，是“普通的流通范畴”，它意味着工人付出劳动力商品换来这一商品的等价物；而第二个过程在“质上”与第一个过程不同，它根本不是交换，反而是“同交换对立的”，它在本质上属于交换之外的另一种范畴。人们为什么将第二个过程也称为交换呢？马克思指认说，这只是因为人们“滥用字眼”所导致的。

在《1861—1863 年经济学手稿》中，马克思再次强调，“在资本和劳动之间的交换中，第一个行为是交换（买和卖），因而完全属于单纯流通领域。交换双方只是作为买者和卖者彼此对立。第二个行为是和交换本质上不同的过程。这完全是另一个范畴。”[①]也就是说，第一个过程是单纯的买和卖，是简单之极的流通关系，同任何其他的简单交换、商品买卖毫无二致。正如马克思所说，“第一个行为完全符合商品的流通规律，它属于商品流通范围。等价物和等价物相交换。货币占有者一方面支付劳动材料和劳动资料的价值，另一方面支付劳动能力的价值。因此，他在买的过程中以货币形式提供的对象化劳动同他以商品即劳动能力、劳动材料、劳动资料形式同流通中取出的一样多。”[②]货币占有者或者说资本家以货币形式交给工人的对象化劳动，完全等于工人自身劳动能力的价值。从工人方面来看也是如此，这里的交换是真正意义上的等价物相交换。

第二个过程则不是交换关系，不属于流通范畴。马克思指出，“第二个行为显示出一种现象，这种现象按其结果和条件来说不仅同简单流通规律格格不入，而且在表面上也同简单流通相矛盾。”[③]首先，从外在表现上看，“卖者和买者在生产过程本身中的社会地位发生了变化。只要卖者以他的工人的身分进入买者的消费过程，买者就成了卖者的指挥。”[④]也就是说，只要劳动者和货币所有者（资本家）通过劳资交换过程，双方就改变了自身的社会地位，变成了从属和统治的关系，当然这种关系是纯粹的经济关系，而不包含政治、暴力等因素。双方社会地位的这种变化，在简单流通中通过你买我卖的等价物交换是绝不会发生的。正由于此，马克思才在《资本论》中写道，劳动力买卖完成以后，我们剧中人的面貌就已经起了变化，“原来的货币占有者作为资本家，昂首前行；劳动力占有者作为他的工人，尾随于后。一个笑容满面，雄心勃勃；一个战战兢兢，畏缩不前，像在市场上出卖了自己

① 《马克思恩格斯全集》第 32 卷，人民出版社 1998 年版，第 188 页。
② 《马克思恩格斯全集》第 32 卷，人民出版社 1998 年版，第 116 页。
③ 《马克思恩格斯全集》第 32 卷，人民出版社 1998 年版，第 117 页。
④ 《马克思恩格斯全集》第 32 卷，人民出版社 1998 年版，第 117 页。

的皮一样，只有一个前途——让人家来鞣。”①单从这一方面来说，就已经使得劳资交换不同于简单交换了。其次，从结果来看，马克思指出，“如果我们考察结果本身，那么，它与简单流通规律是完全矛盾的，而且这一点在下述情况下可以更明显地看到：正如大多数的情况那样，支付仅仅是在提供劳动之后发生，因此，购买实际上只是在生产过程结束时才实现。”②也就是说，资本家往往是在生产过程结束之后才付给工人报酬，只有等到这时候，对劳动力商品的购买才完全实现。为什么非要如此？这是因为，“这时劳动能力不再同买者相对立。它已经对象化在商品中，比如 12 小时劳动时间或 1 个工作日。”③这就意味着，只有在生产过程结束以后，劳动力商品才不再作为劳动的能力、作为劳动的可能性存在，而是已经对象化在劳动产品之中了，完成了资本的保存和增殖。如果按照工人在劳动过程中提供了 12 小时劳动时间来计算，那么劳动结束后，资本家就获得了 12 劳动小时的价值，但他不可能按照 12 劳动小时的价值来支付，而只支付比如 10 劳动小时或 8 劳动小时的价值。因此，马克思尖锐指出，“实际上这里发生的就不是等价交换，但事实上这里也没有交换。”④进而言之，劳资交换第二个过程的性质，就在于资本家对通过交换而得到的商品（即劳动能力）的使用或消费，“在这里形成一种特殊的经济关系，而在商品的单纯的买和卖中，商品的使用价值，就像这种使用价值的实现——消费一样，同经济关系本身是无关的。”⑤这种“特殊的经济关系”即资本主义生产关系和雇佣劳动制度。

因此，劳资交换两个过程的根本区别、本质区别就在于，第一个过程是简单交换，从这一过程中只能得到等价物的交换，不可能由此产生资本主义的雇佣劳动制；而第二个过程不属于交换范畴，从这一过程中生长出的恰恰是资本主义生产关系。正是基于此，马克思深刻指出，“……下述两个过程之间的差别属于雇佣劳动的本质：（1）货币与劳动能力相交换；（2）这种劳动能力的消费过程等于劳动过程（生产过程）。”⑥也就是说，不将劳动与资本的交换细致地区分为这样两个过程，就根本不能认识到雇佣劳动的本质，或者说就根本不能揭示资本剥削劳动的秘密。

---

① 《资本论》第 1 卷，人民出版社 2018 年版，第 205 页。
② 《马克思恩格斯全集》第 32 卷，人民出版社 1998 年版，第 117 页。
③ 《马克思恩格斯全集》第 32 卷，人民出版社 1998 年版，第 117 页。
④ 《马克思恩格斯全集》第 32 卷，人民出版社 1998 年版，第 118 页。
⑤ 《马克思恩格斯全集》第 32 卷，人民出版社 1998 年版，第 188 页。
⑥ 《马克思恩格斯全集》第 32 卷，人民出版社 1998 年版，第 164 页。

三、劳动力交换价值与使用价值的分离

通过以上分析，我们看到，在马克思的视野中，劳资交换被区分为两个过程，第一个过程属于简单交换，第二个过程则根本不是交换，人们只是"滥用"词语才将其称为"交换"。因而，既是交换又不是交换——劳资交换的两个过程就这样奇异地扭结在一起。"'矛盾'，然而是事实。"①我将这一现象称为"劳资交换的二重性"。这种现象之所以产生，根本原因在于劳动力商品的特殊性，即劳动力商品的交换价值与使用价值在资本主义生产方式下的强制分离。

众所周知，马克思主义政治经济学基本原理揭示出，人类劳动具有二重性，具体劳动生产出产品的使用价值，抽象劳动生产出产品的价值。产品的使用价值是它能满足人的某种需要的有用性，"物的有用性使物成为使用价值"②；价值则是凝结在产品中的无差别的人类劳动时间，它构成商品的交换价值的基础。在资本主义生产方式下，不仅人类劳动的产品成为商品，而且人类劳动本身——更确切地说，是人类从事劳动的能力本身，也成了商品。之所以劳动力成为商品，是因为只有这种特殊商品才能使资本保存并得到增殖。除了劳动力这一特殊商品之外，任何其他商品都做不到这一点。

为什么这样说？是因为资本就其表现形式来说，无非是一定数量的货币，而这些货币代表的是一定量的人类劳动时间，是劳动的对象化或对象化劳动的符号表现。而任何商品的交换价值也都是一定量的人类对象化劳动，作为代表对象化劳动的货币无论与哪一种商品相交换，结果都是得到一定量的商品形式的对象化劳动而丧失自身的货币形式。这就是说，无论是付出货币得到商品，还是卖出商品得到货币，无非实现的是对象化劳动的形式转换，而不会形成价值的增值。正由于此，马克思指出，"在纯粹流通中进行的交换价值的简单运动，决不能实现资本。"③要实现资本，即让资本能够自我扩大、增长、增殖，就必须找到一种不同于对象化劳动的"非对象化劳动"。资本家很幸运，他找到了这样一种东西。马克思指出：

> 唯一不同于对象化劳动的是非对象化劳动，是还在对象化过程中

---

① 《列宁全集》第55卷，人民出版社2017版，第203页。

② 《资本论》第1卷，人民出版社2018年版，第48页。

③ 《马克思恩格斯全集》第30卷，人民出版社1995年版，第209页。

> 的、作为主体性的劳动。换句话说，对象化劳动，即在空间上存在的劳动，也可以作为过去的劳动而同在时间上存在的劳动相对立。如果劳动作为在时间上存在的劳动，作为活劳动而存在，它就只能作为活的主体而存在，在这个主体上，劳动是作为能力，作为可能性而存在；从而它就只能作为工人而存在。①

也就是说，任何商品都是对象化劳动，都是一定量的人类劳动时间的凝结，因而，货币与任何商品的交换都只能使自身陷入简单流通的旋涡。只有现实的劳动、正在进行的劳动、活劳动，才不是对象化劳动，不是在空间上或者时间上已经凝固的劳动。而活劳动的存在，只能是作为活的主体、作为劳动能力、作为工人而存在。正由于此，资本只有同这种活劳动、同劳动能力、同工人相交换，才能使自身真正成为资本，实现自我保存和增殖。正是在这一意义上，马克思指出，"劳动能力就是增殖的源泉和整个[资本主义]关系的基础"②。

资本家幸运地找到的劳动力商品的特殊性就在于，它的交换价值和使用价值是不同一的。"如果一个工人只干半天活，就可以维持生活一整天，——也就是说，生产出维持这个工人一天所必要的生活资料，——那么，他的一天的劳动能力的交换价值就等于半个工作日。"但同时，"这种能力的使用价值却并不是维持、生产或再生产它自身所必需的劳动时间，而是它本身能够劳动的劳动时间。因此，例如它的使用价值是一个工作日，而它的交换价值只有半个工作日。"③正由于此，我们可以得到这个公式：一个工作日（使用价值）= 半个工作日（交换价值）。这既是一个等式，又是一个不等式；既是一个有理数，又是一个无理数；既是一个明显的矛盾，又有一个矛盾得以栖身的现实的外壳。在劳资交换中，工人看重的是劳动力的交换价值，"对于工人本身来说，劳动能力之所以具有使用价值，只是因为它是交换价值，而不是因为生产交换价值。"④而资本家看重的却是劳动力的使用价值，"劳动作为使用价值只是对于资本来说的……劳动是使资本得到增加的中介活动"。⑤ 由于这些差别，劳资交换就按照劳动力的交换价值与使用价值看似相等实则不等的公式来进行，"资本家按照劳动能力的交换价值，按照

① 《马克思恩格斯全集》第30卷，人民出版社1995年版，第230页。
② 《马克思恩格斯全集》第32卷，人民出版社1998年版，第130—131页。
③ 《马克思恩格斯全集》第32卷，人民出版社1998年版，第126页。
④ 《马克思恩格斯全集》第32卷，人民出版社1998年版，第190页。
⑤ 《马克思恩格斯全集》第32卷，人民出版社1998年版，第190页。

维持这种劳动能力所需的劳动时间把它买进来,但是资本家得到的却是劳动能力本身能够劳动的劳动时间。因此,在上述例子中,即使资本家支付了半天,他得到的却是一整天。"①马克思指出,"在任何情况下,关系都是这样:工人把劳动能力交给资本家支配的时间多于再生产劳动能力自身所必需的劳动时间。资本家购买劳动能力,仅仅因为它有这种使用价值。"②总之,正是由于劳动力商品的使用价值与交换价值的分离,才使得劳资交换呈现出二重性,也使得人们在研究劳资交换的性质及其与等价交换的关系时表现出种种矛盾之处。

马克思的下述论述表明了他对劳资交换的总体判断,"在资本和劳动能力的交换中,是等价物的交换。然而,交易的结果——它出现在生产过程中,从资本家方面来说,它构成交易的全部目的——是资本家以一定数量的对象化劳动购买较大数量的活劳动,或者说,对象化在工资中的劳动时间少于工人为资本家劳动的、从而对象化在产品中的劳动时间。"③这就表明,劳资交换的第一个过程是等价物交换,而第二个过程则包含着交换(交易)的"结果""目的"和本质,因而,只有完整地把握这两个过程,才能真正认识劳资交换既是交换又不是交换、既等价又不等价的真实面貌。

四、对"马克思和正义"之争的启示

把握劳资交换的二重性,而不是简单地将劳资交换视为一个过程、一个行为,既是马克思在一系列经济学手稿和著作中表明的真正态度,也可以让我们更好地面对"马克思和正义"之争。我认为,它至少具有如下启发意义:

(1)不能简单地将劳资交换归结为第一个过程,而将第二个过程排除出劳资交换的总过程。我们回到文章之初援引的争论。在"马克思和正义"之争控辩双方的阵营中,辩方更多的从第一个过程来理解劳资交换。例如伍德就认为,马克思"不同意剩余价值涉及工人和资本家之间不平等交换的断言"④。按照伍德所理解的马克思,资本家付给工人工资,而从工人那里购买到能为他生产商品的劳动能力,"用工资来交换劳动力,这是发

① 《马克思恩格斯全集》第32卷,人民出版社1998年版,第126页。
② 《马克思恩格斯全集》第32卷,人民出版社1998年版,第126页。
③ 《马克思恩格斯全集》第32卷,人民出版社1998年版,第192—193页。
④ [美]艾伦·伍德:《马克思对正义的批判》,林进平译,载李惠斌、李义天编:《马克思与正义理论》,中国人民大学出版社2010年版,第18页。

生在资本家和工人之间的唯一交换。这是正义的交换，它早在出售生产商品并实现其剩余价值的问题产生之前就已完成。"①显然，劳资交换的第二个过程不在伍德的视野之内。伍德还明确地将资本主义生产过程排除在劳资交换之外，"在资本主义生产过程中，资本家只不过是在使用他在生产过程之前所购买的东西。"然而，根据马克思的论述，劳资交换的真正完成要以商品的完成为前提，第二个过程（即劳动力商品的消费或实际生产过程）才是体现资本主义生产关系本质的关键。这些显然都是伍德所没有看到的。实际上，马克思早就批评过与伍德类似的观点。他指出，"和谐论的鼓吹者企图把资本和劳动的关系归结为第一个行为，因为这里买者和卖者只是作为商品所有者彼此对立，并没有表现出交易的特别的、不同的性质。"②也就是说，只看到劳资交换的第一个过程，而看不到表现劳资交换特殊性质的第二个过程，就只能将劳资交换看作单纯交换等价物的简单流通，而成为资本主义生产方式的辩护者。

（2）同样，也不能简单地将劳资交换归结为第二个过程，而将第一个过程排除出劳资交换的总过程。"马克思和正义"之争的控方，更多地是从第二个过程来看待劳资交换。这一观点强调，虽然资本家付出了与工人的生产力价值相等价的工资，但并未偿付工人的实际劳动，因而资本主义制度是不正义的。那么，怎样才能符合正义呢？是要求将工人在劳动过程中创造的全部价值都付给工人吗？实际上，空想社会主义者及其门徒、蒲鲁东及其追随者或者伍德所称的"李嘉图式的社会主义者"，都是这样提出问题、解决问题的。但这一观点究其实质，它要求不是按照劳动力的交换价值，而是按照劳动力的使用价值来偿付工资，这无疑违背了价值交换规律，而使自己处于自相矛盾之中。按照马克思的分析，资本剥削过程或者说价值增值过程，同"原来作为前提的规律——商品按等价进行交换即按其交换价值进行交换的规律"，也就是同"商品交换所遵循的规律"③是不是矛盾呢？马克思认为答案是否定的。之所以如此，是因为一是货币在市场上、在流通中发现了劳动力这一商品，二是劳动力商品具有特殊的性质，它的交换价值和使用价值是相互分离的。"劳动能力是商品，而在劳动能力是商品的前提下，在劳动能力中对象化的劳动时间，或者说劳动能力的交换价值，不决定它的使用价值，这一点与商品交换规律没有任何矛盾，相反，倒是与这个规

① ［美］艾伦·伍德：《马克思对正义的批判》，林进平译，载李惠斌、李义天编：《马克思与正义理论》，中国人民大学出版社 2010 年版，第 20 页。

② 《马克思恩格斯全集》第 32 卷，人民出版社 1998 年版，第 188 页。

③ 《马克思恩格斯全集》第 32 卷，人民出版社 1998 年版，第 95 页。

律相符合的。”①因此,控方观点的实质是要求劳动力的交换价值决定其使用价值,这反倒是无视价值交换规律、任意想象的做法。马克思对此也进行过批评,他深刻指出,劳动力商品的交换价值与使用价值的分离,导致了劳资交换两个过程中的矛盾,“尽管这个过程这样简单,但到目前为止还是不能被人理解。经济学家从来不可能把剩余价值同他们自己提出的等价交换规律一致起来。社会主义者总是停留在这个矛盾上,反复谈论这个矛盾,但他们不理解劳动能力这种商品的特殊性质,不理解这种商品的使用价值本身就是创造交换价值的活动。”②这里的“社会主义者”指的是追随蒲鲁东的小资产阶级社会主义者,他们注意到了工人得到的工资小于工人在生产过程中创造的价值量这一矛盾,但他们不去研究资本主义生产方式的演变规律,而是希望在保留资本和雇佣劳动制的前提下改变分配。这就意味着,他们完全不懂得资本和雇佣劳动的经济学含义。因此,必须充分考虑劳资交换的第一个过程,遵循价值交换规律而不是主观背离这一规律才能科学揭示资本剥削劳动的秘密。

(3)不能将劳动力商品等同于一般商品,那样就会将劳资交换混同于简单交换。劳资交换中涉及的商品是劳动力,这是一种特殊的商品。之所以说它特殊,是因为除此以外的任何商品,都是对象化劳动或者一定量的社会劳动时间的凝固,而只有劳动力是非对象化劳动,是创造价值的价值,是生产商品的商品。劳动力不是金蛋,而是下金蛋的鹅;不是金,而是点石成金的手指。如果不把握这一点,而将劳动力商品看成一般商品,就会得出劳资交换等于简单交换的结论。在“马克思和正义”之争中,伍德多次举一个例子,就是将资本家购买劳动力等同于消费者买面包。他写道,“工资交换劳动力,是一种交换行为。可是,资本家消费他通过工资交换而购买的使用价值,却不是一种交换;这就好比‘我买了面包,回到家,坐在桌子旁边吃掉它’不是市场交换一样。”③也正是由于伍德将劳动力等同于面包式的一般商品,所以他从不把劳资交换的第二个过程包括在总过程之内。马克思的真正看法则是,“自由交换的最高阶段是劳动能力作为商品,作为价值来同商品,同价值相交换;劳动能力是作为对象化劳动购得的,而劳动能力的使用价值却在于活劳动,即在于创造交换价值。”④这再一次深刻揭示了劳动

① 《马克思恩格斯全集》第 32 卷,人民出版社 1998 年版,第 97 页。

② 《马克思恩格斯全集》第 32 卷,人民出版社 1998 年版,第 99 页。

③ [美]艾伦·伍德:《马克思反对从正义出发批判资本主义——对段忠桥教授的回应》,《中国社会科学》2018 年第 6 期。

④ 《马克思恩格斯全集》第 31 卷,人民出版社 1998 年版,第 69 页。

力商品的特殊性所导致的劳资交换的二重性。

由于以上,(4)用是否符合等价交换原则来判断资本主义制度正义与否,显然是一个狭隘的、不适用的原则。在"马克思和正义"之争中,控辩双方拥有不同的小前提,但共同拥有一个大前提,即等价交换原则。他们都认为,符合等价交换原则就是正义的,反之就是非正义的。然而,我们通过对劳资交换的两个过程和二重性的分析,就可以看到,劳资交换既有牢固的符合等价交换规律的外观和表现(第一个过程),但又在实质、结果、目的上根本不符合等价交换原则,甚至根本就不是交换。正由于此,试图用等价交换原则来判断资本主义制度是否正义,本身就是自相矛盾的做法。正由于此,笔者认为等价交换对资本主义制度来说是一个狭隘的、不适用的原则。

那么,又是什么原因导致了等价交换原则的狭隘性呢?归根到底还是由于劳动力商品的特殊性,劳资交换已经不再是简单交换,而是后者进一步发展了的形式;而等价交换只是由简单交换中抽象出来和确定下来的标准和原则,它只能用来衡量等价物之间的交换,而不能衡量使用价值与交换价值相分离的劳动力商品与一定量的货币(资本)之间的交换。马克思曾就此指出,"最大的交换,不是商品的交换,而是劳动同商品的交换。"①"资本家和工人之间所进行的交换……是交换的最高发展。"②

因此,试图用适用于简单交换的等价交换原则来评判进一步发展了的劳资交换,这本身就会将自己陷于悖谬之中。也正由于此,对资本主义制度正义与否的判断,也许需要一套更加复杂和宽广的标准,这要求我们在既有研究的基础上进一步予以深入探讨。

---

① 《马克思恩格斯全集》第30卷,人民出版社1995年版,第40页。

② 《马克思恩格斯全集》第31卷,人民出版社1998年版,第69页。

第　三　篇

方法论的考量

第十章　唯物史观与正义理论建构

——以拉法格对马克思正义观的发展为例

> 共产主义革命在废除私有财产和给予“一切人以同样的东西”时将解放人类和恢复平等精神。这时，从私有财产产生时就折磨着人的脑筋的正义的观念，好像曾经困惑过可怜的文明人的最可怕的噩梦一样，也就要消失了。
>
> ——拉法格

深入研究马克思政治哲学，建构马克思主义正义理论，需要始终坚持以唯物史观为指导，以唯物史观的基本原则、原理作为正义研究的牢固基石。当前，不少学者深入探讨了唯物史观与马克思正义观、马克思政治哲学的关系，推出了一系列研究成果。同时，从现有研究来看，还较少有学者注重从马克思主义发展史的整体序列出发，探讨马克思之后的马克思主义思想家是如何以唯物史观为指导从事正义问题和政治哲学研究的。笔者在本章中，将以拉法格对正义问题的研究为例，集中阐述马克思主义唯物史观对政治哲学研究的指导意义和历史价值。

之所以聚焦拉法格，是因为在马克思、恩格斯之后，拉法格几乎是唯一一位对正义问题作过直接阐述和系统研究的重要思想家。拉法格研究正义问题的最大特点，就在于他始终坚持唯物史观，在唯物史观的理论视野中剖析正义问题。深入考察拉法格在正义研究中对唯物史观的坚持、捍卫和具体运用，对于当前深化马克思主义正义理论研究具有重要的启示意义。

拉法格深受马克思的思想影响，熟练掌握和运用唯物史观，是一位杰出的马克思主义理论家和革命家。恩格斯热情期许拉法格“会成为巴黎这个光明之城的一盏明灯”①，列宁将其誉为“马克思主义思想的最有才能的、最渊博的传播者之一”②，弗·梅林称赞“他的论文是细针密缕的活计”，“全部都属于那些有永久意义的马克思主义的文献之列”③。需要指出的是，拉

---

① 《马克思恩格斯全集》第36卷，人民出版社1974年版，第118页。

② 《列宁全集》第20卷，人民出版社1989年版，第386页。

③ 转引自[法]拉法格：《思想起源论》，王子野译，生活·读书·新知三联书店1963年版，第3、4页。

法格在一些地方将马克思主义称作"经济唯物主义"等,似有把马克思主义理解为狭隘的"经济决定论"之嫌,但从整体和根本上看,这不是拉法格思想的主流。拉法格注重从经济因素出发去探求、解析思想和观念的前提,但又反对简单地用经济因素来直接理解、阐发纷繁复杂的观念领域。总的来说,拉法格在当时的历史条件下,一方面坚决回击了伯恩斯坦、考茨基等人对马克思主义的歪曲和攻讦,捍卫了马克思主义的科学性和革命性;一方面在很多研究领域运用唯物史观探究和解决问题,在一定程度上丰富和推进了唯物史观研究。正如我国学者所评价的,"拉法格在理论研究中也产生过不少错误,并多次受到恩格斯的批评。但这些错误毕竟是局部的、次要的,而且有些错误的产生是由于他所处的时代和斗争环境所造成的。拉法格是马克思的女婿,正由于这种得天独厚的条件,他能得到马克思的言传身教,对马克思主义的理论实质的理解上,或者材料的把握上,拉法格比其他的马克思主义者具有更优越的条件,因而,他的作用也就更大些。"①

拉法格一生著述丰富,很多文章都涉及正义问题,如《进化——革命》《蒲鲁东主义已经过时》《阶级斗争》《卡尔·马克思的历史方法》等。尤其重要的是两个方面:一是 1894 年 12 月到 1895 年 1 月,拉法格和饶勒斯围绕正义及唯物史观等问题进行了争论,深入批判了后者在正义和社会历史发展问题上的唯心史观;二是拉法格在其代表作《财产及其起源》《思想起源论》(其中撰有专文《正义思想的起源》)中立足唯物史观,深刻探讨了正义观念的起源、实质和发展演化等问题。

从学界对拉法格的研究现状来看,相关研究比较少,对拉法格正义观的研究更为罕见②。从这一意义上说,深入研究拉法格的正义观,不仅具有方法论的启迪,也在一定意义上有填补学术空白的作用。

一、立足唯物史观批判饶勒斯

正如拉法格在《卡尔·马克思的历史方法》一文开篇即引用的马克思

① 黄楠森、庄福龄、林利主编:《马克思主义哲学史》第 3 卷,北京出版社 2005 年版,第 552 页。

② 截止到写作本著时,笔者在中国知网以"拉法格"为篇名进行检索,搜索到 50 余篇研究成果,既包括期刊文章和硕士论文,也有不少介绍性的文字。其中只有一篇涉及拉法格的正义观,即,游志能:《从流血复仇到伤害赔偿制度——拉法格"正义思想的起源"探究》,《云南大学学报》(法学版)2013 年第 3 期。这篇文章主要是从法学的角度谈拉法格的正义观,并未涉及"马克思与正义"问题。

《政治经济学批判〈序言〉》中的名言“物质生活的生产方式一般地决定社会的、政治的和精神的生活过程”①所表明的那样，拉法格考察包括正义在内的社会历史观念时，严格地遵循马克思所创立的唯物史观。在对饶勒斯的批判中，拉法格从唯物史观视野出发，系统地阐发了他关于正义问题的见解。

1894 年 12 月，法国政治家、社会党领袖饶勒斯在巴黎的一次集会上，发表了《唯心史观和唯物史观》的演讲，认为“唯物史观并不妨碍对历史作唯心主义的解释”②，试图实现“经济的唯物主义和历史的与道德的唯心主义”的调和。饶勒斯所理解的唯物史观是：“马克思认为人们进行活动并不服从于某一抽象的正义观念或抽象的权利观念。”③“这种理论（即唯物史观——引者注）之所以取名为经济的唯物主义是因为照它的看法，现成的正义的观念并不是从人的脑子里抽出来的，人只不过在脑子里、在脑物质中反映生产中的经济关系。”④他所理解的唯心主义则是这样一种观点：“照这种观点，人类从自己存在的最初时起便有模糊的观念、有对自己的命运、自己的发展的最初的预感”。⑤ 正是基于这种观念和预感，“人类还在获得历史经验之前，还在组织这样那样的经济制度之前早就有了正义和权利的先验的观念，他们正是追求那个先验的理想，进入越来越高的文明状态；人类的进步不是由于生产方式的机械的和自动的改变，而是由于人类模糊地或清楚地感觉到的这种理想的影响。”⑥就是说，在唯心主义者看来，关于正义和权利的先验观念先于人们实际的历史经验和现实的经济制度，人类社会的发展进步不是基于生产方式的进步，而是由于正义、理想等观念的推动。“观念本身是运动和行动的原则；理性的观念绝不依赖于经济的因素；相反的，正是经济因素在现实和历史中一步一步地表现，一步一步地体现人类的理想。”⑦这实际上是将观念、理性、理想等因素看作历史发展的动力。饶勒斯由此认为，在解释社会历史发展时，马克思的唯物史观是不够的，必须将唯物史观与唯心史观“调和”起来，以形成一种更加完备的理论。

为了实现这种调和，饶勒斯将唯物史观和唯心史观视作“对立面”，即

① ［法］拉法格：《思想起源论》，王子野译，生活·读书·新知三联书店 1963 年版，第 5 页。
② 《饶勒斯文选》，李兴耕编，人民出版社 2009 年版，第 46 页。
③ 《饶勒斯文选》，李兴耕编，人民出版社 2009 年版，第 47 页。
④ 《饶勒斯文选》，李兴耕编，人民出版社 2009 年版，第 47 页。
⑤ 《饶勒斯文选》，李兴耕编，人民出版社 2009 年版，第 48 页。
⑥ 《饶勒斯文选》，李兴耕编，人民出版社 2009 年版，第 48 页。
⑦ 《饶勒斯文选》，李兴耕编，人民出版社 2009 年版，第 48 页。

矛盾的两个方面,“同一真理的两个不同的方面”。他认为从文艺复兴以来,经过笛卡尔、莱布尼茨、斯宾诺莎直到康德,始终都在寻求这种“对立面”的统一,最终在黑格尔那里实现了统一。“黑格尔把这个长期的思想工作概括为一个公式,说,真理在于矛盾之中:谁肯定某个命题而不拿它的反题和它对立,谁就会犯错误,谁就会被狭隘的空幻的逻辑所玩弄。”①按照黑格尔这一“矛盾同一的现代思想”,唯物主义和唯心主义就能在更高的层面上实现统一。例如在历史发展中,“一切历史现象可以用纯粹的经济进化来解释,也可以用人类对生活的最高形式的经常的、不息的企求来解释”②。饶勒斯认为,人类社会之所以会经历奴隶制、农奴制、雇佣劳动制的演变,原因就在于,所有的经济制度都是出于“人同对人的利用之间的基本矛盾”。在不同的经济制度下,人们受到不同程度的利用,人们都不愿意生活在被利用得过多的制度中,而愿意处在被利用得越来越少的制度之下,这样就形成了经济制度变迁、推动了历史进步。正由于此,饶勒斯特别重视人类的理性、理念、正义、博爱等因素的作用。“历史是一种按照机械的规律发展的现象,但同时又是一种按照理想的规律实现的愿望。”③饶勒斯将唯物史观视为机械的规律,将唯心史观视为理想的规律,正义等道德规范和经济关系就成为同等重要的范畴,是共同推动社会发展进步的动力,共产主义不过是正义观念的实现。

饶勒斯调和唯物史观和唯心史观的做法,实质上是取消唯物史观,将正义等观念因素看作历史的根本动力。1895 年 1 月拉法格在巴黎的另一次集会上发表演讲,从“哲学的高度”反驳饶勒斯的观点。拉法格的批判可以概括为以下方面:

第一,饶勒斯和马克思主义者之间的争论是关于观念的起源和形成的争论。饶勒斯认为,人类在获得历史经验之前就有了正义和权利的先验观念,观念先于经验。拉法格就此指出,所有民族都有一个共同的起点,都是从野蛮人发展来的。“所有那些在我们今天有抽象意义的词,开始时在创造它们的野蛮人的头脑中却只有具体的意义。”④例如,在希腊语中,“nonos”这个词在具有“法律”这个抽象意义之前,只作“牧场、住宅”解;在法语中,“droit”一词现在是指合乎正义的东西,而原来只用来表示不弯不曲的东西。这些语言现象表明,具体的东西产生出人们头脑中抽象的东西,而

① 《饶勒斯文选》,李兴耕编,人民出版社 2009 年版,第 50 页。
② 《饶勒斯文选》,李兴耕编,人民出版社 2009 年版,第 54 页。
③ 《饶勒斯文选》,李兴耕编,人民出版社 2009 年版,第 37 页。
④ 《饶勒斯文选》,李兴耕编,人民出版社 2009 年版,第 2 页。

不是相反。人们对具体的经验进行概括,才在头脑中逐渐生成抽象的观念。拉法格对饶勒斯的批判让人想到马克思在《神圣家族》中对施里加—维什努的批判。他们实质上都沉醉在"思辨的黑格尔结构的秘密"之中,"把实体了解为主体,了解为内部的过程,了解为绝对的人格"①。因此,拉法格批评饶勒斯的理论"不能解释世界","并不是什么正义和博爱的观念在指导着植物界和动物界的机体的进化"②。拉法格回顾了西方哲学史上关于观念起源的争论。柏拉图认为,人们关于正义的概念是对绝对的善的理念的回忆,而苏格拉底的老师阿克拉奥斯认为,人们生活的国家的法律才是道德观念的源泉。笛卡尔认为,人类从出生就带着一般、原因、效果等先天观念,洛克、孔迪亚克等感觉论者则持相反的观点。拉法格说,"我们共产主义者回到阿克拉奥斯和洛克的论点",同时要进一步指出,人们的观念是人类社会长期发展的产物。"它们是靠我们祖先的经验获得的,我们从我们的祖先继承了经过许许多多的世代锻炼的脑力,以致我们可以说是自发地获得某些观念,因此它们对我们来说好像是先天的。"③根据拉法格的揭示,饶勒斯实质上是将由现实产生出来的观念主体化,"反客为主",从而掩盖了历史的本质,取消了唯物史观。

第二,正义观念是在私有财产产生之后出现的。在饶勒斯那里,正义观念脱离了具体的社会环境而悬浮在纯粹的观念领域之中。"不管地点、时间和经济要求如何不同,奴隶、农奴和无产者口中发出的叹息和希望的气息则是一样的;人类的这口不灭的气息正是所谓权利的真髓。"④这种论述实际上是用想象、幻想代替科学的研究。拉法格指出,人和动物之所以能思想,是因为有脑子,脑子把感觉变成观念。那么,脑是如何产生的呢?拉法格认为,这是自然环境和社会环境共同作用的结果:一方面,"是自然环境造出脑子和其他器官";另一方面是"社会环境的现象"和"经验",它们继续"发展人的器官的技术能力""改变他的思想"⑤。他指出:"照饶勒斯所说的无意识地沉睡在野蛮人头脑中的那个正义的概念,只是在私有财产产生

① 参见《马克思恩格斯全集》第2卷,人民出版社1957年版,第71、75页。

② [法]拉法格:《唯心史观和唯物史观》,王子野译,生活·读书·新知三联书店1965年版,第4页。

③ [法]拉法格:《唯心史观和唯物史观》,王子野译,生活·读书·新知三联书店1965年版,第6页。

④ 《饶勒斯文选》,李兴耕编,人民出版社2009年版,第58页。

⑤ [法]拉法格:《唯心史观和唯物史观》,王子野译,生活·读书·新知三联书店1965年版,第6—8页。

之后才钻进人脑中去。”①也就是说，正义观念并不是先天就埋藏在原始人的头脑中，而是在私有财产出现后才产生的。“野蛮人没有任何正义的概念；他们甚至没有用来表示这样一个概念的字眼；他们至多知道同等报复法——以打击还打击，以眼还眼……甚至生活在高度发达的但私有财产还只是刚刚萌芽的共产主义的社会环境里的半开化人，也只有十分模糊的正义的概念。”②这就从唯物史观的视角揭示了正义观念的起源。

第三，经济的必然性推动历史前进。“饶勒斯对我们说，与社会环境发生矛盾的博爱和正义的概念，导致人类的发展。”③拉法格指出，如果按照这种看法，那么就不会有历史的任何进步，人类也永远不会走出原始共产主义阶段，因为一方面这一阶段的原始人根本就没有正义观念，另一方面这一阶段人们的博爱情感（当然仅限于部落或族群内部）比任何其他阶段都更能自由表现出来。因此，不是正义观念而是人类的物质生产实践推动社会历史的发展。例如，只有当农业和工业生产发展到劳动产品不仅能维持劳动者本身的生存，而且还有剩余可供别人夺取时，奴隶制才能产生。拉法格深刻地指出：“哲学和基督教从来都没有想到同奴隶制作斗争，更没有想到消灭它。但是生产工具一旦发展到了这样的程度，使奴隶制已成为对人的剥削的靠不住的和赔本的形式，它就归于消灭。”④

第四，共产主义社会将消灭正义观念。饶勒斯认为，共产主义是正义的实现。与之相反，拉法格认为，共产主义社会恰恰会消灭正义观念。在拉法格看来，原始共产主义社会的成员过着公共的集体生活，一切都是公有的，并不存在“我的”和“你的”区分，因而并不存在正义观念。只有在私有制产生以后，正义观念才随之产生。“从私有制确立时开始，丈夫为自己买妻子，保证以生男生女的妇女来专供自己享乐。嫉妒是所有权的一种变形的感情而已。而父亲担心将来有没有儿子只是从他有私有财产可遗传的时候才开始的。”⑤随着生产力的发展和生产关系的变革，“共产主义的理想以新

---

① [法]拉法格：《唯心史观和唯物史观》，王子野译，生活·读书·新知三联书店1965年版，第8页。

② [法]拉法格：《唯心史观和唯物史观》，王子野译，生活·读书·新知三联书店1965年版，第8页。

③ [法]拉法格：《唯心史观和唯物史观》，王子野译，生活·读书·新知三联书店1965年版，第11页。

④ [法]拉法格：《唯心史观和唯物史观》，王子野译，生活·读书·新知三联书店1965年版，第17—18页。

⑤ [法]拉法格：《唯心史观和唯物史观》，王子野译，生活·读书·新知三联书店1965年版，第10—11页。

的光辉在我们的脑子里复生”①，生产资料将成为全民的公共财产，社会使经济力量服从于人自身。“充满文明人头脑和建立在‘我的’和‘你的’这两个概念之上的正义概念，只有到公有制代替私有制的时候才会像噩梦一样归于消灭。”②拉法格同时还指出，我们追求共产主义社会并不是“正义的理想”的推动，而是因为“资本主义生产的经济力量必不可免地要把社会引到共产主义”，“我们是相信科学的人，我们不发明新的社会形式，不过是从资本主义的环境中引出它们来”。③ 这就从马克思主义社会形态理论的高度阐明了正义观念产生、演变的过程和最后的归宿。

二、重回正义思想的历史起源

进入20世纪之后，恩格斯已经溘然长逝，拉法格等马克思主义理论家面临着资产阶级思想家和国际无产阶级运动中修正主义者的双重攻击，理论形势更加严峻。在这种情况下，拉法格撰写了《卡尔·马克思的历史方法》《抽象思想的起源》《正义思想的起源》《善的思想的产生》等一系列文章，以唯物史观为思想武器，阐明了包括正义在内的众多观念的起源、演变和发展历程。在拉法格追溯和分析这些抽象观念的过程中，唯物史观始终作为深邃的理论内核而展示着思想的光辉。

第一，正义观念来自人类的历史经验。拉法格系统梳理了历史上的自然神论哲学和唯心主义哲学，揭示了其思想谬误。被前者奉为最高主宰的神或上帝，只不过是“人的创造物”。“人随着自己的发展而修改自己的上帝；这个上帝不仅不是指挥者，并且还是历史现实的玩偶。”④唯心主义哲学力图把抽象的科学演绎法运用于历史领域，但没有成功，因为“唯心主义者又不屑于去研究自己的思想的起源，谁也不知道思想是从哪儿来的。他们只限于肯定说思想是‘自身’存在的，思想是能发展的；随着思想的日臻完善，它改变人类和社会现象，把这些现象都放在自己的监督之下”。⑤ 也就是说，止步于思想本身是不够的，必须从唯物史观的视角进一步探索思想和

① ［法］拉法格：《唯心史观和唯物史观》，王子野译，生活·读书·新知三联书店1965年版，第22页。
② ［法］拉法格：《唯心史观和唯物史观》，王子野译，生活·读书·新知三联书店1965年版，第11页。
③ ［法］拉法格：《唯心史观和唯物史观》，王子野译，生活·读书·新知三联书店1965年版，第22页。
④ ［法］拉法格：《思想起源论》，王子野译，生活·读书·新知三联书店1963年版，第11页。
⑤ ［法］拉法格：《思想起源论》，王子野译，生活·读书·新知三联书店1963年版，第12页。

观念的起源。拉法格明确指出:“进步、自由、正义、祖国等等思想也和数学上的公理一样不是存在于经验的领域之外;它们不是在经验之前就存在了,而是跟随经验才有的;它们不产生历史事件,它们本身是历史事件的结果。社会现象在发展中创造、改变和消灭它们。”①他还进一步提出:“正因为思想是在社会环境中产生出来的,所以才成为积极的力量。历史的任务之一就是要揭发是什么社会原因产生思想并给予思想以影响某一时代的人类智慧的力量。”②拉法格正是遵循这样的思路,进一步挖掘“什么社会原因”产生了正义的思想观念。

第二,立足于原始社会发展史的实证分析,深入探讨正义思想的起源。这方面的研究是拉法格在马克思主义发展史上作出的独特贡献。拉法格提出:“文明社会的正义由两个来源产生:一方面是在人类的本性中取得自己的来源;另一方面又从建立于私有财产基础上的社会环境中取得自己的起源。”③也就是说,正义观念的起源是两方面因素的共同作用:一方面是人性、人的自然本能,这是正义观念的人性基础;另一方面是私有制的社会环境,这是正义观念的社会基础。

拉法格将正义细分为“报酬的正义”和“分配的正义”,前者指在遭受损害时要求得到公正的赔偿,后者指在物品分配中受到公正的对待。每一种正义观念在起源方面都是人性因素和社会因素共同作用的产物。拉法格认为,“报酬的正义”的人性方面的起源是“报复的渴望和平等的情感”④。“报复是人类精神的最古老的情欲之一;它的根子是扎在自卫的本能里,扎在推动动物和人进行抵抗的需要中,当他们受到打击时就会不自觉地予以回击,假使恐怖没有吓得他们逃跑的话。报复也扎根于这种需要里,即当儿童和野蛮人被无机物碰疼时也鼓励他们给予打击。”⑤拉法格援引了大量野蛮人和半开化人进行报复的例子,来说明报复心理在人的原始本能中是极其强烈的。原始人进行报复和流血复仇的行为,如果不适当地扩大,就会给整个氏族带来危险,因此,他们逐渐学会只进行同等的报复,只求得相等的补偿,以命偿命,以伤抵伤。这种同等报复法也最符合原始民族的平等精神,因为原始民族的一切成员都是平等的,他们在平分食物、物品、财富等方面都完全相等。随着私有财产产生以后,财产赔偿就逐渐取代了这种同等

① [法]拉法格:《思想起源论》,王子野译,生活·读书·新知三联书店1963年版,第13页。
② [法]拉法格:《思想起源论》,王子野译,生活·读书·新知三联书店1963年版,第13页。
③ [法]拉法格:《思想起源论》,王子野译,生活·读书·新知三联书店1963年版,第67页。
④ [法]拉法格:《思想起源论》,王子野译,生活·读书·新知三联书店1963年版,第67页。
⑤ [法]拉法格:《思想起源论》,王子野译,生活·读书·新知三联书店1963年版,第67页。

报复法。“粗暴的平等——以命抵命——为经济的平等所代替，即以家畜和其它财产抵偿生命、伤损、侮辱等等。”①随着历史的发展，财产赔偿观念在人们的头脑中生成了“报酬的正义”思想，人们在受到损害之后，就以“正义”之名要求自己应当获得的赔偿数量。

关于“分配的正义”，拉法格同样认为是人性因素和社会因素共同作用的结果。原始人在本能的推动下，去攫取他们所需要的任何东西，但这种攫取一旦超出自己领土的范围，就会面临巨大的危险。因此，原始人逐渐学会了克制这种攫取的本能，为每个人可以拿到多少物品划定界限。根据原始人的平等精神，这种划界是完全平等的。随着私有制的发展，公有的氏族土地逐渐划分给个人所有，在土地的分配过程中，人们逐渐产生了“分配的正义”观念。拉法格说：“正义的观念在它产生时同土地的分配是如此密切地联系着，以致希腊文表示习惯、风俗、法律的 nomas 有 nem 的字根，由此产生了许多词群，包含着牧场和分配的概念。”②私有制的出现使原本的公共财产在人们中间分成了“你的”“我的”“自己的”“别人的”，社会更是划分为统治阶级和被统治阶级，前者通过立法、宗教以及正义观念来保护自己的私有财产。正由于此，拉法格说：“希腊人创造了一些可怕的女神，为的是制止攫取的本能和恐吓那些胆敢侵犯他人财产的人。第克(Diké)和莱梅西(Némésis)就属于这一类的神；他们出生在实行土地分配之后，他们的名字就指明这个；维持新的习惯和惩办新习惯的破坏者。”③从此之后，侵犯他人的私有财产就被视为极大的非正义。“侵犯财产比侵犯个人要受更严的处罚。残酷的司法的丑恶的法典跟随着土地转变为家族财产和作为这个转变的结果而进入历史。”④

总括上述见解，拉法格意在表明：从它的最初起源来讲，正义是原始社会的平等精神的表现。“以打击还打击，所受损失的平等的赔偿，在分配生活资料和土地时的平等的份额，这是原始人所能理解的唯一的正义的观念。”⑤随着私有制的产生，原始的公有制被私有制所取代，正义就成为保护私有财产的代名词。同时，私有制的产生意味着阶级的产生，剥削阶级占有社会上的绝大部分财富，正义成为维护剥削阶级利益的工具。拉法格对正义观念总的看法体现在下面两句话中：一是“正义的观念就它的起源来说

① [法]拉法格：《思想起源论》，王子野译，生活·读书·新知三联书店 1963 年版，第 83 页。
② [法]拉法格：《思想起源论》，王子野译，生活·读书·新知三联书店 1963 年版，第 90 页。
③ [法]拉法格：《思想起源论》，王子野译，生活·读书·新知三联书店 1963 年版，第 92 页。
④ [法]拉法格：《思想起源论》，王子野译，生活·读书·新知三联书店 1963 年版，第 94 页。
⑤ [法]拉法格：《思想起源论》，王子野译，生活·读书·新知三联书店 1963 年版，第 96 页。

只不过是平等精神的表现而已，以后由于受了它所促使形成的私有财产的影响，致使财产在人们之间所产生的不平等神圣化”①；二是“正义……破坏了它的平等精神并且使人的奴役成为理所当然的事情”②。这些概括立足于人类学的实证研究，寻找正义思想起源、演变的线索，对剥削阶级正义观，尤其是资产阶级正义观的本质进行了深刻的剖析。

第三，正义在阶级社会受阶级利益支配，共产主义社会将消灭正义观念。拉法格指出：“统治阶级往往把一切有利于它的政治利益和经济利益的东西都宣传为正义，而把一切违反其利益的东西都看作非正义。正义，照他们的理解，只有当他们的阶级利益得到满足时才能实现。由此可知，正义是受资产阶级的阶级利益支配的，正如以前的封建正义是受贵族的阶级利益支配一样。因此，人们以不自觉的讽刺拿眼睛蒙着包头巾来形容正义，为的是阻碍它看到它所保卫的是如何卑污和肮脏的利益。”③这就直截了当地指出，在阶级社会中，统治阶级的正义观本质上是对其利益的反映。

正义思想与阶级利益是反映与被反映的关系，所以在不同历史时代和不同社会集团乃至不同个人中间，都有不同的说法。拉法格具体指出：“资本家、雇佣劳动者和法官就对正义有着不同的看法。社会主义者所理解的正义是把从雇佣劳动的生产者那里窃取来的财富归还给他们，而资本家所理解的正义却是保存这些窃取来的财富；既然资本家掌握着经济的和政治的权力，那末他的关于正义的概念就是统治的和具有法律的力量，而对于法官，法律就是正义本身。正因为同一个词掩盖着正义的矛盾的概念，所以资产阶级就把这些思想变成自己的统治和欺骗的工具。”④拉法格旗帜鲜明地反对一切唯心主义哲学家和资产阶级思想家的说法。他认为：“正义，照哲学家的说法，在过去创造了奇迹，现在充满了资产阶级的社会，它引导人们去追求和平的和幸福的未来。其实恰恰相反，它是一切社会的非正义的多产的母亲。在过去，正义使奴隶主有权占有人，像占有牲畜一样；现在它使资本家有权剥削无产阶级的儿童、妇女和男子，比剥削牲畜还要坏。正义把用来对付奴隶的鞭子交给奴隶主并点燃了他们的心，当他们用雨点般的拳头打在奴隶身上的时候；现在仍然还是它允许资本家强占雇佣工人的劳动所创造的剩余价值，并且使他们在以微薄的工资来酬报那给资本家带来全

① ［法］拉法格：《思想起源论》，王子野译，生活·读书·新知三联书店1963年版，第96页。
② ［法］拉法格：《思想起源论》，王子野译，生活·读书·新知三联书店1963年版，第96页。
③ ［法］拉法格：《思想起源论》，王子野译，生活·读书·新知三联书店1963年版，第16—17页。
④ ［法］拉法格：《思想起源论》，王子野译，生活·读书·新知三联书店1963年版，第34页。

部财富的劳动的时候竟然问心无愧。”①这是拉法格从阶级分析和经验描述层面，对正义本质的进一步阐发。

那么，如何消除私有制的不正义，实现无产阶级的利益？拉法格始终坚持唯物史观，从生产力发展和社会形态变迁的角度去看待正义的实现问题。他说：“我不要求社会运动是靠感情或正义和平等的绝对观念来作指导。我只是研究在我们眼前发展着的现象，并给你们指出它进一步发展的趋势。”②资本主义制度由于本身必不可免的内在根本矛盾，必然会为共产主义社会所取代，社会共同占有生产资料将取代生产资料的私人占有。“共产主义革命在废除私有财产和给予‘一切人以同样的东西’时将解放人类和恢复平等精神。这时，从私有财产产生时就折磨着人的脑筋的正义的观念，好像曾经困惑过可怜的文明人的最可怕的噩梦一样，也就要消失了。”③只有彻底推翻私有制的共产主义革命，才能引发人们观念世界的彻底变革，在私有制土壤上生长起来的、本质上体现统治阶级利益的正义观念，将逐渐被共产主义社会新的社会道德和真正的平等精神所取代。

三、拉法格正义观的方法论启示

唯物史观是马克思的第一个伟大发现，为社会历史问题研究，也为现今建构马克思主义正义理论提供了科学的思维方法和研究路径。我们今天之所以回顾拉法格的正义研究，不是要简单地做学术史梳理，而是要从中汲取唯物史观的方法论启示，始终坚持以唯物史观指导当前的正义研究。

首先，唯物史观为正确理解正义观念的本质提供了思想指南。按照唯物史观，一定的生产力构成一个社会的物质基础和前提，人们在这个基础上形成一定的生产关系、交换关系，而“适应自己的物质生产水平而生产出社会关系的人，也生产出各种观念、范畴，即这些社会关系的抽象的、观念的表现”④。同样，正义观念是在一定的社会生产力基础上产生的一定社会关系的反映。因而，推动社会进步和历史变迁的根本原因是生产力的发展，而不是正义观念的变革。饶勒斯的理论失误就在于，将正义观念这一被决定的

---

① ［法］拉法格：《思想起源论》，王子野译，生活·读书·新知三联书店1963年版，第17—18页。

② ［法］拉法格：《财产及其起源》，王子野译，生活·读书·新知三联书店1962年版，第19页。

③ ［法］拉法格：《思想起源论》，王子野译，生活·读书·新知三联书店1963年版，第96页。

④ 《马克思恩格斯全集》第27卷，人民出版社1972年版，第484页。

因素理解为社会历史的决定性因素,理解为历史的基础和动力。与饶勒斯相反,拉法格始终坚定地寻找正义观念背后的物质动因。拉法格在回忆马克思的教诲时写道:"马克思以他特有的渊博的见解向我讲解了他的人类社会发展的辉煌理论。就象在我眼前揭开了一道帷幕一样,我生平第一次清楚地看到了世界历史的逻辑,在社会发展和思想发展表面上如此矛盾的现象中,找到了它们的物质原因。"①正是依循这一研究路径,拉法格在对饶勒斯的批判和对正义观念起源的探索中,反复阐述唯物史观的基本原理,正确地还原正义观念应有的地位,即正义本质上是由经济基础所决定的观念的上层建筑的组成部分。

其次,唯物史观为把握正义观念的变迁提供了广阔的历史视野。在马克思主义发展史上,拉法格独到地分析了正义观念起源、演变的全过程。拉法格没有局限于正义观念本身,而是时刻结合生产力状况、财产状况、社会形态展开研究,这是对唯物史观分析方法的具体运用。例如,拉法格对共产主义与正义关系的论断,实际上奠基于马克思所讲的共产主义是私有财产的积极扬弃的思想,包含着在更高的历史阶段实现或复归人类真正的自由平等精神的意涵。马克思早在《1844 年经济学哲学手稿》中就指出:"共产主义是私有财产即人的自我异化的积极的扬弃……是人和自然界之间、人和人之间的矛盾的真正解决,是存在和本质、对象化和自我确证、自由和必然、个体和类之间的斗争的真正解决。"②恩格斯认为:"平等仅仅存在于同不平等的对立中,正义仅仅存在于同非正义的对立中……在共产主义制度下和资源日益增多的情况下,经过不多几代的社会发展,人们就一定会认识到:侈谈平等和权利,如同今天侈谈贵族等等的世袭特权一样,是可笑的;对旧的不平等和旧的实在法的对立,甚至对新的暂行法的对立,都要从现实生活中消失;谁如果坚持要人丝毫不差地给他平等的、公正的一份产品,别人就会给他两份以资嘲笑。甚至杜林也会认为这是'可以预见的',那末,平等和正义,除了在历史回忆的废物库里可以找到以外,哪儿还有呢?"③以原始共产主义始,经过私有制社会,以未来共产主义终,拉法格的正义观形成了"原始共产主义公有制没有正义观念→私有制产生正义观念→未来共产主义公有制扬弃正义观念"螺旋式上升的辩证理解,其间推动这种上升的动力被严格规定为生产力的发展与生产方式的变迁,这就使拉法格的正义

① 《摩尔和将军:回忆马克思恩格斯》,人民出版社 1982 年版,第 97 页。
② 《马克思恩格斯全集》第 3 卷,人民出版社 2002 年版,第 297 页。
③ 《马克思恩格斯全集》第 20 卷,人民出版社 1971 年版,第 670 页。

观呈现出开阔的历史视野:既是唯物主义的,又是辩证法的;既是辩证唯物主义的,又是历史唯物主义的;既观照历史、理论与实践,又贯通过去、现在与未来。

再次,唯物史观为推进正义研究、解决社会正义问题提供了科学的研究路径。自从罗尔斯 1971 年发表《正义论》以来,西方学界出现了"政治哲学的转向",正义研究蔚为大观。这种研究潮流也影响了中国学界,政治哲学研究不断勃兴,学者们围绕着社会正义等问题展开了热烈讨论。之所以能形成这样的研究热潮,很大一部分原因是由于世界范围内收入差距拉大、分配不公等社会问题在理论上的投射和触发。从这一意义上说,正义研究是对现实的社会正义问题的反映,具有强烈的问题意识。而这里问题的关键在于,我们依据何种研究框架、采取何种研究方法、遵循何种研究路径来开展正义研究? 答案只能是马克思主义唯物史观,而不是包括自由主义谱系在内的西方各种流派的政治哲学。之所以作出如此回答,绝不是出于意识形态独断论的硬性规定,而是由马克思主义唯物史观对社会历史本质的深层理解和科学揭示所决定的。按照唯物史观的理解,要真正解决社会正义问题,不能仅仅停留在正义与否的纯粹思辨中,而要透过正义观念的表层,深入研究社会的物质生产与经济事实。马克思、恩格斯在其著作中多次表明这一点。马克思明确指出:"认识到产品是劳动能力自己的产品,并断定劳动同自己的实现条件的分离是不公平的、强制的,这是了不起的觉悟,这种觉悟是以资本为基础的生产方式的产物,而且也正是为这种生产方式送葬的丧钟,就像当奴隶觉悟到他不能作第三者的财产,觉悟到他是一个人的时候,奴隶制度就只能人为地苟延残喘,而不能继续作为生产的基础一样。"①这就是说,马克思将劳动者由于劳动同生产资料的强制分离而带来的"不公平"视为一种"觉悟",在这种"觉悟"背后隐藏着真实的生产方式的变迁,要真正研究的不是这种"觉悟",而是"觉悟"背后的生产方式。恩格斯谈道:"对现存社会制度的不合理和不公平、对'理性化为无稽,幸福变成苦痛'的日益清醒的认识,只是一种征象,表示在生产方法和交换形式中已经静悄悄地发生了变化,适合于早先的经济条件的社会制度已经不再和这些变化相适应了。"②同马克思一样,恩格斯将不公平理解为一种"征象",在"征象"背后是应当深入研究的"生产方式和交换形式"。恩格斯晚年在为《哲学的贫困》一书写的德文第一版序言"马克思和洛贝尔图斯"中

① 《马克思恩格斯全集》第 30 卷,人民出版社 1995 年版,第 455 页。

② 《马克思恩格斯选集》第 3 卷,人民出版社 1995 年版,第 618 页。

指出，“按照资产阶级经济学的规律，产品的绝大部分不是属于生产这些产品的工人。如果我们说；这是不公平的，不应该这样，那末这句话同经济学没有什么直接的关系。我们不过是说，这些经济事实同我们的道德感有矛盾。……但是，在经济学的形式上是错误的东西，在世界历史上却可以是正确的。如果群众的道德意识宣布某一经济事实，如当年的奴隶制或徭役制，是不公正的，这就证明这一经济事实本身已经过时，其他经济事实已经出现，因而原来的事实已经变得不能忍受和不能维持了。因此，在经济学的形式的谬误后面，可能隐藏着非常真实的经济内容。”①恩格斯在这里依然是在强调，解决社会正义问题，不能囿于正义本身，而要深入正义背后，研究不公平或非正义等“道德感”“道德意识”背后的“经济事实”。拉法格严格遵循马克思、恩格斯的研究路径，并不简单驻足于正义本身的抽象思辨，而是运用唯物史观揭示观念背后的生产关系和经济事实。拉法格明确否认，“用关于正义、平等、真理和其他美好的东西等人道的词句就能达到这个结果”，而始终坚持“只有在国家占有一切已经集中化大企业的基础上完全改组社会才能改善无产阶级广大群众的命运……只有合理地和适时地使用组织起来的无产阶级的力量，才能提供某些重大的结果”②。从马克思、恩格斯到拉法格的重要论述都提示我们，研究社会正义问题，既不能简单地就何为正义、何为非正义进行观念上的思辨，也不能主观构想一套正义原则、要求现实的社会历史发展符合原则。这在理论上是空想的，在现实中是无效的。

最后，唯物史观为反对正义研究中的观念至上论提供了思想武器。应该看到，拉法格的思想并不是完美无缺的，而是存在着一些理论错误和政治错误。从辩证唯物主义的角度来看，拉法格的主要问题是机械地理解经济基础对上层建筑的决定作用，未能充分重视上层建筑对经济基础的反作用。恩格斯晚年反复强调经济基础与上层建筑的辩证关系，深刻论述上层建筑和社会意识形态的反作用原理，但这没有引起拉法格足够的重视。反映到正义研究中，拉法格就表现为偏重物质生产和经济基础的决定作用，忽视正义观念等社会意识形态的反作用。从这一意义上说，我们今天正是要在辩证唯物主义和历史唯物主义原理的指导下高度重视正义研究，挖掘和阐明正义观念这一“觉悟”“征兆”背后所隐含的经济事实。

当然，更为重要的是，拉法格对唯物史观的坚持和运用对现今反对正义

---

① 《马克思恩格斯全集》第21卷，人民出版社1965年版，第209页。

② 《拉法格文选》(上)，人民出版社1985年版，第42页。

研究中的观念至上论具有重要价值。从思想史上看，唯心史观的一个重要表现就是将诸如正义、公平、自由等原则实体化，把这些原则视为社会发展的动力和目标，认为社会历史进步就是一个不断趋向这些目标的进程。马克思、恩格斯曾经多次批判过蒲鲁东、拉萨尔、杜林等人在公平正义问题上的唯心史观①。在马克思、恩格斯逝世之后，德国社会民主党的理论家伯恩施坦等修正主义者试图用新康德主义歪曲马克思主义，将唯物史观歪曲为唯心的伦理社会主义。“走上修正主义马克思主义理论根本原理道路的伯恩施坦及其追随者们，企图为康德伦理学的先验性、抽象性等等这些最虚弱的方面作辩护，而且加以系统化。最公开的修正主义者们，企图用人们‘道德的自我完善’是走向社会主义运动的先决条件的说教，来代替对资本主义实行社会主义的革命改造。”②在伯恩施坦对马克思主义理论的歪曲中，一个重要方面就是将“正义”“道德”等视作社会历史发展的原动力和创造力。在《社会主义中的现实因素和空论因素》等文中，伯恩施坦提出，“正义就在今天也还是社会主义运动中的一个极强大的动力”③，这实质上是将观念诸因素与物质生产等量齐观，用唯心主义取代唯物史观，将马克思主义篡改为伦理社会主义。拉法格在正义研究中深入批判这种修正主义和唯心主义观点，捍卫了唯物史观的根本立场和基本原则。

从当代西方政治哲学来看，自艾伦·伍德与胡萨米的争论开始，一系列学者围绕着“马克思与正义”问题展开了长达数十年的争论，对我们今天的正义研究无疑具有重要的借鉴意义。但整体来看，这些研究基本都是围绕“应然”维度而展开的，虽然提供了很多精巧的论证，但相对忽视对当代资本主义生产关系和物质事实的“实然”研究，体现出比较明显的伦理化、规范化的色彩，因而难以撼动坚硬的社会现实。拉法格在正义研究中始终高扬唯物史观思想旗帜、坚持唯物史观研究路径的做法，无疑为我们反对观念至上和伦理化的研究倾向提供了重要参考。

总之，按照从马克思、恩格斯到拉法格始终坚持的唯物史观研究路径，当前深化正义研究、解决社会正义问题，需要深入正义观念背后的经济基础，具体研究现实的生产力状况和生产关系，扎实探索当代中国的实际和国情，在哲学、政治经济学、历史学等多学科的交叉研究和融合视域中构建新时代马克思主义正义理论。

---

① 参见拙著《正义之后：马克思恩格斯正义观研究》，江苏人民出版社 2018 年版。

② ［苏］哈尼莫姆江：《拉法格与马克思主义哲学》，张大翔、张凡琪等译，国际文化出版公司 1987 年版，第 253 页。

③ ［德］爱德华·伯恩施坦：《伯恩施坦文选》，殷叙彝编译，人民出版社 2008 年版，第 87 页。

第十一章　从政治形式的外表深入社会生活

——唯物史观的当代学术价值

现代历史著述方面的一切真正进步,都是当历史学家从政治形式的外表深入到社会生活的深处时才取得的。

——马克思

上一章我们着重考察了唯物史观在正义研究中的指导地位和方法论启示,本章试图将视野进一步拓展,立足于当前的时代背景,较为全面地考察一下唯物史观在社会历史发展研究中的学术价值和历史意义。

一种真正的思想,总如万古奔流的长河大川,为后世提供无尽的理论滋养。唯物史观是马克思一生两大科学发现之一,是人类思想史上最可宝贵的理论创造,正属于这样一种真正的思想。习近平总书记指出,"历史唯物主义作为马克思主义哲学的重要组成部分,是关于人类社会发展一般规律的科学。"①今天,我们要科学地认识历史、把握历史、创造历史,依然离不开唯物史观的重要指导。唯物史观这一唯一科学的历史观是做好历史研究的灵魂,只有沿着唯物史观所指示的研究路径,才能真正抵达历史的深处。

然而,唯物史观在当代学术研究中的指导价值,正在一定程度上遭受搁置和质疑。德国学者伊格尔斯在《二十世纪的历史学》一书中谈到马克思主义的历史科学时,认为这一理论已丧失了大量的可信性,因为"奠定其基础的前提过分深入地植根于19世纪而无法诉之于后工业时代的情怀",而且,"马克思本人的学说是充满了矛盾而又模棱两可的"②。在《全球史学史》一书中,伊格尔斯等著者重复了这一看法,并认为马克思唯物主义历史观与实证主义、德国历史主义研究范式一样,"都建立在他们并不承认却藐视经验证明的形而上学的假设上"③。类似这种对唯物史观的价值评判,颇

① 习近平:《坚持历史唯物主义不断开辟当代中国马克思主义发展新境界》,《求是》2020年第2期。

② 格奥尔格·G.伊格尔斯:《二十世纪的历史学》,何兆武译,商务印书馆2020年版,第83页。

③ 格奥尔格·G.伊格尔斯:《全球史学史》,杨豫、王晴佳译,北京大学出版社2019年版,第180页。

具代表性。在一些研究者那里，唯物史观仅仅被当成19世纪的学说，已成为生命力干瘪的明日黄花，从而被束之高阁。但由此造成的后果是显而易见的，一些研究未能很好地处理史料与理论、细节与整体等辩证关系，耽于史料而轻视理论，醉心细节而忽略整体；沉埋于历史表象和现象，远离历史深层，拒斥历史规律，解构宏大叙事；质疑历史的客观性，认为话语是历史的本质，将史学等同于诗、小说等文学创作。考其根源，以上种种现象的出现，在很大程度上都与对唯物史观的理解不够准确深入有关。有鉴于此，就有必要系统回顾唯物史观博大精深的理论内涵，阐发唯物史观在当代学术研究中的重要价值，从而在唯物史观的方法论指引下更好地开辟新时代中国史学的美好未来。

一、唯物史观创立的过程：四个阶段

王安石在评价唐人张籍的诗作时慨叹，“看似寻常最奇崛，成如容易却艰辛。”大众用“事非经过不知难”这一朴实的语言来表达同样的意思。唯物史观的创立过程就是如此。然而，有些观点轻视唯物史观的创立，认为它充其量不过是黑格尔与费尔巴哈某些思想片段的“杂拌”或混合，或者“认为可以用既愚蠢而又廉价的说法来加以攻击，说它是少数几个‘聪明的煽动家’所杜撰的‘幻想’而已”①。这种观点暴露了其对思想史尤其是马克思、恩格斯创立唯物史观历史的惊人的无知。实际上，恰如麦克莱伦所言，马克思“建立起了一个来源于哲学、历史、经济学和政治学的体系……我们关于历史和社会的很多观点是和马克思的幽灵进行对话的结果，这些理论已经成为20世纪以及未来精神框架的一部分”②。

回顾人类思想史可以发现，在唯物史观诞生之前，关于人类社会历史的解释，长期隐藏在重重帷幕之下。古希腊、罗马时代的历史学家没有摆脱神的束缚，把神谕看作民族盛衰、命运沉浮、世事变迁的最高力量。中世纪盛行神学历史观，将历史自身的规律性变成了一切由上帝决定的神学宿命论。近代资产阶级历史学家摒弃了神学历史观，但停留在用抽象的“理性”“人性”“意志”来解释历史。黑格尔在全面继承和深入研究以往哲学思想的基础上，承认历史的整体性和规律性，但他所谓的历史规律实际上是思辨的“绝对观念”外化的过程。“世界历史——表示‘精神’的意识从它的‘自

---

① ［德］梅林：《保卫马克思主义》，吉洪译，人民出版社1982年版，第3页。
② ［英］麦克莱伦：《马克思传》，王珍译，中国人民大学出版社2016年版，第462页。

由'意识和从这种'自由'意识产生出来的实现的发展"①,"在世界历史当中,我们把任何一切完全都看作是'精神观念'的表现"②。黑格尔在庞大的思辨迷宫中造出了一尊行走在地上的神,仍然未能突破用观念来说明历史的藩篱。恩格斯曾指出,"旧的、还没有被排除掉的唯心主义历史观不知道任何基于物质利益的阶级斗争,而且根本不知道任何物质利益;生产和一切经济关系,在它那里只是被当做'文化史'的从属因素顺便提一下。"③列宁也曾专门就此总结说,在人类思想史上,以往一切历史理论有两个主要缺点,一是它们至多考察了人们历史活动的思想动机,而没有考察产生这些动机的原因,没有发现社会关系体系自身的客观规律性;二是它们从来都忽视群众的活动。④ 这两个主要缺点,都是随着唯物史观的创立才得到根本解决的。

马克思、恩格斯都不是天生的唯物史观论者。在唯心史观一统天下的格局下,马克思、恩格斯都经过了一个异常艰苦的,突破既有理论框架、寻找新的研究范式的思想跋涉过程。根据马克思和恩格斯的主要著作,我们大体上可以把这一过程划分为四个阶段。当然,思想的发展是一个连续的、不间断的过程,我们反对马克思思想发展中的所谓"断裂说""中断说"和"青年—老年对立论",因而这一划分只具有相对的意义。

第一,思想转型期(1843 年以前)。马克思、恩格斯早年都受到过黑格尔思想的强烈影响。马克思在《莱茵报》时期,就曾以黑格尔主义的理性、自由原则,反抗普鲁士王国的专制统治。然而,也正是在这一时期,马克思开始亲身接触社会现实和民众生产生活,尤其是民众捡拾枯枝的传统权利遭到践踏和对摩泽尔地区农民贫苦状况的调查,深深地触动了马克思。贫苦民众的物质利益问题,开始成为马克思面对的"难事"和使他"苦恼的疑问",这些是传统思维框架下的"自由""理性""意志"等解决不了的。马克思由此批判黑格尔法哲学,到物质生活层面去探寻人类社会历史的奥秘。⑤恩格斯也走过了类似的思想历程。早在 1839 年 1 月—3 月初撰写的《伍珀河谷来信》中,恩格斯就观察到,"下层等级,特别是伍珀河谷的工厂工人,

① [德]黑格尔:《历史哲学》,王造时译,上海世纪出版集团 2006 年版,第 58—59 页。

② [德]黑格尔:《历史哲学》,王造时译,上海世纪出版集团 2006 年版,第 73 页。

③ 《马克思恩格斯文集》第 3 卷,人民出版社 2009 年版,第 544 页。

④ 参见《列宁选集》第 2 卷,人民出版社 2012 年版,第 425 页。

⑤ 恩格斯曾就此指出,"马克思从黑格尔的法哲学出发,得出这样一种见解:要获得理解人类历史发展过程的锁钥,不应当到被黑格尔描绘成'大厦之顶'的国家中去寻找,而应当到黑格尔所那样蔑视的'市民社会'中去寻找。但关于市民社会的科学,也就是政治经济学……"《马克思恩格斯全集》第 16 卷,人民出版社 1964 年版,第 409 页。

普遍处于可怕的贫困境地”[①],与此形成鲜明对立的是,“大腹便便的厂主们是满不在乎的”[②]。在1842年11月底撰写的《国内危机》一文中,恩格斯开始显著地提到了物质利益问题,认为“在辉格党和托利党中间,并没有原则斗争,它们中间只有物质利益的冲突”[③]。恩格斯还敏锐地注意到,英国的工业固然可使国家富庶,“但它也造成了勉强糊口的急速增长着的无产者阶级,赤贫者阶级”[④],这必然会引发革命,“这个革命的开始和进行将是为了利益,而不是为了原则,只有利益能够发展成为原则,就是说,革命将不是政治革命,而是社会革命”[⑤]。由此恩格斯开始关注历史的真正创造者无产阶级,并预测到了无产阶级的历史使命。青年恩格斯还强调,“历史就是我们的一切,我们比其他任何一个先前的哲学学派,甚至比黑格尔,都更重视历史”。[⑥] 这些论述都表明,马克思、恩格斯从不同的道路出发而殊途同归,都走上了探索新的社会历史观的道路。

第二,理论探索期(1843—1844年)。马克思在离开《莱茵报》后写的第一部著作是《黑格尔法哲学批判》,其中提出了不是国家决定市民社会,而是市民社会决定国家的著名结论。在《〈黑格尔法哲学批判〉导言》中,马克思的理论见解更进一步,在科学社会主义发展史上第一次深刻阐述了无产阶级的历史使命,指出无产阶级是人类解放的“心脏”和“物质武器”。在《1844年哲学经济学手稿》中,马克思考察了劳动与历史发展的关系,认为整个所谓世界历史不过是人通过人的劳动而诞生的过程,充分肯定了生产劳动在人类历史中的作用。在《神圣家族》中,马克思深刻地提出了历史的发源地问题,认为“历史的发源地”只是在“尘世的粗糙的物质生产中”,而不是在“天上的云雾中”[⑦],只有“去认识某一历史时期的工业和生活本身的直接的生产方式”,才能“真正地认识这一历史时期”[⑧]。这说明唯物史观已经冲破旧观点的帷幕,呼之欲出。与此相应,马克思充分肯定了人民群众的伟大作用,认为“历史活动是群众的事业,随着历史活动的深入,必将是群众队伍的扩大”[⑨]。马克思和恩格斯在《神圣家族》中还深刻揭示了黑

① 《马克思恩格斯全集》第2卷,人民出版社2005年版,第44页。
② 《马克思恩格斯全集》第2卷,人民出版社2005年版,第44—45页。
③ 《马克思恩格斯全集》第3卷,人民出版社2002年版,第408页。
④ 《马克思恩格斯全集》第3卷,人民出版社2002年版,第410页。
⑤ 《马克思恩格斯全集》第3卷,人民出版社2002年版,第411—412页。
⑥ 《马克思恩格斯全集》第3卷,人民出版社2002年版,第520页。
⑦ 《马克思恩格斯全集》第2卷,人民出版社1957年版,第191页。
⑧ 《马克思恩格斯全集》第2卷,人民出版社1957年版,第191页。
⑨ 《马克思恩格斯全集》第2卷,人民出版社1957年版,第104页。

格尔历史观的本质:“黑格尔的历史观以抽象的或绝对的精神为前提,这种精神是这样发展的:人类只是这种精神的无意识的或有意识的承担者,即群众。可见,黑格尔是在经验的、公开的历史内部让思辨的、隐秘的历史发生的。人类的历史变成了抽象精神的历史,因而也就变成了同现实的人相脱离的人类彼岸精神的历史。”①这就揭露了黑格尔历史观将抽象精神作为历史主体,而将人类活动作为这种抽象精神的无意识工具的全部神秘性和虚幻性。在后来的《哲学的贫困》(这一著作本身属于唯物史观创立完成期的作品)中,马克思进一步指出,“黑格尔认为,世界上过去发生的一切和现在还在发生的一切,就是他自己的思维中发生的一切。因此,历史的哲学仅仅是哲学的历史,即他自己的哲学的历史。没有‘与时间次序相一致的历史’,只有‘观念在理性中的顺序’。他以为他是在通过思想的运动建设世界;其实,他只是根据绝对方法把所有人们头脑中的思想加以系统的改组和排列而已。”②与此相反,唯物史观要将“哲学的历史”重新变为“历史的哲学”,将人类历史真正还给自身。这样,马克思和恩格斯就超越了黑格尔历史观的影响,告别了这种思辨的历史,而开始在“物质生产”和“群众的事业”中探索历史的奥秘。

第三,创立完成期(1845—1848 年)。在马克思、恩格斯共同完成的《德意志意识形态》中,他们研究了生产力和生产关系(交往形式)的辩证运动,在思想史上第一次依托一个极其宏大而又基于现实的理论框架,将人类历史上的所有制形式划分为部落所有制、古代公社所有制和国家所有制、封建的或等级的所有制、资产阶级所有制,以及共产主义所有制,从而在本质层面揭示了社会历史的多层次结构和运动趋势。他们明确指出,经济社会形态的更替,是随着生产力的发展而实现的、不以人的意志为转移的客观过程,这就揭示了人类历史的物质动因和发展规律,从而彻底终结了历史领域中的唯心主义观念。在马克思、恩格斯于 1847 年底至 1848 年初共同完成的《共产党宣言》中,他们运用唯物史观系统、全面、深入地研究了人类历史,尤其是深入揭示了资本主义产生和发展的历史,深刻分析了阶级斗争在阶级社会中的历史作用,宣告了工业无产阶级“自身的解放”与“世界的解放”相一致、建立“自由人联合体”的历史使命,以宏大的世界历史视野宣告了资本主义的灭亡和共产主义的胜利都是历史的必然。《共产党宣言》的问世,标志着马克思主义的诞生,也标志着唯物史观的正式创立,在人类思

① 《马克思恩格斯文集》第 1 卷,人民出版社 2009 年版,第 291—292 页。

② 《马克思恩格斯文集》第 1 卷,人民出版社 2009 年版,第 602 页。

想史上具有划时代的历史意义。

第四，丰富发展期(1848年以后)。1848年欧洲革命爆发之后，马克思和恩格斯亲身参加了革命，并在革命实践中不断验证、丰富、发展自己的理论。马克思在《新莱茵报》和后来的《新莱茵报。政治经济评论》以及其他报刊上发表了一系列政论和理论文章，撰写了《1848年至1850年的法兰西阶级斗争》《路易波拿巴的雾月十八日》等著作。他在这些著述中运用唯物史观科学分析了"当时发生的政治事件"和"现代历史"，"把政治事件归结为最终是经济原因的作用"①，总结了法、德等国革命的经验教训，在社会革命、国家政权、经济动因、阶级分析、历史人物评价等诸多问题上进一步发展了唯物史观，验证了唯物史观作为科学历史观和方法论的重要价值。欧洲革命结束之后，马克思移居伦敦，重新开始政治经济学探索。在《资本论》及经济学手稿中，马克思全面、系统、连贯、深入地分析了资本主义这一社会形态，同时对前资本主义生产方式作了深入探究。在《政治经济学批判(1857—1858年手稿)》中，马克思指出，资本的形成史并不属于受资本统治的生产方式的实际体系，这就像地球从流动的火海和气海的状态变为地球现今的形态所经历的过程，这一过程处于已经形成的地球生命的彼岸一样。但是，"对我们来说更为重要的是，我们的方法表明历史考察必然开始之点，或者说，表明仅仅作为生产过程的历史形式的资产阶级经济，超越自身而追溯到早先的历史生产方式。"②马克思的研究表明，不管是前资本主义生产方式，还是资本主义生产方式，都"仅仅是历史的"③，具有历史过渡性，都在自身的发展中同时扬弃着自身，为新的生产方式的产生创造历史前提。这就通过政治经济学的研究视野，极大地深化和拓展了唯物史观。马克思逝世后，恩格斯在晚年写下了一批专门论述历史唯物主义的书信，驳斥了资产阶级学者和德国社会民主党内"青年派"等对唯物史观的攻击和歪曲，提出了历史发展的"根本动力论"和"合力论"等重要观点，突出强调了上层建筑诸因素的相互影响及其对经济基础的反作用，坚决捍卫和进一步丰富发展了唯物史观。

哲人其萎，而思想永存。马克思、恩格斯探索、创立、发展唯物史观的一系列著作和艰辛历程，突破了从物质生产之外去寻求历史本质的既有范式，真正建构起了关于人类社会发展的"历史的哲学"。正由于此，英国著名历

---

① 马克思:《1848—1850年的法兰西阶级斗争》，人民出版社2014年版，第3页。

② 《马克思恩格斯文集》第8卷，人民出版社2009年版，第109页。

③ 《马克思恩格斯文集》第8卷，人民出版社2009年版，第110页。

史学家巴勒克拉夫盛赞唯物史观是“今天仍保留着生命力和内在潜力的唯一的‘历史哲学’”①。

二、变“哲学的历史”为“历史的哲学”

法国史学家保罗·韦纳在探讨“人如何书写历史”这一重要问题时,将对历史的解释分为三个方面:一是偶然,即天赋、运气等意外情况;二是质料因,即客观条件或者环境;三是目的因,即自由意志。他从质料因的层面来理解唯物史观,认为一方面社会的“底层结构”即物质基础的确会决定上层建筑,但另一方面,“这一底层结构,其本身也是人性的:不存在纯粹状态的生产力,而只有从事生产的人们”②。由此,韦纳就将唯物史观理解为一种循环论证,“围绕着一个马克思主义的轴”无限逆推,从而将人们引入“悖谬”之中。③ 韦纳对唯物史观的理解,显然过于简单和单薄。唯物史观具有博大精深的理论内涵,包含历史本体论、历史认识论、历史方法论、历史价值论等重要体系,绝不是一些人臆断的只有几条干瘪的“原理”。马克思和恩格斯本人曾经在多个场合、多次总结过唯物史观的理论内容,主要就历史本体论而言,最经典和最有代表性的有两次。

一次是马克思在1859年出版的《政治经济学批判》第一分册“序言”中回顾自己的研究历程,对唯物史观作了经典概括。马克思首先谈到,为了解决他在《莱茵报》时期“苦恼的疑问”,他开始对黑格尔法哲学进行批判性分析,结果表明,“法的关系”正像“国家形式”一样都根源于“物质的生活关系”,而这种物质的生活关系的总和,被黑格尔等思想家概括为市民社会,对市民社会的研究则要到政治经济学中去探求。随后马克思开始在巴黎、布鲁塞尔、伦敦等地研究政治经济学,并收获了“一经得到就用于指导我的研究工作的总的结果”④。

马克思用一大段篇幅表述了这一“总的结果”,我们可以具体分梳为以下十个方面:1. 人们在物质生产中形成一定的、必然的、不以个人意志为转

---

① [英]杰弗里·巴勒克拉夫:《当代史学主要趋势》,杨豫译,上海译文出版社1987年版,第261页。

② [法]保罗·韦纳:《人如何书写历史》,韩一宇译,华东师范大学出版社2018年版,第161页。

③ [法]保罗·韦纳:《人如何书写历史》,韩一宇译,华东师范大学出版社2018年版,第161页。

④ 《马克思恩格斯全集》第31卷,人民出版社1998年版,第412页。

移的生产关系，这种生产关系与该社会发展阶段的物质生产力水平相适应；2. 这些生产关系的总和构成“社会的经济结构”，在这种经济结构之上竖立着法律的、政治的上层建筑以及与之相适应的社会意识形式；3. 物质生活的生产方式制约着整个社会生活、政治生活和精神生活的过程，而不是相反；4. 社会生产力发展到一定阶段，就会与现存的生产关系发生矛盾，于是后者就成为前者的桎梏，从而进入“社会革命的时代”，推动形成新的生产关系；5. 随着经济基础的变化，上层建筑也或慢或快地发生变革；6. 马克思专门强调，在考察社会的这些变革时，必须时刻注意区分两者：一是生产的经济条件方面所发生的变革，这种变革是物质的、可以用自然科学的精确性加以指明的；二是人们意识到这种冲突并力求加以克服的意识形态形式。人们要准确地判断一个变革时代，不能以后者为依据，而要“从物质生活的矛盾中，从社会生产力和生产关系之间的现存冲突中去解释”①；7. 马克思随即特别强调了“两个决不会”的原理，“无论哪一个社会形态，在它所能容纳的全部生产力发挥出来以前，是决不会灭亡的；而新的更高的生产关系，在它的物质存在条件在旧社会的胎胞里成熟以前，是决不会出现的。”② 8. 马克思揭示了社会形态演进的原理，“大体说来，亚细亚的、古代的、封建的和现代资产阶级的生产方式可以看作是经济的社会形态演进的几个时代”③；9. 资本主义生产关系是社会生产过程的最后一种对抗形式，而资本主义社会生产力又提供着解决这种对抗、消灭这一社会形态的物质条件；10. 随着资本主义社会形态的告终，人类社会将告别自己的“史前时期”，进入全新的社会发展阶段。马克思通过对以上理论要点的概括，深刻揭示了人类社会历史的宏观结构及其发展动力、根本趋向和未来前景，展现出恢宏的理论架构和思想气魄。

另一次对唯物史观的经典概括，是恩格斯在马克思墓前讲话中所作的总结。恩格斯以高度概括的语言讲道，“正像达尔文发现有机界的发展规律一样，马克思发现了人类历史的发展规律，即历来为繁芜丛杂的意识形态所掩盖着的一个简单事实：人们首先必须吃、喝、住、穿，然后才能从事政治、科学、艺术、宗教等等；所以，直接的物质的生活资料的生产，从而一个民族或一个时代的一定的经济发展阶段，便构成基础，人们的国家设施、法的观点、艺术以至宗教观念，就是从这个基础上发展起来的，因而，也必须由这个

---

① 《马克思恩格斯全集》第 31 卷，人民出版社 1998 年版，第 413 页。

② 《马克思恩格斯全集》第 31 卷，人民出版社 1998 年版，第 413 页。

③ 《马克思恩格斯全集》第 31 卷，人民出版社 1998 年版，第 413 页。

基础来解释,而不是像过去那样做得相反。"①习近平总书记指出,"这段话,十分精辟地阐明了历史唯物主义的基本内涵。"②恩格斯在这里对唯物史观进行了明确的理论定位,即它是对"人类历史的发展规律"的理论概括,为人们对历史的进一步研究和探索奠定了不可移易的基石。基石固然不能代替后续研究,但后续研究总需从基石出发。

马克思、恩格斯所作的高度概括,以及他们在不同历史时期、不同著作中对唯物史观所作的重要论述,为揭示和解决关于历史的一系列本质和深层次问题提供了正确的解决方案。

一是明确了唯物史观与唯心史观的分水岭。唯心史观形形色色,多种多样,但归根到底都是从人类的物质生产之外,从各种社会意识形式出发去理解历史。质言之,到底是社会意识决定社会存在,还是社会存在决定社会意识,唯心史观与唯物史观的根本区别即在于此。马克思明确指出,"物质生活的生产方式制约着整个社会生活、政治生活和精神生活的过程。不是人们的意识决定人们的存在,相反,是人们的社会存在决定人们的意识。"③这里的社会存在,并不是什么神秘莫测、虚幻缥缈的东西,它归根到底就是马克思所讲的人们"物质的生活关系",也就是恩格斯所说的"直接的物质的生活资料的生产"。只有从这一点出发,才能对人们的社会生活、政治生活、精神生活作出科学的说明。社会意识当然对社会存在具有反作用,但这是第二位的、从属性的。这一原理正如恩格斯在晚年回忆共产主义者同盟的历史时所写到的,"我在曼彻斯特时异常清晰地观察到,迄今为止在历史著作中根本不起作用或者只起极小作用的经济事实,至少在现代世界中是一个决定性的历史力量;这些经济事实形成了产生现代阶级对立的基础;这些阶级对立,在它们因大工业而得到充分发展的国家里,因而特别是在英国,又是政党形成的基础,党派斗争的基础,因而也是全部政治史的基础。马克思不仅得出同样的看法,并且在《德法年鉴》(1844 年)里已经把这些看法概括成如下的意思:决不是国家制约和决定市民社会,而是市民社会制约和决定国家,因而应该从经济关系及其发展中来解释政治及其历史,而不是相反。"④随着历史向世界历史的转变和社会生产力的发展,经济事实所发挥的基础性决定作用越来越得以彰显。历史著作要真正做到述往事、思

① 《马克思恩格斯选集》第 3 卷,人民出版社 2012 年版,第 1002 页。

② 习近平:《坚持历史唯物主义不断开辟当代中国马克思主义发展新境界》,《求是》2020 年第 2 期。

③ 《马克思恩格斯全集》第 31 卷,人民出版社 1998 年版,第 412 页。

④ 《马克思恩格斯文集》第 4 卷,人民出版社 2009 年版,第 232 页。

来者，就不能不将经济事实作为研讨的基础和依托。

二是说明了历史发展的基本规律和根本动力。“从本质上说，马克思主义是一种关于长期历史变化的理论和实践。”①那么，这种长期历史变化由何而来？众所周知，在马克思看来，这就是生产力与生产关系、经济基础与上层建筑矛盾运动的规律，这两对矛盾构成人类社会历史发展的基本规律。正是这一矛盾运动，从根本意义上推动着社会变革和历史变迁。这也就对历史发展的根本动力问题作出了科学的说明。列宁明确指出：“只有把社会关系归结于生产关系，把生产关系归结于生产力的水平，才能有可靠的根据把社会形态的发展看作自然历史过程。”他甚至强调，“没有这种观点，也就不会有社会科学。”②刘大年先生认为，“马克思主义的基本观点、立场和方法仍然是颠扑不破的真理。如马克思主义认为经济基础决定上层建筑，这个理论就推翻不了。马克思主义关于生产力、生产关系的学说，在现在，也没有什么学说可以代替它。”③这里需要强调的是，唯物史观绝不是所谓的“经济决定论”。唯物史观将经济因素看作历史发展的根本决定性因素，而不是唯一的决定性因素。正如恩格斯晚年强调的，“根据唯物史观，历史过程中的决定性因素归根到底是现实生活的生产和再生产。无论马克思或我都从来没有肯定过比这更多的东西。如果有人在这里加以歪曲，说经济因素是唯一决定性的因素，那么他就是把这个命题变成毫无内容的、抽象的、荒诞无稽的空话。”④这就要求在具体的历史研究中具体探讨上层建筑诸因素的反作用，探究政治的、法律的、哲学的、宗教的、传统的各种因素以及现实社会中的阶级关系等在历史中的作用，这才是唯物史观的题中应有之义。否则，只会把活生生的、具体的历史过程扭曲成神秘的宿命论或机械的决定论。

三是厘定了历史发展的演进路径和分期。这就是社会形态更替的原理。在马克思、恩格斯看来，历史的发展不是杂乱无序的，更不是神秘莫测的，他们以社会形态作为历史分期和发展演进的根本依据。在这方面，马克思曾提出“五形态说”和“三形态说”。“五形态说”认为，原始社会、奴隶社会、封建社会、资本主义社会和共产主义社会五种社会形态的更替，形成社会历史运动的一般进程。当然，这种社会形态的更替是从人类历史总体着眼来讲的，并非每个民族、国家都要依次经过这五种社会形态。“三形态

① ［英］伊格尔顿：《马克思为什么是对的》，李杨等译，新星出版社 2011 年版，第 53 页。
② 《列宁选集》第 1 卷，人民出版社 2012 年版，第 8—9 页。
③ 刘大年：《马克思主义是史学研究最根本的方法》，《高校理论战线》1995 年第 8 期。
④ 《马克思恩格斯文集》第 10 卷，人民出版社 2009 年版，第 591 页。

说”则将人类历史划分为三个基本时期，即：以人对人的直接依赖关系为特征的社会形态，在这种形态下，人的生产能力只是在狭窄的范围内和孤立的地点上获得发展；以人对物的依赖性为基础的人的独立性的社会形态，在这种形态下，才形成普遍的社会物质变换，全面的关系，多方面的需求以及全面的能力体系；实现人的自由个性的社会形态，在这种形态下，个人获得全面发展，人们共同的社会生产能力成为社会的共同财富。当前，在“五形态说”和“三形态说”之间存在着不少学术争议，此处不赘。但不管怎样，坚持从社会形态出发划分人类历史，并认为在这些形态之间存在着更替关系，构成唯物史观不可或缺的重要内容。

四是揭示了人类世界历史发展的必然趋势。早在马克思研究政治经济学的最初阶段，他就考察了资本主义生产关系包含的根本对立，鲜明宣告，“劳动和资本的这种对立一达到极端，就必然是整个关系的顶点、最高阶段和灭亡。”①随着理论和实践的深入发展，马克思、恩格斯明确提出了资本主义必然灭亡、共产主义必然胜利的原理，随着资本主义私有制和阶级的消亡，人类社会必然进入共产主义。这一结论的提出，不是基于主观愿望和善良意志，也不是基于对资本主义制度的道德批判，而是建立在对客观经济规律和历史规律的科学探索上。“共产主义对我们来说不是应对确立的状况，不是现实应当与之相适应的理想。我们所称为共产主义的是那种消灭现存状况的现实的运动。”②随着政治经济学研究的深入，马克思更加明确地断言，资本主义生产关系从本质上来说是一种对抗性关系，生产力的高度社会化和生产资料的私人占有在资本主义制度下构成一对无法解决的矛盾，这一制度固然可以进行种种调整，但无法根本消弭社会基本矛盾。要解决这一矛盾，只有摧毁资本主义生产关系的外壳，使生产力和生产关系在更高的水平和层次上重新结合，由此才能“从动物的生存条件进入真正人的生存条件”，“完全自觉地自己创造自己的历史”③。可以看出，马克思主义唯物史观始终具有广博的全人类视野，它总是从人这一“类存在物”、从社会有机体的整体主义出发去探讨人类未来，从而超越了自由主义等思想谱系，使自身雄踞在人类思想史的道义制高点。

五是明确了历史发展的主体和创造者。人是社会历史的主体，这是唯物史观的本质命题之一。马克思在《1844 年经济学哲学手稿》中就指出，

① 《1844 年经济学哲学手稿》，人民出版社 2000 年版，第 67 页。
② 《马克思恩格斯文集》第 1 卷，人民出版社 2009 年版，第 539 页。
③ 《马克思恩格斯选集》第 3 卷，人民出版社 2012 年版，第 671 页。

"人类历史"就是"人类社会的形成过程"①,历史的运动并非黑格尔那种"抽象的、逻辑的、思辨的表达",而是"作为一个当作前提的主体的人的现实历史"②。《德意志意识形态》进一步明确:"全部人类历史的第一个前提无疑是有生命的个人的存在"③。人既是历史的"剧中人",又是历史的"剧作者"。人,既参与历史,又创造历史。正是在这一意义上,马克思主义经典作家强调,"人们的社会历史始终只是他们的个体发展的历史"④。需要注意的是,马克思、恩格斯从来不是从抽象的意义上来理解人,实践是人的存在方式,而这种实践首先是物质生产实践。从这一意义出发,马克思、恩格斯首先是将劳动者、生产者,将直接从事劳动的阶级,看作历史的主体和真正创造者。"正是在改造对象世界的过程中,人才真正地证明自己是类存在物。这种生产是人的能动的类生活。通过这种生产,自然界才表现为他的作品和他的现实。"⑤可以说,正是通过这种生产,通过这种实践的类生活,人类历史才真正得以发展、进步。毛泽东在这一意义上进一步明确,"人民,只有人民,才是创造世界历史的动力"⑥。立足中国特色社会主义新时代,习近平总书记再次强调,"如何认识人民群众在历史上的作用,是社会历史观的重大问题。同历史唯心主义英雄史观相对立,历史唯物主义群众史观第一次彻底解决了这个重大问题,提出人民是历史的创造者。"⑦

正是通过对上述关于历史的本质和深层次问题的揭示,唯物史观提供了思想史上迄今为止最为科学的理论框架和研究锁钥。列宁曾提出一个著名论断,迄今仍然振聋发聩,"沿着马克思的理论的道路前进,我们将愈来愈接近客观真理(但绝不会穷尽它);而沿着任何其他的道路前进,除了混乱和谬误之外,我们什么也得不到。"⑧科学的哲学社会科学研究道路,正是如此,别无他途。曾有一位经济史学家在回顾波兰尼《大转型》一书的感受和影响时感叹:"有些书是拒绝退场的。"⑨这一判断恰正适合于马克思主义

---

① 《1844年经济学哲学手稿》,人民出版社2000年版,第89页。

② 《1844年经济学哲学手稿》,人民出版社2000年版,第97页。

③ 《马克思恩格斯选集》第1卷,人民出版社1995年版,第67页。

④ 《马克思恩格斯选集》第4卷,人民出版社1995年版,第532页。

⑤ 《马克思恩格斯文集》第1卷,人民出版社2009年版,第163页。

⑥ 《毛泽东选集》第3卷,人民出版社1991年版,第1031页。

⑦ 习近平:《坚持历史唯物主义不断开辟当代中国马克思主义发展新境界》,《求是》2020年第2期。

⑧ 《列宁专题文集:论辩证唯物主义和历史唯物主义》,人民出版社2009年版,第50页。

⑨ 弗雷德·布洛克为《大转型》一书写的导言,转引自[英]波兰尼:《大转型》,冯钢、刘阳译,当代世界出版社2020年版,第XI页。

经典著作,尤其是关于唯物史观的重要论著——它们拒绝退场、永远在场。

三、唯物史观的当代学术价值不可取代

一种真正的思想,它的学理性和解释力绝不会随时间的流逝而磨损锋芒,反而会在历史长河的洗刷中日益闪耀光芒。唯物史观在当代学术价值中的指导价值就是如此。“唯物史观是一种逻辑严密的理论体系,而且是对重大历史和现实问题具有深刻解释力的科学理论”,“从理论的体系性、解释时段的完整性、追溯因果关系的深刻性等方面比较,还没有哪一种历史理论能够同唯物史观比肩”①。杜甫诗云,“尔曹身与名俱灭,不废江河万古流”,传达出的正是这种理论的自信、思想的激情。

第一,确立唯物史观这一唯一科学的历史观。历史观问题至关重要,是历史研究的灵魂。树立正确的历史观,是哲学社会科学工作者系好历史研究的“第一粒扣子”。黑格尔就认为,“只有当我们能够提出一个确定的史观时,历史才能得到一贯性”,否则,历史就会“成为一个游移不定的东西”②。早在20世纪60年代早期,翦伯赞先生就在《关于历史教学和研究的几个问题》一文中谈到了历史研究的基本理论、基本知识、基本技能问题,提醒研究者理论和史料二者均不能偏废。“当大家对史料不大十分注意的时候,或者说注意得不够的时候,我曾经提醒过大家要注意史料。现在似乎大家又好象偏重史料,对理论不大注意了,或者注意得不够了。因此,我又想提醒一下大家,理论还是要放在最重要的地位。”③翦伯赞指出,我们研究历史人物、历史事件、历史制度、历史时代,总要对其进行总结,而没有理论的指导,就难以作出正确的总结。因而,“对理论,现在我觉得应该提到很高很重要的地位”,“没有理论,就万万不能开步走,绝不能开步走”④。时移世易,这一告诫仍然掷地有声。刘大年先生也强调,“历史观问题不管近现代史、古代史研究都要讲,这是历史研究的方法论的根据”⑤。在建构新时代中国史学的今天,唯物史观在学术研究中的价值和意义不是缩小、减

---

① 吴英:《唯物史观对重大历史和现实问题的科学解释》,《史学史研究》2022年第3期。

② [德]黑格尔:《哲学史讲演录》第1卷,贺麟、王太庆译,商务印书馆1959年版,第5页。

③ 翦伯赞:《关于历史教学和研究的几个问题》,《广西师范大学学报(哲学社会科学版)》1978年第4期。该文根据翦伯赞先生1963年3月29日在广西师范学院所作报告的录音整理而成。

④ 翦伯赞:《关于历史教学和研究的几个问题》,《广西师范大学学报(哲学社会科学版)》1978年第4期。

⑤ 刘大年:《马克思主义是史学研究最根本的方法》,《高校理论战线》1995年第8期。

弱、消失了，而是在不断凸显、日益增强。

然而，树立科学的历史观并非易事。20世纪初，梁启超曾批评中国传统史学的四大弊端，“知有朝廷而不知有国家”，“知有个人而不知有群体”，“知有陈迹而不知有今务”，“知有事实而不知有理想”，正由于此，梁启超强调，“史界革命不起，则吾国遂不可救。悠悠万事，唯此为大”①。梁启超对史学研究价值与功能的强调无可厚非，但考其史观，仍未能越出资产阶级史学和进化史观的藩篱。以唯物史观视之，梁氏努力搭建的“新史学”范式显然未能沉潜至物质生产的经济层面，更谈不到诸如社会形态、阶级分析等四梁八柱式的对历史的整体把握。当代史学界各种新思潮、新流派纷纷登场，举凡计量史学、新经济史学、新文化史学、比较史学、心理史学、后现代主义史学、女性史学等，诸家之说，蜂出并作。但它们更多的是拓展了新的领域和路径，并没有从理论深层证伪唯物史观，反而在诸多方面确证了唯物史观的真理性和不可替代。而这些史学思潮、流派中存在的疏失和舛误，则应予以科学的分析，真正做到取其精华去其糟粕。唯物史观是开放的理论体系，它绝不以狭隘的眼光排斥其他有创见的史观、流派、学说和方法，而是以博大的胸襟吸纳一切学术上有助益的养分。但同时，这不意味着可以用其他史观或思潮来冲淡或取代唯物史观的指导。

如上所述，马克思、恩格斯经过革命性的思想行程才创建了唯物史观，建构起探研历史的科学体系。今天，我们没有任何理由轻视、放弃或否定唯物史观。回顾20世纪学术史可以发现，新中国成立后中国史学的第一次大发展，就是形成了以唯物史观为指导的新的史学体系，“史学家们沿着历史唯物主义指引的方向，以严谨求是的学风，从生产力和生产关系、经济基础和上层建筑相互作用的角度，以宏大的学术气派，考察了人类社会变迁的内在轨迹，比较准确地揭示了人类历史演进的一般规律，特别是揭示了中国社会既遵循人类社会发展的一般规律，又具有自己鲜明民族特色的独特历史道路。”②立足于中国特色社会主义新时代，我们建构新时代中国史学，推动史学研究繁荣发展，一个根本前提就是坚定不移地确立、弘扬和发展唯物史观。诚然，中国学界对唯物史观的引入理解和准确认识也是一个逐步深化的过程。我们在新的时代条件下，应当更加深入、准确地理解马克思、恩格斯的文本，一方面深化对唯物史观本身的认识，一方面用这一理论武器来拓展具体的研究。

---

①　梁启超：《新史学》，《饮冰室文集》之九。

②　高翔：《马克思主义与20世纪中国学术道路》，《马克思主义研究》2005年第2期。

第二，运用唯物史观揭示历史的本质和规律。历史的长河波澜壮阔，气象万千。作为对历史本体进行抽象概括的历史概念，其内涵和外延极其广博。宽泛的一般而言，人类所经历的一切过往都是历史。莎士比亚曾言“凡是过往，皆为序章”，这强调的是将当下和未来作为“正文”，凸显了面向一种敞开式未来的希冀或憧憬。而当我们从历史研究的视角说“凡是过往，皆为历史”时，则可以真切感受到历史本体的宏大浩瀚与历史概念的丰赡渊深。历史到底是什么？如何准确深入地认识历史？秉持何种理论框架和研究范式才能真正走向历史的深处？长久以来，研究者围绕着这些问题争论不休。要解决这些问题，仅仅依靠在历史的密林中搜刮细节、淘捡碎片是做不到的，它需要唯物史观所提供的揭示历史本质和奥秘的锁钥。伊格尔顿认为，“在马克思的眼中，‘历史’并非是‘曾经发生过的事件’，而是指隐藏在这些事件背后的某种特殊的轨迹。他笔下的‘历史’是重大事件发展进程意义上的‘历史’，而不是从古至今整个人类生存经历的重述。”①马克思之所以能做到揭示隐藏在历史事件背后的“特殊的轨迹”，根本原因就在于唯物史观这一理论武器的运用。否则，历史真就成了人类生存经历的流水簿，沦为历史本体的简单记录和复述。

唯物史观并不是终结了历史研究，而是为历史研究开辟了正确的道路。马克思深刻指出，“现代历史著述方面的一切真正进步，都是当历史学家从政治形式的外表深入到社会生活的深处时才取得的。”②他紧接着举例说，“杜罗·德·拉·马尔以探究古罗马土地所有制的各个不同发展阶段，为了解这个曾经征服过世界的城市的命运提供了一把钥匙，——与此相较，孟德斯鸠关于罗马盛衰的论述差不多就像是小学生的作业。年高德劭的列列韦尔由于细心研究了使波兰农民从自由民变成农奴的经济条件，在阐明他的祖国被奴役的原因方面比一大群全部货色仅仅是诅咒俄国的著作家做出了更为远大的贡献。”③这里凸显的正是唯物史观最核心的理论主张，即由政治领域深入到经济领域，探究重大政治事变背后的经济根源。这是恪守唯物史观最本质的要求。唯物史观并不是学术研究的灵丹妙药，不能包打天下，不能取代其他科学研究方法，但它在历史的本质、规律、前途命运等根本理论层面提供了科学的锁钥。在这一研究层面，唯物史观的价值和作用不容辩驳，无可取代。正如恩格斯强调的，“我们的历史观首先是进行研究

① ［英］伊格尔顿：《马克思为什么是对的》，李杨等译，新星出版社 2011 年版，第 52 页。

② 《马克思恩格斯全集》第 12 卷，人民出版社 1962 年版，第 450—451 页。

③ 《马克思恩格斯全集》第 12 卷，人民出版社 1962 年版，第 450—451 页。

工作的指南，并不是按照黑格尔学派的方式构造体系的杠杆。必须重新研究全部历史，必须详细研究各种社会形态的存在条件，然后设法从这些条件中找出相应的政治、私法、美学、哲学、宗教等的观点。”①密林中的指南针可以指示方向但不能代替行走，然而行走离开了指南针则会迷失方向。唯物史观本身的“指南”性质，要求我们将其当作“指南”去“研究全部历史”，而不是以之取代或取消具体的研究。

一种深层次的学术危险在于，做不到对历史的本质和规律进行深层次揭示，历史学就会沦为哲学等其他学科的附庸。恩格斯曾批评机械唯物主义的缺陷，“这种非历史观点也表现在历史领域中。在这里，反对中世纪残余的斗争限制了人们的视野。中世纪被看做是千年普遍野蛮状态造成的历史的简单中断；中世纪的巨大进步——欧洲文化领域的扩大，在那里一个挨着一个形成的富有生命力的大民族，以及 14 世纪和 15 世纪的巨大的技术进步，这一切都没有被人看到。这样一来，对伟大历史联系的合理看法就不可能产生，而历史至多不过是一部供哲学家使用的例证和图解的汇集罢了。”②钩沉史料、考订史实，这本是历史研究的基础，毫无疑义也无可厚非，但如果止步于此、满足于此，陶醉于考证历史细节的碎片化研究之中，那无异于只见树木不见森林，明察秋毫而不见舆薪，等于仍是在为哲学家制作历史“例证和图解的汇集”。要摆脱这一状况，只有运用和发展唯物史观，用长时段的眼光、全面的眼光、发展的眼光去研究历史，才能不断深化对历史本质和规律问题的研究。也只有臻至这一层面，才能认识历史的奥秘，才是真正把握住了历史。在这一问题上，李大钊早在 20 世纪 20 年代就已指出，“只有充分的记录，不算历史的真实；必有充分的解喻，才算历史的真实。”③因而，“我们研究历史的任务是：(一)整理事实，寻找它的真确的证据；(二)整理事实，寻出它的进步的真理。”④历史，从来是“记录”和“解喻”的融合，“证据”和“真理”的统一，两者缺一不可。

以此视之，历史并非话语，话语无非是对历史本体的抽象概括和理论表达而已。历史确乎是客观实存与主观阐释的统一，但客观性永远是本原的、第一位的。那种将历史理解为话语，以话语的多义性质疑历史的确定性，进而拒斥历史规律的做法毫无可取之处。历史并非不可确证的神秘之物，其间自有“进步的真理”可循。这种“真理”就是唯物史观所揭示的劳动发展

---

① 《马克思恩格斯文集》第 10 卷，人民出版社 2009 年版，第 587 页。

② 《马克思恩格斯文集》第 4 卷，人民出版社 2009 年版，第 283 页。

③ 李守常：《史学要论》，商务印书馆 2010 年版，第 87 页。

④ 李守常：《史学要论》，商务印书馆 2010 年版，第 80 页。

的历史规律，就是千千万万普通劳动者为主体的人民大众通过日积月累的生产劳动，推动自身生产能力和交往能力进而推动社会形态不断从低级阶段向高级阶段发展的过程。① 真正的历史研究，不仅能在经济生活的深层说明过往，而且能在纷繁复杂的乱流中指示未来，给人以希望，示人以光明。这恰是历史研究的智慧所在、价值所在和尊严所在。列宁曾就唯物史观的重要地位和价值指出，“马克思的历史唯物主义是科学思想中的最大成果。过去在历史观和政治观方面占支配地位的那种混乱和随意性，被一种极其完整严密的科学理论所代替，这种科学理论说明，由于生产力的发展，如何从一种社会生活结构中发展出另一种更高级的结构，例如从农奴制度中生长出资本主义。”②而今，在包裹着文明外衣的强悍的资本逻辑意图一统天下的当代世界，唯物史观这一科学理论——也只有这一科学理论——同样可以说明，随着生产力的进一步发展，如何从资本主义制度中生长出社会主义和共产主义因素。

人类社会向何处去？世界历史向何处去？中华民族向何处去？这些重大理论问题值得每一位学术工作者深入思考，给出自己的答案。而要准确寻得这些答案，就离不开唯物史观这一“极其完整严密的科学理论”所提供的研究范式和思想框架。正如习近平总书记深刻指出的，我们看世界，不能被乱花迷眼，也不能被浮云遮眼，而要端起历史规律的望远镜去细心观望。③ 曾几何时，福山的“历史终结论”烜赫一时，其中既有意识形态因素的强势宰制，又有排斥唯物史观、妄图取消历史规律的思想狂妄。然而，历史的客观发展却迫使福山本人不得不改变了原有看法。福山的观点之所以失败，“从根本上说是因为其所依据的乃是一种与唯物史观相背离的、充斥混乱和悖谬的、以‘追求精神承认’为始原的抽象人性史观。以这种历史观为支撑的‘历史终结论’，作为一种猜测和妄断，不仅是对西方自由民主历史进程的罔顾，而且也是对当今世界自由民主发展潮流的无视。因而它的终结，即被时代潮流所击破，是一种历史的必然”④。历史非但没有被终结，反而“历史终结论”自身被终结了。这再次说明，离开了唯物史观，只会造成历史短视。推而广之，对共产党执政规律、社会主义建设规律、人类社会发展规律的探索，无一能离开唯物史观的指导。理论和实践的历史都一再表明，我们对历史规律的认识越科学、越准确、越深刻，就越能从更高的层面上

① 参见庞卓恒：《唯物史观与历史科学》，高等教育出版社 1999 年版，第 62 页。
② 《列宁专题文集：论马克思主义》，人民出版社 2009 年版，第 68 页。
③ 《中央外事工作会议在京举行　习近平发表重要讲话》，《人民日报》2014 年 11 月 30 日。
④ 陶富源：《福山“历史终结论”的历史观剖析》，《马克思主义研究》2020 年第 9 期。

把握世界历史发展的重要趋势和根本走向。

第三,运用唯物史观为人民述史立传。历史是“属人”的历史,唯物史观是“属人”的历史观。在唯物史观诞生之前的诸种历史观看来,历史发展变化的终极原因不外乎神谕、英雄人物或者理性、自由意志等。在这种史观笼罩下的史学论述只能依此铺陈,因而展现在人们眼前的论著只能是天国史、英雄史或者观念史。而唯物史观始终强调人民史观,主张历史是群众的事业,只有人民才是历史的创造者。青年恩格斯在批判神秘的神学史观时曾提出,“我们要求把历史的内容还给历史,但我们认为历史不是‘神’的启示,而是人的启示,并且只能是人的启示。”①如果说此时恩格斯所讲的“人”还具有抽象的意味,那么随着唯物史观的正式创立,马克思主义经典作家所讲的“人”就已经是从事实践活动的“人”了。而这种实践活动,最重要的两个方面就体现为生产劳动和革命运动。站在生产劳动第一线和革命运动最前列的广大民众,自然成为唯物史观史学的中心关切。李大钊早在《唯物史观在现代史学上的价值》一文中就写道,“我们要晓得一切过去的历史,都是靠我们本身具有的人力创造出来的……现在已是我们世界的平民的时代了,我们应该自觉我们自己的势力,赶快联合起来,应我们生活上的需要创造一种世界的平民的新历史。”②毫无疑问,这种“平民的新历史”就是人民的历史。坚持书写人民的历史,是中国马克思主义史学的内在要求和神圣使命。如同于沛先生所说,“中国马克思主义史学从其萌生时起,就直面现实,与中国共产党的初心和使命联系在一起,即为中国人民谋幸福、为中华民族谋复兴给予历史的支持、历史的智慧。它自觉坚持唯物史观在历史研究中的指导地位,尊重历史事实、尊重历史客观规律、尊重历史辩证法。在其发展的每一阶段,都与人民同心、与革命同行,迎着时代的风雨砥砺奋进。”③

回顾中国共产党带领中国人民团结奋斗的百年历程,无论在革命、建设还是改革时期,都涌现出了成千上万、灿若群星的先进人物和英雄模范,他们中有工人、农民、战士和知识分子,还有其他社会阶层的先进代表。众人拾柴火焰高,正是依靠广大人民一代又一代的接续奋斗,才换来新时代中国的辉煌业绩。正由于此,习近平总书记强调,“人民是历史的创造者,人民是真正的英雄。波澜壮阔的中华民族发展史是中国人民书写的!博大精深

① 《马克思恩格斯全集》第3卷,人民出版社2002年版,第520页。

② 李守常:《史学要论》,商务印书馆2010年版,第32页。

③ 于沛:《凯歌行进的中国马克思主义史学》,《史学月刊》2022年第7期。

的中华文明是中国人民创造的！历久弥新的中华民族精神是中国人民培育的！中华民族迎来了从站起来、富起来到强起来的伟大飞跃是中国人民奋斗出来的！”①这一重要论断深刻揭示了中国人民在中华民族发展史、中华文明发展史、中华民族精神发展史、中华民族复兴史上的主体地位和伟大作用，在新的时代条件下极大地创新和发展了唯物史观，也鲜明提出了为中国人民述史立传的时代要求。新时代中国史学研究应自觉恪守人民立场，做到“把人民的历史还给人民”。只有心系人民、服务人民，手中的史笔才有千钧之重，才能写出经得起历史和人民检验的鸿篇力作。

唯物史观既提供了对人类社会历史的科学解释，又是发展的理论，面向未来的理论，贯通着历史、当下和未来的多重维度。习近平总书记指出，历史和现实都表明，只有坚持历史唯物主义，我们才能不断把对中国特色社会主义规律的认识提高到新的水平，不断开辟当代中国马克思主义发展新境界。② 在新时代中国史学研究中，只有旗帜鲜明地坚持唯物史观，深入研究习近平总书记关于历史和历史科学的重要论述，才能真正走向历史深处，把握历史规律，凝练历史智慧，为全面建设社会主义现代化国家和全面推进中华民族伟大复兴提供宝贵的历史经验和智力支撑。

四、唯物史观与正确党史观的牢固树立

唯物史观这唯一科学的历史观，决定着我们研究历史的态度和方法，也决定着我们能否从历史研究中获得经验和教益。习近平总书记高度重视历史观问题，多次强调“唯物史观是我们共产党人认识把握历史的根本方法”③，明确要求“要坚持用唯物史观来认识历史”，“树立正确党史观”④。党的十九届六中全会公报指出：“全党要坚持唯物史观和正确党史观，从党的百年奋斗中看清楚过去我们为什么能够成功、弄明白未来我们怎样才能继续成功，从而更加坚定、更加自觉地践行初心使命，在新时代更好坚持和发展中国特色社会主义。”这些重要论述为我们坚持唯物史观，牢固树立正确党史观，巩固正确历史认知，走好新时代的奋斗路确立了根本遵循。

对于立志于中华民族千秋伟业的中国共产党来说，一百年的发展历程

---

① 《习近平谈治国理政》第三卷，外文出版社 2020 年版，第 139 页。

② 参见习近平：《坚持历史唯物主义不断开辟当代中国马克思主义发展新境界》，《求是》2020 年第 2 期。

③ 习近平：《在党史学习教育动员大会上的讲话》，《求是》2021 年第 7 期。

④ 习近平：《在党史学习教育动员大会上的讲话》，《求是》2021 年第 7 期。

也许并不算太长，但分量却极重。我们党奋斗的100多年，一头连接着中华民族饱经苦难沧桑的近代历史，一头指向实现民族伟大复兴的光明未来。处在“两个一百年”奋斗目标的历史交汇期，我们只有牢固树立正确党史观，才能科学地回顾历史、展望未来，以百年党史和中华文明史积淀的经验智慧，坚定开辟未来的步伐。

第一，坚持唯物史观，坚持正确党史观，是科学认识和把握党的百年奋斗史的根本要求。习近平总书记指出，“党的历史是最生动、最有说服力的教科书。”①只有在唯物史观和正确党史观的指引下，我们才能形成对百年党史的正确认知。中华民族在长期的历史发展中创造了光辉灿烂的文明，曾长期领先于世界。然而近代以来，由于清政府统治的腐朽落后和西方列强的野蛮侵略，中国逐渐沦为半殖民地半封建社会。西方列强在中国鲸吞蚕食，肆意攫取利益，中华民族陷入瓜分豆剖、亡国灭种的深重危机，国家蒙辱，人民蒙难，文明蒙尘。压迫有多沉重，反抗就有多强烈。从太平天国运动、义和团运动、洋务运动、戊戌变法到辛亥革命，几代中国人迭经磨难，苦苦探索，但无一例外地归于失败。究其原因，就在于缺少科学思想的指导，缺乏先进阶级力量的依托。只有在中国共产党的领导下，中国人民和中华民族才找到了挣脱历史屈辱、改变悲惨命运的光明道路。从石库门到天安门，从兴业路到复兴路，从建党的开天辟地，到新中国成立的改天换地，到改革开放的翻天覆地，再到党的十八大以来党和国家事业取得历史性成就、发生历史性变革，我们党带领中国人民和中华民族创造了无数人间奇迹，书写了中华民族发展史上最为恢宏壮丽的篇章，也为人类和平和进步事业作出了不可磨灭的历史贡献。

习近平总书记在《关于〈中共中央关于党的百年奋斗重大成就和历史经验的决议〉的说明》中指出，要坚持辩证唯物主义和历史唯物主义的方法论，用具体历史的、客观全面的、联系发展的观点来看待党的历史。② 回首沧桑百年，我们党为什么能够成功，就在于她始终坚持将马克思主义基本原理同中国具体实际相结合、同中华优秀传统文化相结合，始终坚持人民是历史的创造者，初心如磐，使命在肩，一代人接着一代人砥砺奋进，一个历史任务连着一个历史任务接续奋斗，永不止步，永不松懈，永远在路上。事非经过不知难，中国共产党带领中国人民和中华民族走过的这段辉煌历程，是用

---

① 《习近平谈治国理政》第四卷，外文出版社2022年版，第545页。

② 习近平：《关于〈中共中央关于党的百年奋斗重大成就和历史经验的决议〉的说明》，《求是》2021年第23期。

宝贵的生命、炽热的鲜血、滚烫的汗水、咸涩的泪水写就的，充满着奉献和牺牲、曲折和胜利、苦难和辉煌，虽百折而不挠、其九死而未悔，惊天动地，气壮山河。

习近平总书记指出，“我们党领导的革命、建设、改革伟大实践，是一个接续奋斗的历史过程，是一项救国、兴国、强国，进而实现中华民族伟大复兴的完整事业。”①有什么样的历史观，就会有什么样的历史认知。唯心史观只会看到精神的怪影，后现代史观只会舍弃历史的必然。只有坚持唯物史观、坚持正确党史观，从历史的表象进入深处和本质层面，才能科学准确地认识中国共产党的历史，才能全面系统地把握这一“完整事业”，也才能以强大的历史自信和历史自觉迈向新的未来。

第二，坚持唯物史观，坚持正确党史观，是揭示历史规律、引领党和国家事业发展的必要前提。事物的发展总是有其内在规律可循。《史记》即载："物有必至，事有固然。"马克思主义高度重视历史规律问题，把是否承认历史规律看作区分唯物史观与唯心史观的分水岭。坚持正确党史观的一个重要要求，就是着力揭示历史规律，在科学认识和积极把握历史规律的基础上推动党和国家各项事业顺利开展。“鉴于往事，有资于治道。”历史规律反映了历史的本质和必然性，是人类社会历史发展进程中固有的、本质的、稳定的联系。上升不到规律层面的历史叙述，只不过是繁杂的故事集合而已。一个政党和民族，只有在科学揭示历史规律、准确把握历史规律的基础上，才能选择正确的发展道路，制定有效的政策策略，促进事业的兴旺发达和生机永葆。

习近平总书记指出："历史发展有其规律，但人在其中不是完全消极被动的。只要把握住历史发展规律和大势，抓住历史变革时机，顺势而为，奋发有为，我们就能够更好前进。"②我们党自成立起，就随着革命实践的深入开展，不断总结历史的经验教训，着力捕捉和运用历史规律。从找到农村包围城市、武装夺取政权的正确革命道路，到开启改革开放和社会主义现代化建设新时期，到进入中国特色社会主义新时代，其间无一不贯穿着对历史经验的深刻总结和历史规律的科学把握。在一定意义上说，党的百年历史也是一部探索、总结、运用历史规律的历史。我们对历史规律的把握达到何种程度，我们的事业发展往往就能达到相应的高度。

① 习近平：《在纪念毛泽东同志诞辰 120 周年座谈会上的讲话》，人民出版社 2013 年版，第 13 页。

② 《习近平著作选读》第二卷，人民出版社 2023 年版，第 419 页。

党的十八大以来，以习近平同志为核心的党中央统揽全局，高瞻远瞩，更加注重在对历史规律的深入探寻和把握中为现实和未来确立路标，锚定航向。党的十九届六中全会明确指出，习近平同志对关系新时代党和国家事业发展的一系列重大理论和实践问题进行了深邃思考和科学判断，就新时代坚持和发展什么样的中国特色社会主义、怎样坚持和发展中国特色社会主义，建设什么样的社会主义现代化强国、怎样建设社会主义现代化强国，建设什么样的长期执政的马克思主义政党、怎样建设长期执政的马克思主义政党等重大时代课题，提出一系列原创性的治国理政新理念新思想新战略。这标志着我们党对共产党执政规律、社会主义建设规律、人类社会发展规律的认识达到了新高度和新境界，为发展马克思主义作出了原创性贡献，有力地提升了党和人民对走中国特色社会主义道路的坚定信念，引领当代中国行稳致远地实现民族复兴的伟大梦想。

第三，坚持唯物史观，坚持正确党史观，是旗帜鲜明反对历史虚无主义错误思潮的重要保障。如前所述，树立科学的、正确的历史观，是为学习、研究和借鉴历史系好"第一粒扣子"。习近平总书记强调，如果历史观错误，不仅达不到学习教育的目的，反倒会南辕北辙、走入误区。[①] 这一论断深刻揭示了坚持正确党史观至关重要的理论意义和实践价值。曾几何时，历史虚无主义错误思潮蔓延抬头，关于中国历史尤其是党史、新中国史、改革开放史的一些错误倾向、言论窃据了一定的市场。有的夸大党史上的失误和曲折，肆意抹黑歪曲党的历史、攻击党的领导；有的将党史事件同现实问题刻意勾连、恶意炒作；有的不信正史信野史，将党史庸俗化、娱乐化，热衷传播八卦轶闻，对非法境外出版物津津乐道。如此等等，不一而足。

龚自珍曾云："灭人之国，必先去其史。"历史虚无主义思潮危害匪浅，如果任其蔓延则后果不堪设想。习近平总书记以强烈的历史忧患意识指出，苏联为什么解体？苏共为什么垮台？一个重要原因就是意识形态领域的斗争十分激烈，全面否定苏联历史、苏共历史，否定列宁，否定斯大林，搞历史虚无主义。"前车覆，后车戒。"中国共产党人不是历史虚无主义者，也不是文化虚无主义者。中国共产党人是马克思主义者，坚持马克思主义的科学学说，坚持和发展中国特色社会主义。

党的十八大以来，在以习近平同志为核心的党中央坚强领导下，我们坚持正确党史观，在党和国家历史问题上正本清源，激浊扬清，扶正祛邪，取得了显著成效。在党史研究和宣传阐释中，准确把握党的历史发展的主题主

---

① 参见习近平：《在党史学习教育动员大会上的讲话》，人民出版社 2021 年版，第 24 页。

线、主流本质，正确认识和科学评价党史上的重大事件、重要会议、重要人物；实事求是看待党史上的一些重大问题，既不因取得的成就而回避失误和曲折，也不因探索中的失误和曲折而否定成就；旗帜鲜明反对历史虚无主义，加强思想引导和理论辨析，澄清对党史上一些重大历史问题的模糊认识和片面理解，做到铸魂壮骨，固本培元，心明眼亮。经过这些努力，无论社会风气还是学术空气都为之焕然一新，尤其是网络空间呈现出清朗气象，历史虚无主义错误思潮声名狼藉，得到坚决遏制。同时，也要清醒认识到，要进一步解决好历史认知问题，还需要我们对党的奋斗历史、光辉伟业和宝贵经验加强研究阐释，以更加深刻的学理性、更为人民群众喜闻乐见的新时代传播形式，更深入、更广泛地树立正确党史观，让正史成为全党全社会的共识，筑牢历史记忆，抵制错误思潮，气志昂扬地创造和书写新的历史。

述往思来，向史而新。伟大的事业对我们这个伟大的民族充满了感召。当前，我们正处于党领导人民全面建设社会主义现代化国家、全面推进中华民族伟大复兴的重大历史关头。我们要以习近平新时代中国特色社会主义思想为指导，坚定不移恪守唯物史观，牢固树立正确党史观，在对理论的深刻汲取和历史的生动体察中，汲取改变世界的重要力量。

第十二章　分析社会问题的基本指导线索

——阶级分析方法的历史意义

马克思主义提供了一条指导性的线索，使我们能在这种看来扑朔迷离、一团混乱的状态中发现规律性。这条线索就是阶级斗争的理论。

——列宁

深入研究人类思想史可以发现，任何一种真正的思想体系，总离不开独具特色的学术话语和方法论支撑。在马克思主义宏伟的理论大厦中，阶级观点和阶级分析方法是具有支撑意义的根本观点和根本方法，是体现全部马克思主义理论体系的本质、性质和特色的重要内容。深入开展马克思政治哲学研究，就不能不对阶级观点和阶级分析方法进行一番学术考察。本章我们将在考察唯物史观的当代学术价值的基础上，集中讨论阶级分析方法的时代价值和历史意义。

列宁指出，“必须牢牢把握住社会划分为阶级的事实，阶级统治形式改变的事实，把它作为基本的指导线索，并用这个观点去分析一切社会问题，即经济、政治、精神和宗教等等问题”①，他甚至强调，“阶级关系——这是一种根本的和主要的东西，没有它，也就没有马克思主义”②。从思想史上看，马克思主义阶级分析方法为人们正确认识历史、把握历史提供了科学指南；从实践层面看，它为世界范围内的无产阶级革命运动提供了重要的理论指导。阶级分析方法在中国革命实践中也发挥了重要指导作用，成为中国人民夺取新民主主义革命胜利、建立新中国和社会主义根本制度的锐利武器。但在一定历史时期，僵化、教条式的理解和运用阶级分析方法，也曾给党和国家事业发展以及学术研究留下了深刻的历史教训。当前，深化史学理论研究，建构具有鲜明特色的新时代中国史学，需要深入理解阶级分析方法的丰富内涵和历史意义，在史学研究中科学合理地加以运用，让这一重要研究方法焕发出新的时代价值。

---

① 《列宁选集》第4卷，人民出版社2012年版，第30页。

② 《列宁全集》第41卷，人民出版社1986年版，第92页。

一、学界对待阶级分析方法的几个阶段

通观马克思主义传入中国以来的学术史，我国学界对阶级分析方法的看待和运用，走过了一段复杂而曲折的发展过程，大体上可以分为四个阶段：

一是从马克思主义传入中国到新中国成立，阶级分析方法成为重要的革命理论指南和学术研究范式。十月革命一声炮响，给中国送来了马克思列宁主义，阶级分析方法也随之传入中国。这一方法以其鲜明的阶级性和理论上的彻底性，逐渐成为以毛泽东同志为主要代表的中国共产党人在严酷而紧张的革命斗争实践中，分析革命问题、制定斗争策略的重要工具。李大钊在《阶级竞争与互助》《我的马克思主义观》等文章中介绍了马克思的阶级斗争理论。他指出，马克思的“阶级竞争说恰如一条金线”，将马克思主义关于过去、现在、将来的三大理论“从根本上联络起来”①。1921 年 1 月，毛泽东在新民学会长沙会员大会上，从理论的高度简捷明了地概括了世界范围内解决社会问题的五种方法：一是倡导社会改良、主张阶级协调的所谓“社会政策”；二是第二国际的“社会民主主义”，反对无产阶级举行暴力革命和施行无产阶级专政，主张走议会制民主道路；三是“激烈方法的共产主义(列宁的主义)”；四是“温和方法的共产主义(罗素的主义)”，主张当时的中国首要问题是兴办教育和发展实业；五是无政府主义。在这些方法中，毛泽东明确提出：“社会政策，是补罅漏的政策，不成办法。社会民主主义，借议会为改造工具，但事实上议会的立法总是保护有产阶级的。无政府主义否认权力，这种主义恐怕永世都做不到。温和方法的共产主义，如罗素所主张极端的自由，放任资本家，亦是永世做不到的。激烈方法的共产主义，即所谓劳农主义，用阶级专政的方法，是可以预计效果的，故最宜采用。”②黄爱、庞人铨等人于 1920 年 11 月 21 日在长沙成立湖南劳工会，初创时受到了无政府工团主义的思想影响，毛泽东在 1921 年 11 月 21 日、即湖南劳工会成立一周年时提出了改组建议，明确讲到，“劳动组合的目的，不仅在团结劳动者以罢工的手段取得优益的工资和缩短工作时间，尤在养成阶级的自觉，以全阶级的大同团结，谋全阶级的根本利益。”③他强调，“这是宗旨

---

① 《李大钊全集》第 3 卷，人民出版社 2006 年版，第 19 页。

② 《毛泽东文集》第一卷，人民出版社 1993 年版，第 2 页。

③ 《毛泽东文集》第一卷，人民出版社 1993 年版，第 6 页。

所在”①。可以说，在中国共产党早期领导人中，毛泽东是最为坚定主张阶级观点和阶级分析方法的。在《中国社会各阶级的分析》这一名篇中，毛泽东直截了当地提出：“谁是我们的敌人？谁是我们的朋友？这个问题是革命的首要问题。”②正是依据阶级分析方法，中国共产党人正确地分析了中国社会的性质和中国革命的动力、依托、对象、任务、途径等一系列问题，走出了农村包围城市、武装夺取政权的新道路，最终取得了新民主主义革命的伟大胜利。在这一过程中，阶级分析方法也成为以郭沫若、范文澜、翦伯赞、吕振羽、侯外庐等“马列五老”和李达、艾思奇等马克思主义哲学家为代表的马克思主义学派的重要研究范式，推出了一大批为学科发展奠基立论的经典篇章。郭沫若在《中国古代社会研究》一书的自序中就强调，是书以恩格斯的《家庭、私有制与国家的起源》为“向导”，性质“就是恩格斯的《家庭、私有制与国家的起源》的续篇”③。范文澜的《中国通史简编》则运用阶级分析方法，深刻地叙述了残暴的封建统治如何压迫农民阶级以及后者如何被迫起来反抗压迫的历史过程，肯定了农民起义的伟大历史作用。

二是20世纪50—70年代，存在简单化、教条式地理解和运用阶级分析方法的现象，而随着现实形势的发展，这一研究方法逐渐转变为政治和意识形态工具。随着社会主义三大改造完成和社会主义根本制度的确立，党和国家开始了对社会主义道路的艰辛探索。在这一过程中出现的反右派斗争扩大化和“文化大革命”等问题，都与人们对阶级问题和阶级分析方法的错误理解有关。“由于对阶级斗争的形势作了过于严重的估计，把大量人民内部矛盾当作敌我矛盾，把大量思想认识问题当作政治问题，反右派斗争被严重地扩大化了。”④关于“文化大革命”发生的一个重要原因，则是：“过去革命战争时期积累下来的成功的阶级斗争经验，使人们在观察和处理社会主义建设的许多新矛盾时容易沿用和照搬，把不属于阶级斗争的问题看作阶级斗争，把只在一定范围内存在的阶级斗争仍然看作社会的主要矛盾，并运用大规模群众性政治运动的方法来解决。”⑤在这种现实形势的强烈影响下，阶级分析方法脱离了其自身的科学性和学理性，脱离了学术研究的正常范畴。正如有学者指出的，“随着1962年9月中共八届十中全会上重提‘阶级斗争’，党的政策重新发生‘左’的逆转，史学领域强调‘阶级分析’的

① 《毛泽东文集》第一卷，人民出版社1993年版，第6页。
② 《毛泽东选集》第一卷，人民出版社1991年版，第3页。
③ 郭沫若：《中国古代社会研究》，商务印书馆2011年版，第6页。
④ 《中国共产党简史》，人民出版社、中共党史出版社2021年版，第192页。
⑤ 《中国共产党简史》，人民出版社、中共党史出版社2021年版，第205页。

风气日盛，‘历史主义’与‘阶级观点’的论争成为这一时期史学界探讨的主题”，再加上政治领域的深刻影响，一些人“将‘革命’等同于‘阶级斗争’，又将阶级分析方法‘唯一化’，使马克思主义史学发展陷入僵化困顿”①。

三是从20世纪80年代到21世纪初，存在着回避、远离甚至排斥阶级分析方法的现象，较少有研究提及或运用这一理论方法。党的十一届三中全会冲破长期“左”的错误的严重束缚，果断停止使用“以阶级斗争为纲”的口号，把党和国家的工作重点转移到社会主义现代化建设上来，拉开了改革开放历史新时期的帷幕。这一时期，各个学科都不同程度地引入大量西方学术成果，西方人文社会科学的概念、范式、话语较深地浸染到当代中国学界的研究中。尤其是苏东剧变之后，世界社会主义运动处于低潮期，马克思主义“过时论”、社会主义“失败论”、共产主义“渺茫论”“历史终结论”等谬说，占据了一定的市场。这样，一方面出于对政治记忆和意识形态的回避，另一方面由于西方学术理论尤其是披着学术外衣的资产阶级意识形态的影响，去阶级分析方法成为研究者有意无意的选择。例如在社会学研究中，“从马克思传统的阶级分析转向韦伯传统的阶层分析，特别是转向以布劳—邓肯模型为基础的地位获得研究，最终，阶层分析全面取代了阶级分析，成为中国社会学关于不平等研究的主导范式”②。在历史学研究中，由于后现代主义等多种思潮的复杂影响，历史学的宏大叙事遭到解构，反本质、反规律、“去政治化”“去意识形态化”等倾向流行一时，阶级观点和阶级分析方法少人问津。

四是近十多年来，在包括社会学、经济学、历史学、考古学等多个学科的研究中，出现了重回阶级分析方法、运用阶级分析方法透析理论和现实问题的趋势。这一方面是由于世界范围内社会历史现实的倒逼，2008年金融危机以及近年来世纪疫情的多重影响使得资本主义制度的发展呈现颓势，同时国际垄断资本主导的全球化在世界范围内造成了“再无产阶级化”等现象，这些都使得人们有必要重新审视阶级观点和阶级分析方法的时代价值。另一方面，则是由于马克思主义阶级分析方法内蕴的科学性所致，在资本逻辑和剥削机制仍然发挥掌控作用的现时代，阶级分析方法对社会现实巨大的穿透力、解释力和彻底性是其他学派的思想、观点所无可比拟的。可以说，阶级分析方法的重新出场，有其内在的历史必然性。日本知名马克思主

① 杨凤城、付吉佐：《新中国马克思主义史学发展历程研究（1949—1966）——基于对〈历史研究〉的考察》，《现代哲学》2020年第6期。

② 刘剑：《阶级分析在中国的式微与回归》，《开放时代》2012年第9期。

义学者渡边雅男就曾批评过，日本学术界存在着在对马克思阶级理论的整体框架和内容都不清楚的情况下，就进行各种恣意的解释，“只凭自己随意的印象，对（马克思的阶级论）思想的误解、批判、曲解、想象都大笔一挥地肆意独行”①。他深刻提出，“马克思的阶级概念作为社会科学方法的概念，以蕴含丰富的内容而值得夸赞，缺少了这种认识，今后马克思主义学问的发展就会出现危机。”②回观中国学界，在社会学领域，“中国社会学界开始反思中国阶层研究的缺陷和不足，重新发出了回到马克思、回归阶级分析的呼吁”，要求“把阶级分析带回劳工研究的中心”③。在经济学领域，有学者提出经济理论研究同样需要阶级分析方法，否则对国际社会阶级状况、中国如何巩固和发展社会主义等一系列问题就很难作出合理的解释。④ 在考古学领域，有学者提出，考古学作为重要的人文社会科学，当然应该采用阶级分析方法，它可以促进文明起源的研究、深化对不同历史时期阶级问题的分析、全面认识历史上国家与阶级的复杂关系、帮助人们树立全面而健康的审美观和价值观。⑤ 在历史学研究中，同样需要重新重视理论、超越碎片化倾向，立足于新的时代方位审视和运用马克思主义阶级分析方法，以深化对重大历史和理论问题的思考。对于学界重回阶级分析方法的趋势和动向，我们要从学理层面予以冷静而深入的分析，不能简单地予以否定，同时要结合新时代的形势和要求，在准确理解阶级分析方法科学内涵的基础上加以承继、运用和发展。

二、阶级分析方法具有不可替代的价值

宋儒朱熹曾云，“事必有法，然后可成”。作为一种重要的史学分析方法和科学工具，阶级分析方法无可替代。马克思主义的诞生是人类思想史上的壮丽日出，其对于史学研究的意义集中体现为，随着唯物史观的创立，“唯心主义从它的最后的避难所即历史观中被驱逐出去了，一种唯物主义的历史观被提出来了，用人们的存在说明他们的意识，而不是像以往那样用

① ［日］渡边雅男：《马克思的阶级概念》，李晓魁译，社会科学文献出版社、重庆出版社2016年版，第ⅸ页。

② ［日］渡边雅男：《马克思的阶级概念》，李晓魁译，社会科学文献出版社、重庆出版社2016年版，第ⅸ页。

③ 刘剑：《阶级分析在中国的式微与回归》，《开放时代》2012年第9期。

④ 栾文莲：《经济理论研究需要阶级分析方法吗？》，《黑龙江社会科学》2014年第4期。

⑤ 贺云翱：《阶级分析方法也是考古学的重要方法论》，《大众考古》2021年3月刊卷首语。

人们的意识说明他们的存在这样一条道路已经找到了”①。阶级分析方法是唯物史观的重要内容和研究方法，迄至当今时代，仍然是人们认识历史、把握历史的科学方法。阶级分析方法当然不是史学研究的唯一方法，也不是随处可用、随手套用的丹方妙药，但它作为一种突出强调从社会历史的深层和宏观结构出发来解释历史的科学研究方法，可以有效廓清在历史发展的本质、规律、动力等一系列重大问题上的迷思。离开了阶级分析方法，我们就只能漂浮于历史的表层而无法进抵历史的深层和本质。

阶级分析方法可以帮助人们科学地揭示历史的本质和规律。一般而言，人们将历史当作过往之事的总集，指对人类社会过去的事件和行动系统的记录、诠释和研究。历史学作为一门学科出现，是近代以来的事情，在此之前则更多地属于“历史编纂”的范畴。亚里士多德在《诗学》中曾比较历史和诗提出，“历史学家和诗人的区别不在于是否用格律文写作，而在于前者记述已经发生的事，后者描述可能发生的事。所以，诗是一种比历史更富哲学性、更严肃的艺术，因为诗倾向于表现普遍性的事，而历史却倾向于记载具体事件”。② 作为过往事件总集的历史，可谓包罗万象，纷纭复杂。那么，其间的本质是什么，有无规律可循？历史究竟是历史人物和事件漫无目的、一团乱麻式的汇编，还是神秘的自在之物在人间的自我展现？如果像兰克史学那样只强调“如实直书”，那只不过是对历史的本质和规律尚未进行理论上的抽象概括之前的经验主义和直觉主义的做法，不啻是黑格尔所谓的“原始的历史”。如果像黑格尔那样，认为历史的本质是“理念”在不同发展阶段和不同环节上的展开，那么所谓历史规律只能是理念外化和运行的规律，但这种规律不过是思维强加给客观历史的头足倒置的想象而已。如果像后现代主义史学那样，认为历史只是语言建构的产物，那么就无所谓历史的本质和规律可言。应该说，只有马克思和恩格斯运用唯物史观和阶级分析方法，科学解答了这一问题。他们指出，历史是人的活动，而首先是生产活动，“人们首先必须吃、喝、住、穿，然后才能从事政治、科学、艺术、宗教等等”，因而“直接的物质的生活资料的生产，从而一个民族或一个时代的一定的经济发展阶段，便构成基础”③。人们在生产中形成各种各样的关系，依据是否占有生产资料，便可以将人们划分为不同的阶级。恩格斯在1888 年为《共产党宣言》英文版第一章标题“资产者和无产者”加的注释

---

① 《马克思恩格斯选集》第 3 卷，人民出版社 1995 年版，第 739 页。

② ［古希腊］亚里士多德：《诗学》，陈中梅译，商务印书馆 1996 年版，第 81 页。

③ 《马克思恩格斯选集》第 3 卷，人民出版社 2012 年版，第 1002 页。

中,明确规定了何为资产阶级、何为无产阶级——“资产阶级是指占有社会生产资料并使用雇佣劳动的现代资本家阶级。无产阶级是指没有自己的生产资料,因而不得不靠出卖劳动力来维持生活的现代雇佣工人阶级”①。列宁在社会主义发展史上首次明确界定了阶级概念的含义:“所谓阶级,就是这样一些社会集团,这些集团在历史上一定的社会生产体系中所处的地位不同,同生产资料的关系(这种关系大部分是在法律上明文规定了的)不同,在社会劳动组织中所起的作用不同,因而取得归自己支配的那份社会财富的方式和多寡也不同。”②不同的阶级具有不同的地位和生活条件,因而具有不同的利益诉求,他们之间的竞争、博弈、斗争就构成了原始社会以来的全部人类历史。各阶级之间的斗争形式可以是直接的,也可以是隐蔽的,可以在直接的政治领域展开,也可以在其他领域通过曲折的形式反映出来,但本质上都是各阶级为了实现自身的经济利益而进行的。与西方自由主义等思想谱系习惯将历史主体理解为单子化的个人不同,唯物史观秉持的是将社会划分为不同阶级的整体主义分析方法。正由于此,列宁强调,“马克思主义提供了一条指导性的线索,使我们能在这种看来扑朔迷离、一团混乱的状态中发现规律性。这条线索就是阶级斗争的理论。”③也就是说,一旦离开了阶级斗争的理论和方法,人们所看到的仍然是呈现为一团混乱的历史,唯有从阶级观点和阶级分析方法入手,才可以从根本上、从社会历史的深层把握住历史的本质和规律。

阶级分析方法可以引导人们更好把握历史发展的动力。根据历史唯物主义基本原理,生产力与生产关系、经济基础与上层建筑的矛盾运动,构成一切历史发展的根本动力。“一切重要历史事件的终极原因和伟大动力是社会的经济发展,是生产方式和交换方式的改变,是由此产生的社会之划分为不同的阶级,是这些阶级彼此之间的斗争。”④这种矛盾运动在阶级社会中突出表现为阶级斗争。不同阶级之间形式多样的博弈、较量、斗争,为社会历史的发展开辟了道路。“至今的全部历史都是阶级斗争的历史,在全部纷繁复杂的政治斗争中,问题的中心仅仅是社会阶级的社会的和政治的统治,即旧的阶级要保持统治,新兴的阶级要争得统治。”⑤在历史动力问题上,恩格斯还提出了著名的历史合力说。他指出,“无论历史的结局如何,

① 《马克思恩格斯选集》第1卷,人民出版社2012年版,第400页。
② 《列宁选集》第4卷,人民出版社2012年版,第11页。
③ 《列宁专题文集·论马克思主义》,人民出版社2009年版,第15页。
④ 《马克思恩格斯选集》第3卷,人民出版社2012年版,第760页。
⑤ 《马克思恩格斯选集》第3卷,人民出版社2012年版,第722页。

人们总是通过每一个人追求他自己的、自觉预期的目的来创造他们的历史，而这许多按不同方向活动的愿望及其对外部世界的各种各样作用的合力，就是历史。”①也就是说，以往的历史研究者最多考察了历史活动主体的动机，但止步于此，而没有更深一层地去探究在主体动机背后隐藏着的动力。旧唯物主义者由此就将行动的动机作为评判历史的标准，而像黑格尔那样的唯心主义者则是从世界之外、从哲学的意识形态给历史输入动力，因此，前者对历史的理解是肤浅的，后者对历史的理解是神秘的。这些理解都是不符合历史实际的。恩格斯指出，我们要去探究那些隐藏在历史人物背后并且构成历史的真正的最后动力的动力，要去研究“使广大民众、使整个整个的民族，并且在每一民族中间又是使整个整个阶级行动起来的动机”②，只有这样，才能真正把握历史的动力和历史的发展脉络。立足于阶级分析方法可以看到，正如恩格斯所言，自从采用大工业以来，在英国是土地贵族和资产阶级这两个阶级争夺统治的要求，成为英国全部政治斗争的中心；在法国阶级斗争是理解中世纪以来法国历史的钥匙；而随着无产阶级登上历史舞台，“这三大阶级的斗争和它们的利益冲突是现代历史的动力，至少是这两个最先进国家的现代历史的动力”③。中国新民主主义革命的胜利也验证了这一洞见。正是以毛泽东为代表的无产阶级革命家，娴熟地掌握和运用阶级分析方法，分清革命的同志、朋友和敌人，依托工人阶级、农民阶级和最广大人民群众，同帝国主义、封建主义、官僚资本主义展开毫不妥协的斗争，才战胜了中国自近代以来所面临的极其强大的敌人，完成了国家独立、人民解放的历史任务，也为社会主义现代化建设的顺利展开奠定了历史前提。

阶级分析方法还可以帮助人们判明历史发展的趋势和走向。历史的长河蜿蜒曲折，但它有没有一个基本走向？不同学派的史学家对这一问题的回答是极不相同的。依据唯物史观和阶级分析方法，这一问题有明确答案，这就是超越资本主义社会，消灭阶级和私有制，实现共产主义和人的自由全面发展。这一结论不是主观设定和善良意志的产物，而是由资本主义社会基本矛盾运动所客观决定的历史规律。阶级是一个历史范畴，它不是从来就有的，而是伴随着原始公有制的解体、分工和私有制的发展而逐渐形成的。梯叶里、基佐、米涅、梯也尔等资产阶级历史学家描述过阶级斗争的历

① 《马克思恩格斯选集》第4卷，人民出版社2012年版，第254页。

② 《马克思恩格斯选集》第4卷，人民出版社2012年版，第255—256页。

③ 《马克思恩格斯选集》第4卷，人民出版社2012年版，第256页。

史发展,斯密、李嘉图等资产阶级经济学家对各个阶级进行过经济层面上的分析。在1852年3月5日致约瑟夫·魏德迈的信中,马克思就谈到过这一点,并明确指出,“我所加上的新内容就是证明了下列几点:1. 阶级的存在仅仅同生产发展的一定历史阶段相联系;2. 阶级斗争必然导致无产阶级专政;3. 这个专政不过是达到消灭一切阶级和进入无阶级社会的过渡……”①由此可见,经过阶级社会中必不可免的阶级斗争以及必然由此导致的无产阶级专政,人类历史终将驶入一切阶级和私有制消亡的无阶级社会。这是历史发展的大趋势,也是其根本走向,其间可能有各种支流、分流甚至逆流,但这一趋势和走向是可以通过科学研究而揭示出来的。马克思曾在1868年3月25日致恩格斯的信中,赞扬毛勒的书是“非常有意义的”,在毛勒研究德国马尔克制度史、乡村制度史、城市制度史的一系列著作中,“不仅是原始时代,就是后来的帝国直辖市、享有豁免权的地主、公共权力以及自由民和农奴之间的斗争的全部发展,都获得了崭新的说明”②。马克思进一步指出,“在人类历史上存在着和古生物学中一样的情形。由于某种判断的盲目性,甚至最杰出的人物也会根本看不到眼前的事物。后来,到了一定的时候,人们就惊奇地发现,从前没有看到的东西现在到处都露出自己的痕迹。对法国革命以及与之相联系的启蒙运动的第一个反应,自然是用中世纪的、浪漫主义的眼光来看待一切……第二个反应是越过中世纪去看每个民族的原始时代,而这种反应是和社会主义趋向相适应的,虽然那些学者并没有想到他们和这种趋向有什么联系。于是他们在最旧的东西中惊奇地发现了最新的东西,甚至发现了连蒲鲁东看到都会害怕的平等派。”③这里,最旧的东西指的是原始公有制,最新的东西指的是无产阶级消灭阶级、消灭私有制的共产主义诉求,人类社会历史经过长时期的螺旋上升式发展,将在一个更高的层面上“从动物的生存条件进入真正人的生存条件”,“完全自觉地自己创造自己的历史”④。如莫迪凯·罗什瓦尔德所言,“马克思的哲学作为对过去的研究而超越历史,也作为关于未来的知识而展示历史……所以,马克思主义不只是一种历史理论,而且在历史的塑形中起有一种作用。”⑤马克思主义史学不仅能“通古今之变”,而且能判明历史的未

① 《马克思恩格斯选集》第4卷,人民出版社2012年版,第426页。

② 《马克思恩格斯选集》第4卷,人民出版社2012年版,第469页。

③ 《马克思恩格斯选集》第4卷,人民出版社2012年版,第469—470页。

④ 《马克思恩格斯选集》第3卷,人民出版社2012年版,第671页。

⑤ 《第欧根尼》中文精选版编辑委员会编选:《对历史的理解》,商务印书馆2007年版,第38—39页。

来走向，推动和引领历史的创造，其所以如此，就在于对阶级分析方法和唯物史观的坚持与运用。

三、立足新时代丰富发展阶级分析方法

马克思主义政治立场，首先就是阶级立场，进行阶级分析。① 背离阶级观点、放弃阶级分析方法，就称不上是马克思主义，也称不上是马克思主义史学理论。当前，深化史学理论研究，建构具有鲜明特色的新时代中国史学，是时代的需要，也是历史研究本身的需要。这就要求我们在深刻理解阶级分析方法丰富内涵的基础上，在史学研究中科学运用这一研究方法，并根据新时代的社会历史实践不断加以丰富、发展，使其焕发出新的时代价值。

深入研读马克思主义经典著作，精确掌握阶级范畴的科学内涵。马克思主义经典作家指出，阶级并不神秘，它既不是从来就有的，更不会永世长存，它只不过是同生产发展的一定历史阶段相联系的一种历史的、暂时的现象。从实质和根本意义上来讲，阶级是一个经济范畴，划分不同社会中不同阶级的标准不能是政治、意识形态等其他标准，而只能是经济标准。恩格斯指出，“在每个历史地出现的社会中，产品分配以及和它相伴随的社会之划分为阶级或等级，是由生产什么、怎样生产以及怎样交换产品来决定的”②，“这些相互斗争的社会阶级在任何时候都是生产关系和交换关系的产物，一句话，都是自己时代经济关系的产物。”③列宁也在这一意义上强调，“区别各阶级的基本标志，就是它们在社会生产中所处的地位，也就是它们对生产资料的关系。”④在当代中国，我们在阶级问题上要始终坚持党中央作出的科学判断。关于新中国成立以来尤其是改革开放以来国内的阶级状况，我们党早已作出了明确的论断。党的十一届六中全会通过的《关于建国以来党的若干历史问题的决议》深刻指出，“在剥削阶级作为阶级消灭以后，阶级斗争已经不是主要矛盾。由于国内的因素和国际的影响，阶级斗争还将在一定范围内长期存在，在某种条件下还有可能激化。既要反对把阶级斗争扩大化的观点，又要反对认为阶级斗争已经熄灭的观点。……必须正确认识我国社会内部大量存在的不属于阶级斗争范围的各种社会矛盾，采

---

① 转引自刘世军:《中国政治学研究新时代的到来》,《文汇报》2014 年 6 月 30 日。

② 《马克思恩格斯选集》第 3 卷,人民出版社 2012 年版,第 797 页。

③ 《马克思恩格斯选集》第 3 卷,人民出版社 2012 年版,第 796 页。

④ 《列宁全集》第 7 卷,人民出版社 1984 年版,第 30 页。

取不同于阶级斗争的方法来正确地加以解决，否则也会危害社会的安定团结。”①这就明确要求，在阶级尤其是阶级斗争问题上，必须既要反对“阶级斗争扩大化”的观点，也要反对“阶级斗争熄灭论”的观点，一方面要同否定党的领导、攻击我们党和国家的根本制度、敌视和破坏社会主义的思想行为作斗争，另一方面要正确认识和解决人民内部矛盾，不能把人民内部矛盾作为敌我矛盾来对待。2017 年新修改的《中国共产党章程》同样指出：“由于国内的因素和国际的影响，阶级斗争还在一定范围内长期存在，在某种条件下还有可能激化，但已经不是主要矛盾。”②当前，在涉及阶级问题的讨论中，必须毫不动摇地坚持我们党作出的这些正确论断。

坚持正确的政治立场，运用阶级分析方法更好地为人民做学问。20 世纪中期，西方史学中曾出现关注“下层历史”或草根社会史的重要取向，倡导“发现普通人的生活和思想”③。马克思主义唯物史观则始终坚持人民史观，强调只有人民才是历史的创造者，历史是人民群众的事业。早在 20 世纪 20 年代，李大钊在《唯物史观在现代史学上的价值》一文中就强调，要“赶快联合起来，应我们生活上的需要创造一种世界的平民的新历史”④。提升新时代的史学研究，必须高度自觉地坚守人民立场，矢志不渝地为人民做学问。这也是坚持阶级分析方法的题中应有之义和必然要求。党的十八大以来，以习近平同志为核心的党中央提出以人民为中心的发展思想，把人民对美好生活的向往作为奋斗目标，把 14 亿多中国人民凝聚成推动中华民族伟大复兴、实现社会历史进步的磅礴伟力。史学研究应自觉地投身这一时代洪流，为人民述史、为人民立传，对中国的历史、世界的历史，对重大的理论和现实问题进行全面而深入的分析探讨。在中国特色社会主义新时代，国际背景、国内环境、人民需求、历史任务等都发生了深刻变化，中治西乱、东升西降成为不可逆转的历史大趋势，但同时也要看到，只要阶级还没有彻底退出历史舞台，只要资本主义发达国家对社会主义中国的挑衅、分裂乃至侵略等图谋还存在，阶级分析方法就不能弃之不用。尤其要看到，现时代在资本主义生产方式下，国际资本垄断集团以各种方式剥削全世界工人和劳动人民的本质并未发生根本性变化，资本家和工人及广大民众的阶级关系和阶级矛盾也没有发生根本性变化。要深刻说明国际垄断资本集团的

---

① 《关于若干历史问题的决议　关于建国以来党的若干历史问题的决议》，中共党史出版社 2010 年版，第 115 页。

② 《中国共产党章程》，人民出版社 2017 年版，第 7 页。

③ 刘北成、陈新编：《史学理论读本》，北京大学出版社 2006 年版，第 269 页。

④ 李守常：《史学要论》，商务印书馆 2010 年版，第 32 页。

剥削本质和运作机理，冲破其所型塑的剥削和压迫机制，解决世界范围内的“再无产阶级化”问题，尤需借助阶级分析方法旗帜鲜明的人民立场和直抵本质的思想锋芒。这一点恰如渡边雅男所言，“身处新自由主义掌握霸权的现代社会，在直视差别和不平等蔓延的现实，并且从中需要直面个人的无力与绝望时，用具有深层意义的‘阶级’来思考这些问题是理所当然的。”①

发扬科学的探索精神，将阶级分析方法与其他研究方法更好地协调起来。故步自封、排斥异己决不是马克思主义的态度。马克思主义始终强调要以博大的胸襟接受人类文明的一切成果。阶级分析方法所强调的，是从历史发展的本质和根本层面、从社会形态发展和变迁的角度对历史进行分析，它并不排斥其他的史学研究方法。例如阶层分析。马克思和恩格斯都使用过阶层概念，他们在《共产党宣言》中讲到资本主义社会之前的各个历史时代时，明确指出：“……几乎到处都可以看到社会完全划分为各个不同的等级，看到社会地位分成多种多样的层次。在古罗马，有贵族、骑士、平民、奴隶，在中世纪，有封建主、臣仆、行会师傅、帮工、农奴，而且几乎在每一个阶级内部又有一些特殊的阶层。”②他们在这里明确认为，在一个阶级的内部还包含着不同的阶层。只不过，按照马克思和恩格斯的理解，当世界历史进入资本主义时代，资本逻辑和商品交换体系席卷了社会生活的每一个领域，它消灭了在前资本主义社会中由于出身、身份、地位、宗教等因素导致的地位划分，结果只能是以是否占有生产资料作为划分阶级的标准。因此，资产阶级时代“……使阶级对立简单化了。整个社会日益分裂为两大敌对的阵营，分裂为两大直接对立的阶级：资产阶级和无产阶级”③。毛泽东同样使用“阶层”概念来探讨中国社会和中国革命问题。在《中国社会各阶级的分析》一文中，毛泽东将当时中国的社会力量具体分为以下几种：地主阶级和买办阶级、中产阶级、小资产阶级、半无产阶级、无产阶级以及游民无产者。其中，小资产阶级包括自耕农、手工业主、小知识阶层——即学生界、中小学教员、小员司、小事务员、小律师、小商人等。毛泽东明确指出，“这个小资产阶级内的各阶层虽然同处在小资产阶级经济地位，但有三个不同的部分”，第一部分是“有余钱剩米的，即用其体力或脑力劳动所得，除自给外，每年有余盛”，第二部分是“在经济上大体上可以自给的”，第三部分则

---

① ［日］渡边雅男：《马克思的阶级概念》，李晓魁译，社会科学文献出版社、重庆出版社2016年版，第ⅰ页。

② 《马克思恩格斯选集》第1卷，人民出版社2012年版，第400—401页。

③ 《马克思恩格斯选集》第1卷，人民出版社2012年版，第401页。

是“生活下降的”①。对“半无产阶级”,他进一步进行了细致划分。“绝大部分半自耕农和贫农虽同属半无产阶级,但其经济状况仍有上、中、下三个细别。”②对其中的“贫农”,根据其受地主的剥削程度,“其经济地位又分两部分”③。可见,毛泽东在对当时中国社会各阶级进行分析时,在总体上运用阶级分析方法的同时,又进行了更加细致的阶层划分。阶级分析和阶层分析二者不仅不相矛盾,反而相得益彰,更精细地反映了那一时代中国的现实状况,并且更加准确地揭示了不同社会阶层的政治态度和对革命的接受程度。范文澜先生在20世纪50年代修订《中国通史简编》时也曾明确讲到:“阶级斗争的情景即是那样复杂,要了解它,不仅要分析各个阶级相互间的关系,同时还得分析各个阶级内部各种集团或阶层所处的地位,然后综观他们在每一斗争中所起的作用和变化。如果只是记住了阶级斗争而没有具体分析,那就会把最生动的事实变成死板的公式。”④这同样表明,要对阶级内部进行具体分析,就需要综合运用阶层分析等多种研究方法,否则就不是彰显而是损害了阶级分析方法的科学性。总体讲来,阶级分析依据的是对生产资料的占有情况,这是最根本的判断标准,因而是一种宏观、概括、一元的分析;而阶层分析可以依据职业分工、薪资水平、教育背景、家庭负担、闲暇时间等多个标准进行分类,因而是一种更具体、细致、多元的分析。对这些不同研究方法,我们应当在唯物史观的整体视野内予以补充、协调、统合和发展,更好地建构具有中国特色、中国风格、中国气派的新时代中国史学理论体系。

① 《毛泽东著作选读》上册,人民出版社1986年版,第6—7页。
② 《毛泽东著作选读》上册,人民出版社1986年版,第8页。
③ 《毛泽东著作选读》上册,人民出版社1986年版,第8页。
④ 范文澜:《中国通史简编》(修订本)第1册,人民出版社1955年版,第11页。

第十三章　时代之问与理论之思

——历史十字路口的学术建构

问题却是公开的、无所顾忌的、支配一切个人的时代之声。问题是时代的格言，是表现时代自己内心状态的最实际的呼声。

——马克思

时代与文本，是本著展开全部研究的立足点和出发点。对时代的本质问题思考得越深入，对文本的钻研越细致，越能收获令人触动的理论果实。任何一个时代的学术建构，总离不开对时代问题的深入考察。现今我们所身处的中国特色社会主义新时代，赋予了建构新时代中国学术的基础、使命和未来。一个生气勃勃的新时代，呼唤着同样元气淋漓的学术思想。这是新时代的中国学术应有的愿景宏图。在本章中，我们将围绕着时代与理论、问题意识与思想建构展开一些初步思考。

一、思想与时代的双向奔赴

一时代有一时代之学术。纵观人类思想史，一种真正成熟的、传诸久远的学术思想，背后充盈的总是时代的大悲欢。

思想史迭经数千年之累积，渊深浩瀚。然而，思想从来不是凭空开出的花朵，与思想共舞飞扬、须臾未可分离的是波涛激荡的社会发展史。被恩格斯誉为哲学奥林匹斯山上之宙斯的黑格尔就曾断言："每个人都是他那时代的产儿。哲学也是一样，它是被把握在思想中的它的时代。"①思想或可超越时代、落后时代，抑或具有一种粗看之下远离时代的表象，但从深层究之，则其根源总是深深地扎在时代的土壤之中。扎根愈深，则思想之花愈能毓秀华滋。因之，当我们探讨现时代中国学术建构诸问题之时，就不得不将时代与思想的关系作为一条重要取径。

不论人类社会发展史还是思想演进史，都如同奔流不息的长河巨川，不可遽然截断，但在其发展过程中总可以划分为不同的阶段，具有不同的主题

① ［德］黑格尔：《法哲学原理》，范扬、张企泰译，商务印书馆 1961 年版，序言，第 12 页。

和内容。绵延性与阶段性的统一,是事物发展的常态。正由于此,社会发展的不同时代,总是会提出与其他时代不同的、亟待解决的问题,从学术的视角概括、分析、解决这些时代问题,就构成一切真正有分量、有价值、有影响的学术思想的内核和密码。

不同时代有不同的时代精神,亦有殊异的时代问题。宋人张端义在其所著《贵耳集》中写道:"古今治天下多有所尚,唐虞尚德,夏尚功,商尚老,周尚亲,秦尚刑法,汉尚材谋,东汉尚节义,魏尚辞章,晋尚清谈,周隋尚族望,唐尚制度文化,本朝尚法令议论。"①此处所谓德、功、制度文化、法令议论等等,既是对不同历史阶段的时代精神和风气的概括,也在一定程度上反映了不同历史时期所集中关心的问题,更高度概括了不同历史时期因应时代问题的重要举措。

对时代问题的深度关切,是古今中外一切学术思想的共通之处和重要特征。唐代大诗人白居易在《与元九书》中鲜明提出了"文章合为时而著,歌诗合为事而作"的创作理念。这不仅是文学创作的重要理念,更是学术建构的根本要求。中国学术有着悠久的发展史和博大精深的思想内涵。"轴心时代"的百家争鸣,奠定了中国学术的宏伟版图和理论底色,在此后长期的历史发展中,逐渐形成了以经史之学为主轴的传统学术形态。习近平总书记在2016年召开的哲学社会科学工作座谈会上,对此有一段重要论述,中华文明历史悠久,从先秦子学、两汉经学、魏晋玄学,到隋唐佛学、儒释道合流、宋明理学,经历了数个学术思想繁荣时期。在漫漫历史长河中,中华民族产生了儒、释、道、墨、名、法、阴阳、农、杂、兵等各家学说,涌现了老子、孔子、庄子、孟子、荀子、韩非子、董仲舒、王充、何晏、王弼、韩愈、周敦颐、程颢、程颐、朱熹、陆九渊、王守仁、李贽、黄宗羲、顾炎武、王夫之、康有为、梁启超、孙中山、鲁迅等一大批思想大家,留下了浩如烟海的文化遗产。② 这些著名思想家和学者,莫不是以积极回应时代问题、留下充满智慧的独到学术见解而在思想史上留下自己独特印记的。反观西方思想史,同样如是。习近平总书记曾谈到从古希腊柏拉图的《理想国》、亚里士多德的《政治学》到当代萨缪尔森的《经济学》、弗里德曼的《资本主义与自由》、西蒙·库兹涅茨的《各国的经济增长》等一系列著作,他明确指出,这些著作都是时代的产物,都是思考和研究当时当地社会突出矛盾和问题的结果③。

① (宋)张端义:《贵耳集》。

② 参见习近平:《在哲学社会科学工作座谈会上的讲话》,《光明日报》2016年5月19日。

③ 参见习近平:《在哲学社会科学工作座谈会上的讲话》,《光明日报》2016年5月19日。

能否敏锐地对所处时代的迫切问题进行理论上的概括，在很大程度上反映出学者的理论思维之高下。马克思早在青年时期就明确写到，“一个时代的迫切问题，有着和任何在内容上有根据的因而也是合理的问题共同的命运：主要的困难不是答案，而是问题。因此，真正的批判要分析的不是答案，而是问题。”①从这一意义上说，正确地提出问题比解决问题更为重要，因为前者是一切真正的学术思想的立足点和出发点。正如马克思所言：“问题却是公开的、无所顾忌的、支配一切个人的时代之声。问题是时代的格言，是表现时代自己内心状态的最实际的呼声。”②习近平总书记在党的二十大报告中，进一步将“问题意识”提高到新时代中国特色社会主义思想的世界观和方法论的高度而加以强调，“问题是时代的声音，回答并指导解决问题是理论的根本任务。”③舍弃了“时代之声”和“时代的格言”，所谓学术就不免沦为脱离实际内容的云端高蹈和袖手玄谈。

时代与思想是双向奔赴的辩证统一关系。真正的学术思想，不仅能反映时代、回应时代，而且能推动时代、引领时代。马克思在《〈黑格尔法哲学批判〉导言》中就曾提出这样一个重要命题：“光是思想力求成为现实是不够的，现实本身应当力求趋向思想。”④这就意味着，思想要为现实的变革提供理论指南，现实的实践运动则要锚定科学理论的思想高度。在中国近现代学术史上，以积极回应时代问题、推动时代发展为特色的学术作品不胜枚举。例如，翦伯赞先生的《历史哲学教程》就是一部“为时而著”的伟大作品。

这本书写于战火纷飞的抗日战争时期，出版于1938年8月。按照翦伯赞的原初构想，是要撰写一本关于中国社会史方面的范围较大的著作，一方面对各学派关于中国史的意见进行系统的清理，另一方面较为系统地提出自身的见解。但“由于神圣的民族抗战的展开”，原来的计划“便不能不略加改变”⑤。翦伯赞明确指出，“现在，我们的民族抗战，已经把中国历史推到崭新的时代，中华民族已经站在世界史的前锋，充任了世界史转化的动力。为了争取这一伟大的历史胜利，我们认为决不应使理论的发展，落在实践的后面；反之，我们认为，必须要以正确的活的历史原理，作为这一伟大斗

① 《马克思恩格斯全集》第1卷，人民出版社1995年版，第203页。

② 《马克思恩格斯全集》第1卷，人民出版社1995年版，第203页。

③ 习近平：《高举中国特色社会主义伟大旗帜　为全面建设社会主义现代化国家而团结奋斗——在中国共产党第二十次全国代表大会上的报告》，人民出版社2022年版，第20页。

④ 《马克思恩格斯选集》第1卷，人民出版社2012年版，第11页。

⑤ 《翦伯赞全集》第6卷，河北教育出版社2008年版，第7页。

争的指导,使主观的努力与客观情势的发展,相互适应。"①他以鲜明的问题意识和斗争精神写道:"在这样一个伟大的历史变革时代,我们决没有闲情逸致埋头于经院式的历史理论之玩弄;恰恰相反,在我的主观上,这本书正是为了配合这一伟大斗争的现实行动而写的。"②正是出于这种强烈的时代意识,翦伯赞在这本书中深刻地揭露了当时隐藏在民族统一战线理论与行动阵营中的"悲观主义""失败主义"等错误倾向的历史根源,批判了陶希圣、胡适等人对中国历史分期、社会性质和未来前途的错误理解,以彻底的历史唯物论分析了中国具体历史,创造性地探讨了历史学的科学方法论。

《历史哲学教程》并不是一本单纯的历史著作,而是坚持以历史观照现实和引领未来,正如作者所宣示的:"我们历史哲学的批判在批判过去中就含着领导现在和指示将来。"③也就是说,研究历史决不是为了发思古之幽情,而是要在对历史的回顾和梳理中为当时面临的时代问题和未来发展提供答案。在翦伯赞看来,中国拥有五千多年有文字记载的历史,在这一漫长的历史进程中,并不是"建基于封建主义的经济基础之上"而一成不变的。相反,它也和世界其他民族的历史一样,经过了一系列发展阶段。换言之,中国的封建社会并不是停滞在同一水平上,而是经常不断地处在发展中,无非是发展的速度比之西欧,较为缓慢而已。翦伯赞指出,中国的资本主义因素在明末清初,即鸦片战争以前已经走上了历史舞台。"但是当他们正在开始其向资本主义转化的过程中,却遭受了外国资本主义强力之袭击,'鸦片战争'把他扼死于封建社会的母胎中。"④正由于外国资本主义的压迫和侵略,才改变了中国独立自由的性质,使其走上殖民地化的过程,逐渐沦为半殖民地半封建社会。

这种压迫和侵略,在日本帝国主义的野蛮入侵中达到了顶点。"在'七七'以后,由于日本法西斯盗匪对中国开始历史上未曾有过之野蛮的侵略,这一侵略,不仅威胁着整个中国人民——不管任何阶级——的生存权利,而且也威胁着其他资本帝国主义国家在中国既得的利益。"由此,一方面在中国内部形成了空前的民族团结,另一方面国外资本主义国家为了保护自身利益也开始声援中国的抗战。这样,就使伟大的抗日战争成为一个重要的历史转折,预示着成为一个独立自由幸福的新中国的光明未来。翦伯赞满

① 《翦伯赞全集》第6卷,河北教育出版社2008年版,第7页。
② 《翦伯赞全集》第6卷,河北教育出版社2008年版,第7页。
③ 《翦伯赞全集》第6卷,河北教育出版社2008年版,第33页。
④ 《翦伯赞全集》第6卷,河北教育出版社2008年版,第191页。

怀信心地写道:“自从民族抗战开始以来,中国的历史又走上了一个变革的过程,即由半封建半殖民地的社会开始向着独立自由与幸福的社会之转化的过程。中国历史的这一伟大的变化,直接是使中华民族越入一个崭新的历史阶段;间接又成为转化世界史的一个动力。因此,我们这一次民族抗战,是一个伟大无比的历史任务,它不仅改变中国史,而且也改变世界史。”①这就是翦伯赞在《历史哲学教程》这一著作中,以唯物史观研究中国历史而作出的关于时代迫切问题和中国前途命运的重要解答。

几十年后我们回看这段学术史,仍然不能不折服于翦伯赞先生深沉的时代意识、深邃的历史眼光和深刻的理论思维。这就是时代与思想相遇相激而迸射出来的强烈的学术光芒,它不仅揭示真理,而且给人以光明,给人以力量。

二、制度体系博弈的“时代之声”

人类生产和生活的空间无比广阔,由此带来的问题也无限复杂。然而,在这些复杂的问题系统中,总有一个根本问题居于统摄地位,从而成为“时代之声”和“时代的格言”。那么,在现时代,我们所面临的最迫切、最根本、最深层的时代问题是什么?在笔者看来,这就是人类将选择何种制度体系、何种发展道路,进而拥有何种命运与未来的问题。

一个民族、一个国家,总要通过一定的发展道路、依托一定的制度体系去实现自身的发展。环顾当今世界,当前纷繁驳杂的世界历史,仍然处于资本主义与社会主义两种发展道路、两种社会制度、两种价值体系、两种前途命运的长期博弈和竞争当中。在此过程中,人类将作何选择?是选择资本主义制度,还是选择社会主义和共产主义制度,这将是人类一次具有本质重要意义的历史性抉择。这一选择之所以意义如此重大,是因为无论从生态危机所暴露的地球脆弱的承载能力,还是从现代性社会所遭遇的种种不可预测的危机来看,它都将决定生活于地球这颗蓝星之上的数十亿人口的远景和未来。

人们可以用后工业社会、后现代社会、信息社会、消费社会、景观社会等各种概念来指称以美国为首的现代欧美资本主义社会形态——这些概念的确从不同角度指认了其某方面的重要特征。但无论如何,“资本主义”总是这些国家在本质层面的根本性制度安排。资本的基因,刻蚀在这些国家的

① 《翦伯赞全集》第6卷,河北教育出版社2008年版,第194—195页。

血液里，表现在它们对内对外的每一步行动中。①

自从地理大发现以来，资产者奔走于全球，致力于开拓世界市场，用严酷的竞争性生产机制和低廉的商品价格摧毁了一切前资本主义社会的万里长城，将整个世界历史都裹挟进了强横的资本逻辑之中。“各国人民日益被卷入世界市场网，从而资本主义制度日益具有国际的性质”②。然而，资本不是造福人间的天使，它的本性是嗜血和疯狂的。资本主义制度耸入云天的大厦，是修筑在两大基础之上的：一是从资本原始积累时期就残酷开展的对内剥削和压榨，二是从大航海时代就狂热进行的对外侵略和掠夺，包括赤裸裸的奴隶贸易、极端无耻的鸦片贸易等等。归根结底，正如美国学者施韦卡特所言：“资本主义及其取得的辉煌成就，在其起源上，在其日常的运作中，在其理论核心的极度不公平的经济秩序上，都植根于剥削。”③

马克思在《资本论》中就曾愤慨地谴责过资本主义在其发展过程中“集中的、有组织的社会暴力”④。他指出：“美洲金银产地的发现，土著居民的被剿灭、被奴役和被埋葬于矿井，对东印度开始进行的征服和掠夺，非洲变成商业性地猎获黑人的场所——这一切标志着资本主义生产时代的曙光。”⑤毫无疑问，这是污浊的曙光，是血色的黎明。在这一早期发展阶段之后，“接踵而来的是欧洲各国以地球为战场而进行的商业战争。这场战争以尼德兰脱离西班牙开始，在英国的反雅各宾战争中具有巨大的规模，并且在对中国的鸦片战争中继续进行下去，等等。”⑥正由于此，马克思公正地裁决道：“资本来到世间，从头到脚，每个毛孔都滴着血和肮脏的东西。”⑦美国学者诺奇克曾经试图提出一种正义理论来为资本主义辩护，施韦卡特则在知名著作《反对资本主义》中明确加以反对：“这种关于正义的理论似乎根本不符合现代资本主义的现实。在美国，土著人近乎灭绝，成百万计的黑人奴隶被戴上锁链从他们的祖国偷运到这里。在英国，圈地运动践踏农民的长期利益，迫使大量的农民失去土地。整个世界，西方殖民者横行。关于正

① 参见本书导论依据时代特征、时代主题、时代性质三个层面的“三分法”，对现时代的本质的说明。

② 《资本论》第1卷，人民出版社2018年版，第874页。

③ ［美］戴维·施韦卡特：《反对资本主义》，李智、陈志刚等译，中国人民大学出版社2016年版，第330页。

④ 《资本论》第1卷，人民出版社2018年版，第861页。

⑤ 《资本论》第1卷，人民出版社2018年版，第860—861页。

⑥ 《资本论》第1卷，人民出版社2018年版，第861页。

⑦ 《资本论》第1卷，人民出版社2018年版，第871页。

义的理论很难辩驳马克思主义的控诉。”①

毋庸讳言,资本主义制度也在不断地自我调适,试图通过调整国内外各种政策来延拓自身的命数。然而,第二次世界大战以来的世界历史在不断地确证这种调适的边界和限度。从宪政民主制的金钱政治、富人游戏到制度失灵、治理失范,资本主义制度体系的颓势和疲软不断展露出来。从海湾战争、科索沃战争、叙利亚战争、阿富汗战争一直到最近的俄乌冲突,以美国为首的西方资本主义发达国家为了攫取资本集团利益而不惜践踏他国人民和利益的霸凌面目,也正在越来越明显地暴露出来。英国学者莱斯诺夫认为,在西方政体中的“民主”和“资本主义”之间就存在着矛盾,因为民主以权力平等的假设为基础,而资本主义难免造成财富的不平等并造成权力的不平等,这就表明,资本主义制度“实际上包含着一种深刻的内在矛盾”②。

法国学者米歇尔·于松指出,当代资本主义“已经进入了一个‘收益递减’的时代”③。在于松看来,资本主义的确曾经大大地促进了劳动生产率的提高,这也是资本主义能够抱持活力的主要原因。但在现时代,这一原因已经处于无效地位。于松指出:“从更深的层次看,当代资本主义已越来越无力把满足人类的需求纳入自己的逻辑当中。相反,它所采用的方法是将世界商品化,而某些基本需求在这一过程势必会被排除在外:如果盈利率太低,就干脆不要生产或投资。最后,那些唯一符合资本主义逻辑的商品化解决方案显然不足以应对气候变暖这样的大威胁。基于上述原因,当代资本主义的合法性正在丧失。与人类所面临的巨大挑战相比,资本主义的效率原则今天看来已经过于狭隘,甚至是不合理的。”④“将世界商品化”的资本逻辑显然无法囊括整个世界,无论是社会治理、环境保护还是战争与和平,显然都是无法商品化的,它们都溢出了资本的管控范围而需要超越商品化、非逐利性的社会主义制度体系。

问题还不止于此,资本主义制度不仅是一种经济——生产方式,而且利用其强悍的资本逻辑将社会生活的方方面面都席卷进来。举凡社会交往、伦理风习、价值评判、审美趣味、娱乐休闲,无不处于资本逻辑无孔不入的宰治之下。正如马克思和恩格斯在《共产党宣言》中所论,资产制“使人和人

① [美]戴维·施韦卡特:《反对资本主义》,李智、陈志刚等译,中国人民大学出版社 2016 年版,第 37 页。

② [英]迈克尔·H.莱斯诺夫:《二十世纪的政治哲学家》,冯克利译,商务印书馆 2015 年版,第 424 页。

③ [法]米歇尔·于松:《资本主义十讲》,潘革平译,社会科学文献出版社 2013 年版,第 2 页。

④ [法]米歇尔·于松:《资本主义十讲》,潘革平译,社会科学文献出版社 2013 年版,第 2 页。

之间除了赤裸裸的利害关系,除了冷酷无情的‘现金交易’,就再也没有任何别的联系了”,“它把人的尊严变成了交换价值”①,“抹去了一切向来受人尊崇和令人敬畏的职业的神圣光环”,“它把医生、律师、教士、诗人和学者变成了它出钱招雇的雇佣劳动者”②。甚至连家庭生活也是如此,“资产阶级撕下了罩在家庭关系上的温情脉脉的面纱,把这种关系变成了纯粹的金钱关系。”③一些学者喜欢谈论所谓现代性,认为这是一种“未完成”的谋划,然而究其本质,它不是“未完成”,而是资本的残酷本性和资本主义制度的弊病在不同领域的暴露而已。不是所谓现代性的谋划未能完成,而是资本主导下的现代社会处于全面危机之中。

“货币的力量多大,我的力量就多大。”④“谁能买到勇气,谁就是勇敢的,即使他是胆小鬼。”⑤货币之力已然如此强横,资本逻辑唯有更加令人惊怖。在资本这一以太之光的统摄下,一切都可以交换,交换可以换来一切。交换价值和金钱关系,取得了凌驾于一切社会关系之上的神性地位。资本将王权和教权赶下了王座,自己却无所顾忌地窃居其位。资本不是神灵,却比一切神灵更有魔力。在这样一种“单向度”和“异化”的社会中,资本的增殖成为一切生命活动的本质目的,一切生命活动的本质目的都蜕化为资本的增殖。处身于资本制下,表面的丰富掩盖着内容的贫乏,外在的充实遮蔽着内在的空虚,硬化的躯壳扼杀着生活和生命的无限可能。

凡此种种,都在急迫地向人类敲响警钟。习近平总书记在党的二十大报告中指出,“当前,世界之变、时代之变、历史之变正以前所未有的方式展开”,与和平、发展、合作、共赢历史潮流并行的,是“恃强凌弱、巧取豪夺、零和博弈等霸权霸道霸凌行径危害深重,和平赤字、发展赤字、安全赤字、治理赤字加重,人类社会面临前所未有的挑战”⑥。深究起来,这些行径和赤字的背后无不隐藏着资本逐利的逻辑。“世界又一次站在历史的十字路口,何去何从取决于各国人民的抉择。”⑦因而,人类社会的发展,迫切需要改弦更张,以一种更博大的胸襟、更普惠的发展,创造更美好的制度形式和文明

① 《马克思恩格斯选集》第1卷,人民出版社2012年版,第403页。
② 《马克思恩格斯选集》第1卷,人民出版社2012年版,第403页。
③ 《马克思恩格斯选集》第1卷,人民出版社2012年版,第403页。
④ 马克思:《1844年经济学哲学手稿》,人民出版社2000年版,第143页。
⑤ 马克思:《1844年经济学哲学手稿》,人民出版社2000年版,第145页。
⑥ 习近平:《高举中国特色社会主义伟大旗帜 为全面建设社会主义现代化国家而团结奋斗——在中国共产党第二十次全国代表大会上的报告》,人民出版社2022年版,第60页。
⑦ 习近平:《高举中国特色社会主义伟大旗帜 为全面建设社会主义现代化国家而团结奋斗——在中国共产党第二十次全国代表大会上的报告》,人民出版社2022年版,第60页。

形态，这不能不成为当前时代最核心、最根本也最迫切的问题。

三、新时代推动马克思哲学研究的理论姿态

如果说资本主义和社会主义两种制度体系的长期博弈是现时代全人类所面临的根本问题，那么中国特色社会主义新时代的发展成就及其创造的中国式现代化道路和人类文明新形态，则是对这一问题的重要解答。中国特色社会主义新时代，以无可辩驳的事功成就和价值内涵，构成了建构新时代中国学术的基点、出发点和着力点。

历史的发展总是在矛盾中展开的。资本主义制度在其发展过程中，不可避免地发展了自身的对立面，这就是无产者及其共产主义诉求。马克思、恩格斯所创立的科学社会主义，不仅以从本质层面揭露资本剥削的秘密而将自己的理论矗立在人类思想史的巅峰，而且以最彻底、最广泛的人民本位牢牢占据着道义的制高点。

马克思主义自从诞生以来，就从不同角度和层面对资本主义制度展开深入反思和批判。如何深入揭示资本主义在不同发展阶段的弊病，如何在批判旧世界中为新世界确立新原理，成为众多学者思考的主题。而自 21 世纪第一个十年，美国爆发金融危机以来，西方再次掀起了研究马克思、剖判资本主义的潮流。2008 年 10 月 21 日，《泰晤士报》就曾用一个整版的篇幅刊登马克思的大幅照片，人们向马克思墓献花的大照片也占据了一个版的篇幅，配文的大标题为《他（马克思）又回来了》。文章认为，世界金融体系正在瓦解，资本市场不再交易，国家掌管了部分银行的主要业务，政府担保储户存款，资本家丢掉饭碗，工人失去房产，“难道这正是马克思所描写的时代最终到来了吗？”①德里达、特里·伊格尔顿、大卫·哈维等知名学者都从不同研究角度出发，探求马克思理论批判资本主义制度体系的当代价值。德里达的强调尤其意味深长：“不去阅读且反复阅读和讨论马克思……而且是超越学者式的‘阅读’和‘讨论’，将永远都是一个错误，而且越来越成为一个错误，一个理论的、哲学的和政治的责任方面的错误。”②他甚至警告：“不能没有马克思，没有马克思，没有对马克思的记忆，没有马克思的遗产，也就没有将来。”③

---

① 新华网：《英国：马克思又回来了》，http://news.sohu.com/20081220/n261327179.shtml。

② ［法］德里达：《马克思的幽灵》，何一译，中国人民大学出版社 2016 年版，第 15 页。

③ ［法］德里达：《马克思的幽灵》，何一译，中国人民大学出版社 2016 年版，第 15 页。

马克思突出强调,本质重要的问题不在于解释世界,而在于改变世界。在人类思想史上,还没有一种理论像马克思主义那样对人类文明进步产生了如此广泛而巨大的影响。① 马克思主义这一重要特点,在近代以来中国社会历史进程中发挥得淋漓尽致。1840 年代以降,列强以坚船利炮打开中国的国门,中国逐渐沦为半殖民地半封建社会,割地赔款,山河破碎,民生凋敝,痛苦不堪。在这种“天崩地解”、数千年未有之大变局的态势笼罩下,中国传统学术开始了艰难的现代转型。国家和民族遭遇的苦难,也成为中国近代思想学术挥之不去的沉郁底色。从林则徐、魏源、严复等人“开眼看世界”,把眼光转向西方,译介和引进一系列西方学术思想著作,到洋务运动引入西洋先进技术和器物,从“师夷长技以制夷”“师夷长技以自强”“师夷长技以自富”到“中体西用”,中国几代先进学人跋涉在救亡图存的长途之上。为了改变中华民族积贫积弱、任人宰割的局面,各种思想、理论、主义和思潮都进行过尝试,然而,资本主义道路没有走通,改良主义、自由主义、社会达尔文主义、无政府主义、实用主义、民粹主义、工团主义等思潮纷纷登场,也都没能解决中国的前途和命运问题。直到十月革命一声炮响,给中国送来了马克思列宁主义,饱受磨难的中华民族终于找到了强大的思想武器。马克思主义以其强大的真理力量,以其独有的科学性、人民性、实践性、开放性,引领中国人民和中华民族走出了悲惨境地,改变了自身命运。

社会实践变革与思想学术发展,往往处于同频共振之中。马克思主义改造中国的过程,也是中国学术实现现代转型、取得重大突破的过程。陈独秀、李大钊等中国共产党的早期创始人,积极传播马克思主义,倡导运用马克思主义研究、分析和改造中国社会。在中国共产党领导中国人民和中华民族展开实践斗争的同时,一大批学者服膺于马克思主义的科学原理,自觉运用马克思主义展开学术探索。郭沫若、李达、艾思奇、翦伯赞、范文澜、吕振羽、侯外庐等一大批名家大师,在不同学科领域开辟榛莽,以启山林,建构了以马克思主义为指导的学术新形态。正如习近平总书记所指出的,“当代中国哲学社会科学是以马克思主义进入我国为起点的,是在马克思主义指导下逐步发展起来的。”②回溯新中国马克思主义学术的建构过程,对当前的学术发展亦有良好的裨益和启迪。

社会主义在中国的发展绝非一帆风顺,通往胜利的道路上总是充满着艰辛和曲折。东欧剧变、苏联解体之后,世界社会主义运动遭受沉重打击,

① 习近平:《在哲学社会科学工作座谈会上的讲话》,人民出版社 2016 年版,第 9 页。

② 习近平:《在哲学社会科学工作座谈会上的讲话》,人民出版社 2016 年版,第 6 页。

陷入低谷。以美国为首的西方发达国家为此志得意满，弹冠相庆，认为已经彻底绞杀了社会主义和共产主义，资本主义制度成为人类社会历史的终极标本。唱衰中国的舆论也在国际上不绝于耳，各式各样的“中国崩溃论”从来没有中断过。就是在这样一种风狂雨暴、万马齐喑的态势下，社会主义中国顶住了压力，鲜明向世界宣告了继续走中国特色社会主义道路的坚定意志。中国共产党把马克思主义基本原理与中国具体实际相结合，坚定不移地走中国特色社会主义道路，中国非但没有崩溃，反而综合国力与日俱增，人民生活水平不断提高，国际影响愈益提升，在“黑云压城城欲摧”的态势中打造了“风景这边独好”的非凡伟业。

在庆祝中国共产党成立100周年大会上，习近平总书记庄严宣示：“我们坚持和发展中国特色社会主义，推动物质文明、政治文明、精神文明、社会文明、生态文明协调发展，创造了中国式现代化新道路，创造了人类文明新形态。”党的十九届六中全会审议通过的《中共中央关于党的百年奋斗重大成就和历史经验的决议》也强调：“党领导人民成功走出中国式现代化道路，创造了人类文明新形态，拓展了发展中国家走向现代化的途径”。在党的二十大报告中，习近平总书记用很大篇幅深入阐发了中国式现代化的本质要求、丰厚内涵和重要特色。

时代的核心问题，构成学术建构的根本关切。时代之问，总是强烈地吸引着真正的学术研究，以极大的热情、智慧和创造而作出科学的解答。这是学术发展史的一条重要规律，也是建构新时代中国学术的宝贵经验。现在的问题在于，进入中国特色社会主义新时代，开创中国式现代化道路、创造人类文明新形态，这一系列重大历史事件，已经成为中国人民和中华民族对时代之问的响亮回答。正如习近平总书记在二十大报告中深刻指出的，“在新中国成立特别是改革开放以来长期探索和实践基础上，经过十八大以来在理论和实践上的创新突破，我们党成功推进和拓展了中国式现代化。”①

中国式现代化得以开拓这一实践运动所蕴含的价值内核和世界历史意义，迫切需要当代中国学者去探讨和阐发。例如，中国式现代化新道路这一宏伟实践为世界其他国家和民族提供了实现现代化的中国智慧和全新选择。它充分表明，世界各个国家、各个民族，通往现代化的道路是多种多样的，决不只有欧美发达国家一种模式、一条道路、一个标准，更不能将欧美现

① 习近平：《高举中国特色社会主义伟大旗帜　为全面建设社会主义现代化国家而团结奋斗——在中国共产党第二十次全国代表大会上的报告》，人民出版社2022年版，第22页。

代化道路视若唯一，进而否定其他国家的道路选择和社会进步。这就意味着，我们关于现代化的理论，举凡现代化的标准、模式、内涵、外延、道路、制度、价值、功能等等，都需要在更深层次上进行考量。

再如，关于文明的理论。长期以来，西方发达国家把持着文明的定义权，似乎只有西方社会才是文明社会，只有西方国家才是文明国家，其他国家和民族都是野蛮、落后、未开化、不文明的代名词。但历史和实践表明，西方发达国家所宣扬的文明外衣下，深藏着侵略、掠夺、杀戮、剥削的事实。因而，他们所宣扬的文明并非真正的文明，只是一种高级的话术和诡辩技巧。中国特色社会主义开创的人类文明新形态，坚决摒弃了西方发达国家在文明外衣下隐藏的野蛮，始终坚持文明交流互鉴，超越文明对抗冲突，倡导和而不同、兼收并蓄，凸显平等相待、守望相助、休戚与共、安危共担的世界情怀，"以文明交流超越文明隔阂、文明互鉴超越文明冲突、文明共存超越文明优越"①，为建构真正的人类文明贡献了中国智慧、提供了中国方案。

正由于此，我们不能不看到，新时代的深刻变革为建构新时代中国学术提供了源头活水，成为新时代中国学术确证自我、走向世界、赢得尊严的重要支撑。能否立足于中国特色社会主义新时代，能否瞄准时代之问、胸怀国之大者，已经成为推进新时代中国学术发展的必要前提。

学术研究往往置身书斋、专注文本，但同时更需关注时代、切中现实。时代与思想、现实与文本不是相互冲突的关系，而是相辅相成、相得益彰。从思想与现实双向奔赴的视角而言，就意味着我们一方面要紧扣经典文本，展开扎实的学术研究，另一方面要密切关注社会现实，以现实的涌动哺育思想的成长。从学术研究的特性来说，文本是研究的基础，离开了对文本的深入研读、精细考察，所谓研究就是无源之水、无本之木，就是游谈无根、空中楼阁。同时，研究应立足文本，但不能止于文本，不能满足于寻章摘句，做"两足书橱"。在历史和现实的深层变迁中提出问题、解决问题，是研读文本的归宿，也是学者的使命所在。我们所谓的现实，不是僵硬的时间切片。现实，从来既是承载历史的现实，更是开启未来的现实。当我们以历史的眼光观照现实时，现实总是给我们历史性的回馈。由此引申开去，中华民族五千年源远流长的文明史和近代以来异常沉重的屈辱史、抗争史、发展史，给我们留下了哪些经验、哪些教益、哪些启迪？如何从哲学意义上来把握我们的历史积淀、现实境遇和前途命运？如何在文明史和世界史的广阔视域中

---

① 习近平：《高举中国特色社会主义伟大旗帜　为全面建设社会主义现代化国家而团结奋斗——在中国共产党第二十次全国代表大会上的报告》，人民出版社 2022 年版，第 63 页。

阐发中国式现代化的丰厚内涵和历史意义？等等。这些问题在文本中都找不到现成答案，需要我们在历史与现实、理论与实践的交织互动中，凝练学术课题，予以具有高度原创性的科学解答。

习近平总书记指出："当代中国正经历着我国历史上最为广泛而深刻的社会变革，也正在进行着人类历史上最为宏大而独特的实践创新。这种前无古人的伟大实践，必将给理论创造、学术繁荣提供强大动力和广阔空间。这是一个需要理论而且一定能够产生理论的时代，这是一个需要思想而且一定能够产生思想的时代。"①学术之途漫远艰辛，然而，星光不负赶路人、功夫不负苦心人，当我们从思想与时代相激互动的关系视角审视当前的学术发展时，不能不对新时代中国学术建构充满信心和期待，它必将在恢宏的社会变革和实践创新中生发创造出新的学术形态和思想辉煌。

四、把握中国式现代化的时代意蕴

理论来源于现实，也要服务于现实。从多维角度深入研究中国式现代化，是置身新时代深化马克思哲学研究的重大课题之一。立足时代的制高点考察重大实践和理论问题，中国式现代化的探索、实践和经验，集中体现着新时代中国共产党人高度的历史考量、哲学运思和政治智慧，值得哲学社会科学工作者深入历史和现实加以研究，浓墨重彩地把握和阐发中国式现代化的时代意蕴。

习近平总书记在庆祝中国共产党成立 100 周年大会上深刻指出："我们坚持和发展中国特色社会主义，推动物质文明、政治文明、精神文明、社会文明、生态文明协调发展，创造了中国式现代化新道路，创造了人类文明新形态。"②中国式现代化的新道路是全面建成社会主义现代化强国、实现中华民族伟大复兴的必由之路。这条道路承接着中华民族饱经磨难的近代历史，闪耀着当代中国马克思主义的理论光芒，体现着中国共产党人的历史担当和博大胸怀，具有无比丰厚的时代意蕴。

第一，中国式现代化有深厚的历史逻辑，承载着中华民族近代以来的艰辛探索。

中国式现代化不是劈空掉下来的，而是从中国历史发展进程尤其是从近代中国的深重苦难中走出来的。中华民族和中国人民在漫长的历史发展

① 习近平：《在哲学社会科学工作座谈会上的讲话》，人民出版社 2016 年版，第 8 页。

② 《习近平谈治国理政》第四卷，外文出版社 2022 年版，第 10 页。

中创造了辉煌灿烂的文明，曾长期领先于世界。毛泽东在《中国革命和中国共产党》中指出："中国封建社会内的商品经济的发展，已经孕育着资本主义的萌芽，如果没有外国资本主义的影响，中国也将缓慢地发展到资本主义社会。"①鸦片战争之前，中国是清王朝统治下一个独立、统一的中央集权的封建制国家。小农业和家庭手工业相结合的自给自足的自然经济，在整个社会经济中占主要地位。随着商品经济的发展，在封建社会内部孕育着的资本主义萌芽逐渐增长。"丝织、棉纺织、陶瓷、冶炼、造纸等部门，出现了具有资本主义因素的手工工场"，只不过，"在封建生产关系的桎梏下，资本主义生产方式的因素发展缓慢"。② 吴承明等学者在《中国资本主义发展史》中指出，"我国资本主义萌芽的发展，历明、清两代 540 余年。"③"资本主义关系是起源于农业还是起源于手工业，近年颇有争论。据我们考察，我国明后期在某些手工业中已有工场手工业出现，农业中的资本主义萌芽则到清中叶始见端倪。但资本的形成是以一定的农业劳动生产率为基础的，在封建社会，农业更有决定作用。"④暂且不论资本主义生产关系是起源于农业还是手工业的争论，但在这两个领域中都产生了资本主义萌芽，则是确定无疑的。可以说，中国绵延数百年的早期近代化历程，为其后的社会进步奠定了原始却又必不可少的历史基础。基于中国的历史传统和内在逻辑，在没有外国资本主义入侵的情况下，中国历史会依循马克思主义社会形态理论所揭示的客观规律，实现现代化。

然而近代以来，由于清政府统治的腐败无能，帝国主义列强的坚船利炮打破了中国国门，逼迫中国签订了一系列不平等条约，割地赔款，山河破碎，人民苦难。2022 年是中国近代史上第一个丧权辱国的不平等条约《南京条约》签订 180 周年。《南京条约》共十三款，对中国提出了一系列贪婪霸蛮的要求：割让香港岛；向英国赔偿鸦片烟价、商欠、军费共 2100 万银圆；开放广州、福州、厦门、宁波、上海五处为通商口岸，允许英人居住并设派领事；协定关税，英商应纳进出口货税、饷费，中国海关无权自主；废除公行制度，准许英商在华自由贸易；等等。条款历历，触目惊心，其目的只有一个，就是将

① 《毛泽东选集》第二卷，人民出版社 1991 年版，第 626 页。

② 李侃、李时岳、李德征等：《中国近代史 1840—1949》（第四版），中华书局 1994 年版，第 2 页。

③ 许涤新、吴承明主编：《中国资本主义发展史》第一卷，"凡例"，人民出版社 2005 年版，第 1 页。

④ 许涤新、吴承明主编：《中国资本主义发展史》第一卷，"凡例"，人民出版社 2005 年版，第 1 页。

中国当成资本掠夺的跑马场、利益攫取的输血池，以中国人民的苦难滋养着“日不落帝国”。从《南京条约》开始，一直到20世纪40年代，长达百余年间，列强强迫中国签订了大量不平等条约，疯狂掠夺和压榨中国人民。谭嗣同慷慨悲歌：“四万万人齐下泪，天涯何处是神州？”这是近代中国人的哀叹，也是这个古老民族在深重黑暗中不得不奋起抗争、寻觅新路时铭心刻骨的历史背景。

黑暗使人渴望光明，苦难使人长怀壮志。从1840年鸦片战争爆发到1949年中华人民共和国成立的中国近代史，在绵延数千年的中国历史上，为时并不长，但却占据着特殊重要的地位。这是一段从沉沦走向复兴、从黑暗迈向光明的重要历史。由于西方列强的野蛮侵略和殖民，以及晚清政府统治的腐败无能，近代中国逐渐步入黑暗的深渊，中国近代史成为一部苦难史和屈辱史。与此同时，中国近代史也是一部斗争史和光荣史。在这一历史时期内，充满了侵略和反侵略、压迫和反压迫、变革和反变革、革命和反革命的多种形式的斗争。蒋廷黻曾提出：“到了十九世纪西方的世界已经具备了所谓近代文化。而东方的世界则仍滞留于中古，我们是落伍了”，因此，“近百年的中华民族根本只有一个问题，那就是：中国人能近代化吗？……能的话我们民族的前途是光明的；不能的话，我们这个民族是没有前途的。因为在世界上，一切的国家能接受近代文化者必致富强，不能者必遭惨败，毫无例外。”[①]蒋廷黻为解决这一问题而提出的“全盘西化”说并不足取，但他所概括的近代中国面临的根本问题则切中肯綮。

在西方资本主义的殖民侵略下，中国坚定地开启了后发型的现代化道路。一方面，在外力的推动下，中国艰难步入传统社会向现代社会转型的轨道；另一方面，中国掀起一轮又一轮的民族独立解放运动，力图从落后于西方工业文明的位置，向世界现代化的主流发展趋势靠近，以挽救民族危亡，实现国家富强。迭经数代艰难探索，苦历百年雨骤风狂，最终中国人民在中国共产党的领导下，找到了中国革命胜利之路，开辟了中国特色社会主义道路，创造了中国式现代化的新道路。抚今追昔，鉴往思来，我们应当以深沉的历史感来看待、体悟、把握这条实现中国式现代化的崭新道路，让历史的底色将这条新道路衬托得愈发厚重深沉。

第二，中国式现代化有深刻的理论逻辑，闪耀着当代中国马克思主义的理论光芒。

马克思主义是中国式现代化新道路的理论支撑，尤其是作为当代中国

---

① 蒋廷黻：《中国近代史》，中华书局2016年版，第2—3页。

马克思主义、二十一世纪马克思主义的习近平新时代中国特色社会主义思想，构成了中国式现代化最深刻的理论指南。

面对近代中国的乱局，如何走出新路开新局？这决不是一蹴而就的，似乎一条光明大道摆在眼前，只需踏上去即可。恰恰相反，找到一条实现民族独立、国家富强的希望之路，是几代先进的中国人经过长期艰难探索、付出无数流血牺牲才实现的。对近代中国而言，反帝反封建是当时具有全局性和根本性的时代主题。太平天国运动、洋务运动、戊戌变法、义和团运动、清末新政等都未能解决这一问题。辛亥革命推翻了清王朝统治，结束了君主专制制度，但软弱的中国资产阶级无法完成反帝反封建的历史任务。这些运动失败的根本原因就在于，缺少先进理论的指导，未能找到先进生产力和社会发展方向的代表——无产阶级，因而，尽管它们在不同程度上推动了中国社会的进步，但都不能引领中国走出黑暗、走向光明。

思想指引方向，道路决定命运。近代以来的中国历史道路表明，要彻底完成反帝反封建任务，实现民族独立和中国现代化的目标，只能由中国共产党领导人民来完成。习近平总书记指出，了解中国近代以来的历史对理解中国人民今天的理想和前进道路很重要。独特的历史命运、独特的文化传统、独特的国情，决定了中国必然要走适合自己的发展道路。[①] 在中国共产党的坚强领导下，中国人民高高举起了马克思主义和社会主义、共产主义的旗帜，推翻"三座大山"，建立人民共和国，完成社会主义三大改造，确立社会主义根本制度，为实现中国的现代化和中华民族伟大复兴奠定了坚实基础。

尤其是党的十八大以来，习近平总书记带领全党全军全国各族人民开创了中国特色社会主义伟大事业和党的建设新的伟大工程新局面，统筹推进"五位一体"总体布局、协调推进"四个全面"战略布局，全面深化改革开放，完整准确全面贯彻新发展理念，推动物质文明、政治文明、精神文明、社会文明、生态文明协调发展，以一系列新理念新思想新战略，成功引领当代中国走在建成社会主义现代化强国、实现民族复兴的通衢大道上。历史和现实一再表明，创出一条实现现代化的新路径离不开科学的理论指引，否则，对现代化的探求就只能是盲目的。我们要始终坚持习近平新时代中国特色社会主义思想的指导，坚定不移走好实现中国式现代化的光明大路。

第三，中国式现代化有坚实的实践逻辑，体现了中国共产党人的历史担当和博大胸襟。

---

① 《习近平同比利时国王菲利普再次会晤》，新华社 2015 年北京 6 月 24 日电。

新中国成立70多年来特别是改革开放40多年来,中国共产党领导中国人民成功开创了中国式现代化,这一宏伟实践为世界其他国家和民族提供了实现现代化的中国智慧和全新选择。

立志民族伟大复兴,百年恰是风华正茂。中国共产党自成立之日起就把实现中华民族伟大复兴作为自己的神圣职责和使命担当,矢志不移地探索中国的现代化道路、推进中国现代化事业。在1949年3月召开的党的七届二中全会上,毛泽东就以"现代"为标准深入分析了当时中国的经济现实,并提出了"现代化"的重要概念。他指出,"中国的工业和农业在国民经济中的比重,就全国范围来说,在抗日战争以前,大约是现代性的工业占百分之十左右,农业和手工业占百分之九十左右。"①这一情况的形成,是帝国主义制度和封建制度压迫的结果,也是半殖民地半封建社会的中国在经济上的表现。也就是说,一方面,"中国已经有大约百分之十左右的现代性的工业经济,这是进步的,这是和古代不同的。"②随着中国革命的胜利和无产阶级掌握国家政权、建立人民共和国,这部分现代性工业经济收归人民共和国所有,成为社会主义性质的国营经济和整个国民经济的领导成分。另一方面,"中国还有大约百分之九十左右的分散的个体的农业经济和手工业经济,这是落后的,这是和古代没有多大区别的,我们还有百分之九十左右的经济生活停留在古代。"③而与封建制度不同的是,中国共产党废除了封建土地所有制,为这百分之九十左右的前现代经济向着现代化发展奠定了根本性的基础。"古代的封建的土地所有制,现在被我们废除了,或者即将被废除,在这点上,我们已经或者即将区别于古代,取得了或者即将取得使我们的农业和手工业逐步地向着现代化发展的可能性。"④这就需要我们党高度重视这大多数前现代经济,不能"任其自流",而要"谨慎地、逐步地而又积极地引导它们向着现代化和集体化的方向发展"⑤。这些重要论述表明,我们党在即将领导完成国家独立、民族解放的历史任务之时,就开始关注整个国家和民族如何实现现代化的历史任务。

1954年9月15日,毛泽东在第一届全国人大一次会议开幕词中指出,要"将我们现在这样一个经济上文化上落后的国家,建设成为一个工业化

① 《毛泽东选集》第四卷,人民出版社1991年版,第1430页。
② 《毛泽东选集》第四卷,人民出版社1991年版,第1430页。
③ 《毛泽东选集》第四卷,人民出版社1991年版,第1430页。
④ 《毛泽东选集》第四卷,人民出版社1991年版,第1430页。
⑤ 《毛泽东选集》第四卷,人民出版社1991年版,第1432页。

的具有高度现代文化程度的伟大的国家”①。1956 年 9 月，党的八大在《中国共产党章程》中郑重地写入了建设现代化工业、农业、交通运输业和国防的任务。1959 年底，毛泽东在读苏联《政治经济学教科书》时又强调，“建设社会主义，原来要求是工业现代化，农业现代化，科学文化现代化，现在要加上国防现代化。”②这是党和国家领导人对四个现代化战略目标的第一次完整表述。1964 年 12 月，周恩来根据毛泽东的提议，在第三届全国人大一次会议《政府工作报告》中首次提出，要在不太长的历史时期内，把我国建设成为一个具有现代农业、现代工业、现代国防和现代科学技术的社会主义强国。此后，中国在社会主义建设中，逐步建立了独立的、比较完整的工业体系和国民经济体系，为实现四个现代化奠定了重要的发展基础。

初心如磐使命在肩，接续奋斗未有穷期。改革开放以来，邓小平提出了“中国式的四个现代化”重要概念，确立了解决温饱、实现小康、奔向现代化的“三步走”发展战略。党的十八大以来，习近平总书记着眼大局，统筹全局，不断强化顶层设计，持续深化现代化方案。在党的十九大报告中，习近平总书记对中国现代化事业、对中华民族实现伟大复兴进行了“两阶段”的重要战略安排：第一个阶段是从 2020 年到 2035 年，在全面建成小康社会的基础上，基本实现社会主义现代化；第二个阶段是从 2035 年到本世纪中叶，在基本实现现代化的基础上，把我国建成富强民主文明和谐美丽的社会主义现代化强国。这一战略谋划擘画了从现在到本世纪中叶我国现代化建设的宏伟蓝图，既高瞻远瞩又科学缜密，既胸怀全局又心有定论，凸显了以习近平同志为核心的党中央运用战略思维进行大国谋划的高超智慧。

中国式现代化的成功实践和深入展开，具有伟大的世界历史意义。它充分表明，世界各个国家、各个民族，通往现代化的道路和选择是多种多样的，决不只有欧美发达国家一种模式、一条道路、一个标准，选择何种发展道路和发展模式要从本国本民族的历史文化和具体实际出发，毫无必要将欧美的现代化道路视若唯一，进而否定其他国家的道路选择和社会进步。

中国人民自近代以来孜孜探求的中国式现代化，既是对长期以来由西方发达国家划定现代化标准和模式的西方中心主义的理论反拨，也为世界上寻求非西方现代化道路的其他国家和民族提供了全新选择，贡献了中国智慧。习近平总书记强调，“中国共产党和中国人民将在自己选择的道路

① 《毛泽东文集》第六卷，人民出版社 1999 年版，第 350 页。

② 《毛泽东文集》第八卷，人民出版社 1999 年版，第 116 页。

上昂首阔步走下去，把中国发展进步的命运牢牢掌握在自己手中！”[①]这充分彰显了我们对中国式现代化的无比自豪和强大自信，中华民族伟大复兴的梦想一定会通过中国式现代化的伟大抉择而如期实现。

① 《习近平谈治国理政》第四卷，外文出版社2022年版，第11页。

结　语　面向新时代的哲学自觉与历史主动

> 历史的全部运动，既是它的现实的产生活动——它的经验存在的诞生活动，——同时，对它的思维着的意识来说，又是它的被理解和被认识到的生成运动。
>
> ——马克思

“哲学家们只是用不同的方式解释世界，问题在于改变世界。”①1845年春，时年27岁的马克思就明确厘定了自身哲学的根本任务和独特品格。

真正的哲学，总是既植根于历史和时代，又以“改变世界”为己任，引领着新的时代创造和新的历史发展。马克思的哲学思想，是最富有时代感、使命感的哲学。她总是以鲜明的时代意识、高昂的历史主动精神，引导人们去瞻望新的时代，创造新的历史。

我们所身处的中国特色社会主义新时代，是一个呼唤人们运用哲学智慧、发扬历史主动，去积极开展新的实践、奋力马克思哲学智慧正在凝练为强烈的历史主动精神，推动和引领着社会历史实践的深入发展。习近平总书记要求，进一步把握历史发展规律和大势，始终掌握党和国家事业发展的历史主动。这为我们在新的时代条件下认清历史规律、把握历史大势，以强烈的历史主动精神创造和书写新的历史提供了根本遵循。

政治哲学不仅强调思维的推衍和逻辑的自洽，而且注重历史主体精神的成长和创造性的发挥。发扬历史主动精神，可以为人类政治生活和全部生活提供更美好的未来方案，是政治哲学研究的题中应有之义。

在1871年4月12日致库格曼的信中，马克思盛赞巴黎公社的起义者，“这些巴黎人，具有何等的灵活性，何等的历史主动性，何等的自我牺牲精神！”②正是这种伟大的历史主动性，推动着巴黎公社的委员和战士们不是简单地把旧的官僚军事机器夺取过来，而是打碎它们，创造出使劳动获得解放的新的政治形式。巴黎公社虽然失败了，但它在探索无产阶级自己的政治机构和治理范式方面开创的典范和原则是永存的。也正由于此，马克思

---

①　《马克思恩格斯文集》第1卷，人民出版社2009年版，第502页。

②　《马克思恩格斯全集》第33卷，人民出版社1973年版，第206页。

热情地将巴黎公社称为“我们党从巴黎六月起义以来最光荣的业绩”①。

历史主动性，或者说历史主动精神，是善于认识运用历史规律、顺应把握历史趋势、沿着历史正确方向前进，积极进取、主动作为、不懈拼搏的精神状态。历史主动精神是一种自强不息的进取精神，一种舍我其谁的豪迈气魄，一种“天将降大任于斯人”的历史担当。历史的长河，波翻浪涌，气象万千，只有高扬历史主动精神，以创业干事的激情砥柱中流、奋楫争先，才能成为当之无愧的历史创造者。面对世界百年未有之大变局，面对实现中华民族伟大复兴的梦想，这种历史主动精神具有特殊重要的政治意义、理论意义和实践价值。

中华民族是富于哲学智慧与历史主动精神的伟大民族。理水逐日，移山填海，悠久灿烂的中华文明史就是一部奋斗史、一部创造史。纵览皇皇史册，饱含历史主动精神、发扬踔厉、雄健作为者代不乏人。手足胼胝、开辟榛莽者，是也；夙兴夜寐、旰衣宵食者，是也；枕戈待旦、击楫中流者，是也；愿乘长风破万里浪者，是也。上下五千年，丹心未冷，青史犹温。在世界历史上，中国是一个独特的诗教大国。诗言志，时不我待、奋勇鹰扬的历史主动精神、历史创造精神常是千古名篇之渊薮。君不见“亦余心之所善兮，虽九死其犹未悔”；君不见“三十功名尘与土，八千里路云和月”；君不见“繁霜尽是心头血，洒向千峰秋叶丹”；君不见“拼将十万头颅血，须把乾坤力挽回”。历史的天空，大气排云，磅礴万古。鲁迅先生在《中国人失掉自信力了吗》一文中曾说，“我们从古以来，就有埋头苦干的人，有拼命硬干的人，有为民请命的人，有舍身求法的人……虽是等于为帝王将相作家谱的所谓‘正史’，也往往掩不住他们的光耀，这就是中国的脊梁。”这也正是一代代中国人发扬历史主动、不屈不挠奋进的生动描绘和真实写照。

中国共产党是最富于哲学智慧与历史主动精神的伟大政党。近代以来，由于封建统治的腐朽没落和帝国主义的侵略破坏，中国逐渐沦为半殖民地半封建社会，割地赔款，山河破碎，人民痛苦不堪。从太平天国起义、洋务运动、维新变法到义和团运动，再到辛亥革命，几代中国人奋起抗争，但终因缺乏先进思想的指导，最终都归于失败。随着马克思列宁主义传入中国和中国共产党的成立，饱受磨难的中国人民和中华民族终于在黑暗中看到了光明与希望。毛泽东同志指出，“自从中国人学会了马克思列宁主义以后，中国人在精神上就由被动转入主动。从这时起，近代世界历史上那种看不

① 《马克思恩格斯全集》第33卷，人民出版社1973年版，第207页。

起中国人，看不起中国文化的时代应当完结了。”①马克思主义以其无可替代的革命性、真理性、人民性，为中国共产党，为中国人民和中华民族注入了强大的思想力量，使中国革命的面貌和整个民族的面貌都焕然一新。一唱雄鸡天下白，迎来春色换人间。从建党的开天辟地，到新中国成立的改天换地，到改革开放的翻天覆地，再到党的十八大以来党和国家事业取得历史性成就、发生历史性变革，我们党带领中国人民和中华民族创造了无数人间奇迹，书写了中华民族发展史上最为恢宏壮丽的篇章。“看似寻常最奇崛，成如容易却艰辛。”回望党的百年奋斗史，在这个苦难辉煌的历史进程中，不管形势和任务如何变化，不管遇到什么样的惊涛骇浪，我们党都始终把握历史主动，积极谋划，主动应对，沿着正确方向劈波斩浪，坚定前行。

尤其是党的十八大以来，习近平总书记多次强调要把握历史主动，创造新的历史伟业。他指出，党和国家事业取得历史性成就、发生历史性变革，为实现中华民族伟大复兴提供了更为完善的制度保证、更为坚实的物质基础、更为主动的精神力量。这里强调的“更为主动的精神力量”，就深刻体现着历史主动精神。在庆祝中国共产党成立100周年大会上，习近平总书记着重指出，“中国共产党坚持马克思主义基本原理，坚持实事求是，从中国实际出发，洞察时代大势，把握历史主动，进行艰辛探索，不断推进马克思主义中国化时代化，指导中国人民不断推进伟大社会革命。”②在主持中共中央政治局召开的党史学习教育专题民主生活会上，习近平总书记强调，“党的历史是最生动、最有说服力的教科书”，“对历史进程的认识越全面，对历史规律的把握越深刻，党的历史智慧越丰富，对前途的掌握就越主动”③。这都是基于党的百年历史阐明历史主动精神的极端重要性。

习近平总书记就发扬历史主动精神、预判防范化解前进道路上的各种风险挑战作出了一系列战略部署，要求既要有防范风险的先手，也要有应对和化解风险挑战的高招；既要打好防范和抵御风险的有准备之战，也要打好化险为夷、转危为机的战略主动战。习近平总书记强调的“先手”“高招”“有准备之战”“战略主动战”等，无一不是对历史主动精神的深刻诠释和灵活运用。党的十九届六中全会公报指出：“以习近平同志为核心的党中央，以伟大的历史主动精神、巨大的政治勇气、强烈的责任担当，统筹国内国际两个大局，贯彻党的基本理论、基本路线、基本方略，统揽伟大斗争、伟大工

① 《毛泽东选集》第四卷，人民出版社1991年版，第1516页。

② 《习近平谈治国理政》第四卷，外文出版社2022年版，第9—10页。

③ 《习近平谈治国理政》第四卷，外文出版社2022年版，第545页。

程、伟大事业、伟大梦想,坚持稳中求进工作总基调,出台一系列重大方针政策,推出一系列重大举措,推进一系列重大工作,战胜一系列重大风险挑战,解决了许多长期想解决而没有解决的难题,办成了许多过去想办而没有办成的大事,推动党和国家事业取得历史性成就、发生历史性变革。"在这样一场接续前人又超迈前人的宏大历史变革中,历史主动精神无疑发挥了无可替代的历史引领作用。

时代是思想之母,实践是理论之源。哲学社会科学工作者要发扬马克思哲学智慧,做历史主动精神的倡导者、体现者、践行者。对当今学界来说,发扬历史主动精神尤为必要。从近代中国的沉沦屈辱到满怀信心迈进民族复兴之路,从落后时代到赶上时代再到引领时代,在中国这片广袤雄浑的大地上,发生的是传奇,是史诗,是震撼世界的历史活剧。对这段历史,只有作为见证者、参与者、建设者、奉献者的中国学者,最有资格、最有能力也最有责任把她记录好、研究好、书写好。曾几何时,西方的学术理论和研究范式笼罩学界,中国学者好像只能跟在西方学者后面循规蹈矩,拾人牙慧,以引进为时尚,以接轨为目标,以解读为研究。然而,随着中国特色社会主义事业的阔步发展,随着中国式现代化新道路的开启和人类文明新形态的型塑,加上百年未有之大变局与世纪疫情的多重影响,东升西降、中治西乱已经成为势不可挡的历史大潮。沧海横流显本色,关山万里作雄行。当代中国学界不仅需要密纳发的猫头鹰对中国道路、中国经验、中国智慧进行深思熟虑地反思和概括,而且需要以高卢雄鸡般的热情、智慧和活力,为中国的进一步发展提供思想启迪和精神动力。

以开阔的哲学视野观之,历史总是在前进的,总是在进步的。历史在始终不停息地将今天和未来变化为自身的组成部分。历史从不等待一切犹豫者、观望者、懈怠者、软弱者。习近平总书记强调,时间不等人!历史不等人!时间属于奋进者!历史属于奋进者!为了实现中华民族伟大复兴的中国梦,我们必须同时间赛跑、同历史并进。① 为此,就要坚决反对在时代大潮中的被动、盲动、反动。所谓被动,就是在历史进程中消极无为,等待观望,搭历史的便车,做乘凉的后人。所谓盲动,就是在历史发展中不去认真地研究历史规律,不去客观地把握历史趋势,盲目行动,胡乱作为,盲人骑瞎马,夜半临深池。所谓反动,就是逆历史潮流而动,开历史的倒车,不是站在历史正确的一边,而是反其道而行之。这些都是不可取的。只有与历史同步伐、与时代共命运的人,才能赢得光明的未来。

---

① 习近平:《在2020年春节团拜会上的讲话》,新华社北京2020年1月23日电。

当前，中华民族复兴的铿锵历史，正行进到了向着第二个百年奋斗目标大踏步前进的重要历史机遇期，正当“船到中流、人到半山”之时，愈加需要以革故鼎新、一往无前的勇气逢山开路、遇水架桥。我们必须以习近平新时代中国特色社会主义思想为指导，发扬马克思哲学智慧和历史主动精神，锚定既定奋斗目标，笃行不怠，勇毅前行，不断创造和书写无愧于新时代的新篇章。

后　记

1837年11月的一个深夜，19岁的马克思在烛光下给他的父亲写信，其中写道："生活中往往有这样的时刻，它好像是表示过去时光结束的界标，但同时又明确地指出生活的新方向。"当笔者为自己这本书写后记时，也仿佛正处于"这样的时刻"，它意味着一段研究历程的结束，也预示着一段新的研究历程的开启。在这封信中，马克思还写道："个人在这样的时刻是富于感情的，因为每一变化，既是绝笔，又是伟大的新诗篇的序曲，这新诗篇力图留住正在渐渐消失的辉煌的色彩。但是我们还是要给一度经历过的东西树立一块纪念碑，使之在我们的感情上重新获得它在行动上已失去的地位。"这样一段诗意而富含青春气息的论述，也恰切地描述了笔者的心情。过去的时光，虽然已经在物理形式上不可挽回地逝去，但我们总要留下些什么，以便让逝水华年在心灵的领地获得一种长久在场、不改不老的风姿。截断流水以打捞岁月，捡拾旧事而致敬未来，大约就是笔者撰写这篇后记的意旨。

与我的第一本著作《正义之后：马克思恩格斯正义观研究》相比，这本《马克思政治哲学新探》从外观上看起来并不是一本体系特别严格、规整的著作，然而，这并不意味着这本书没有集中的主题，没有确定的学术疆域。恰恰相反，这本书集中了笔者近十年来对马克思政治哲学的思考与跋涉。组成这本《新探》的主体内容，是笔者在十年来发表的一系列学术论文。这十年来，随着工作重心的转换、研究任务的落实、社会环境的变化等因素，每篇论文的主题都不尽相同，但整体而言，都没有跃出马克思政治哲学大的范围。如果说，《正义之后》那本书从文本意义上集中阐发了马克思和恩格斯在正义问题上的原初观点，那么，这本《新探》则将笔触进一步扩展到了马克思哲学的多个主题，包括马克思的学术身份、国家学说、报刊文本、互文阅读及作为方法论的唯物史观、阶级分析方法等内容，尤其是较为集中而深入地探讨了马克思在《资本论》及经济学手稿中对正义问题的论述，从而在一定程度上补充和扩展了《正义之后》的内容。

笔者较为自信的一点是，以上问题都是当时学界关注较少的内容，例如马克思的报刊文本问题。从这一角度来说，笔者的研究在一定程度上具有补白之用。有些学界探讨较多的——例如马克思与正义问题，笔者在这方面，则力避陈说，努力在自己的研究中提出一些自身独有的见解。是耶非耶，期待得到学界方家的指正。

感谢中国人民大学臧峰宇教授、清华大学李义天教授两位学兄为本书赐序！峰宇兄、义天兄和我是博士研究生的同级、同龄学友，相交多年，学术情谊深厚绵长。峰宇兄和我的博士论文都将马克思的政治哲学作为研究对象，峰宇兄从更为整体、宏观的角度，较为系统地考察了马克思政治哲学，而我则选取了“马克思的正义观”这样一个小的切口。近年来，峰宇兄除了深研马克思政治哲学，更是将研究触角延展到了传统哲学的当代价值、中国式现代化、中华民族现代文明等重大课题，展现出了将精深的哲学功底与迫切的时代问题相结合的宽广视野与理论抱负。义天兄是我国伦理学界中年学者的翘楚，对马克思主义伦理学及其发展史、美德伦理学均有精湛研究。我与义天兄的学术交集点，恰是在马克思与正义、道德等问题上。在马克思政治哲学研究领域，义天兄和李惠斌先生主编的《马克思与正义理论》是一本极其重要的参考书，嘉惠学林，影响深远。我们的交往，始于近二十年前的一场“鸿雁传书”，其后在马克思与正义、道德等问题上不断相互交流探讨，绵延至今。正是由于以上情况，在本书付梓之前，我专门邀请两位学兄赐序。我把这两篇珍贵的序言，看作我们之间学术友谊的见证，也视为我们这一代学人“嘤其鸣矣，求其友声”的重要体现。

学术之路，漫远悠长，其间充满了无穷的变数。学者个人的成长也是如此，今日之我是无数个过往之我的累积，无数个今日之我则重重叠叠地通向未来之我。我曾填过一首小词，记述自己的求学之路：

> 忆石门①追梦②事悠悠，携卷步层楼。
> 有莲池③指月，品园④立雪，后海⑤飞舟。
> 常叹莱茵⑥未解，雾影⑦意难求。
> 文本流连处，索秘寻幽。

---

① 石家庄，旧称石门，笔者曾在石家庄的河北师范大学读本科。

② 上大学时，学生宿舍常有“斋号”，笔者所在宿舍名为“追梦轩”。今距追梦轩成立已近三十载，思之惘然。

③ 莲池书院，在河北保定，笔者曾在保定的河北大学读硕士研究生。

④ 笔者在中国人民大学读博士时，住在品园 4 号宿舍楼。

⑤ 笔者博士毕业后，到中国社会科学院中国社会科学杂志社工作，时社址毗邻后海。

⑥ 马克思、恩格斯均出生于德国莱茵省。

⑦ 马克思在 1848 年革命失败后长期寓居“雾都”伦敦从事研究，直至逝世。

禹穴①书城留寓，对潘江陆海②，煮字销忧。
况中年心事，傲啸在滩头③。
最寻常，疏食流水④，照年华，一卧鬓霜秋。
山河外，斜风细雨，来送温柔⑤。

——调寄八声甘州

我是1994级的中师生，于1994—1997年在河北省无极师范学校求学。那座小城里宁静的岁月、班主任吴梅菊老师的殷殷教导、同学们的亲热笑闹，还常常浮现在眼前。现在很多人已经不知道什么是“中师”了，它是中等师范学校的简称，是专门培养小学和幼儿园教师的中等专业学校。从改革开放之初一直到上世纪90年代中期之前，初中毕业考中师、中专，都是令人羡慕的选择。那时的中考，分数最高的是中师、中专，其次是重点高中，最后是普通高中。当时，对出身农家的孩子来说，考上了中师、中专就意味着实现了“农转非”，有了一份比较好的稳定的工作。而后来，随着高等教育的发展和国家有关政策的调整，中师、中专在90年代晚期之后，逐渐褪去了原有的光彩，很快退出了历史舞台。我个人是非常幸运的，在1997年中师毕业之前，以文科总分第一的成绩被保送入河北师范大学法政管理学院继续学习。大学阶段，得到了张继良、张骥、李素霞、张广兴等多位老师的教导。随后，我又考入河北大学跟随高春花教授攻读硕士研究生，在高老师的指引下，才初初知道了何谓学术、何为研究。如果没有高老师的教导和帮助，我肯定无缘学术之路。研究生毕业后，我又考入中国人民大学跟随段忠桥教授攻读博士研究生，段老师指导学生向以学业上严格、生活上欢乐而知名，在段老师的严格要求和谆谆教诲下，我逐渐潜入马克思的思想世界，并决心将马克思研究作为自己的终身志业。博士毕业之后，我有幸进入中国社会科学院工作，在中国社会科学杂志社从事编辑和研究，从美丽的后海之畔直到位于CBD的泰达大厦。时值《中国社会科学报》创刊，在几位领导老师的带领下，我度过了一段充满创业激情的、黄金般的岁月。“总有林荫成大道，几多声色壮行程。”对我来说，那数年的工作经历如山河般凝重而

① 龚自珍诗云：“十仞书仓郁且深，为夸目录散黄金。吴回一怒知天意，无复龙威禹穴心。”
② 锺嵘《诗品》卷上载：“陆才如海，潘才如江。”
③ 黄庭坚诗云：“花气薰人欲破禅，心情其实过中年。春来诗思何所似，八节滩头上水船。”
④ 《论语·述而》：“饭疏食饮水，曲肱而枕之，乐亦在其中矣。”
⑤ 苏轼《浣溪沙即事》词云：“画隼横江喜再游，老鱼跳槛识青讴。流年未肯付东流。黄菊篱边无怅望，白云乡里有温柔。挽回霜鬓莫教休。”

壮阔，令我获益良多，毕生难忘。回望来时路，我的心中充满了感激、感动和感恩，我愿借此机会，对我所有的老师们表示深深的谢意和敬意！

就在完成本书撰著的过程中，我的父亲于 2022 年 7 月忽生急病，短短一昼夜间就永远地离开了我，甚至都没有等到我回老家见上最后一面。那种突如其来的伤痛，仿佛盆栽被剥离花盆，林木被拔出土地。后来，我在梦中多次梦到父亲。父亲走后一年多的 8 月 3 日凌晨，我又一次梦到了父亲，清清楚楚的，音容笑貌，一如平时，梦醒过来才明白是南柯一梦，忍不住鼻酸泪流，把枕巾都沾湿了。对父亲的思念汇成了几句话，随着思绪喷涌而出：

别后音容入梦多，常于幽梦见慈和。
遗世匆匆成憾恨，使儿每忆泪滂沱。
育我读书廿二载，膝前尽孝未几何。
背影沉沉实难舍，更来相会在南柯。

我知道，这个世界是唯物的，但我还是希望有那样一个缥缈的天地，父亲能在其中安宁幸福地生活。我愿意把这样一本小书，献给那里。

王　广

2024 年 6 月于社科院历史理论研究所

责任编辑：赵圣涛
封面设计：毛　淳　胡欣欣
版式设计：姚　菲

图书在版编目(CIP)数据

马克思政治哲学新探 ：时代前沿与文本深处 / 王广著. -- 北京 ：人民出版社，2024. 9. -- ISBN 978－7－01－026815－6

Ⅰ. A811. 64

中国国家版本馆 CIP 数据核字第 20245CK020 号

马克思政治哲学新探

MAKESI ZHENGZHI ZHEXUE XINTAN

——时代前沿与文本深处

王　广　著

人民出版社 出版发行
（100706　北京市东城区隆福寺街 99 号）

北京中科印刷有限公司印刷　新华书店经销

2024 年 9 月第 1 版　2024 年 9 月北京第 1 次印刷
开本:710 毫米×1000 毫米 1/16　印张:16.25
字数:260 千字

ISBN 978－7－01－026815－6　定价:79.00 元

邮购地址 100706　北京市东城区隆福寺街 99 号
人民东方图书销售中心　电话 (010)65250042　65289539